# NATURSCHUTZ
# BEGINNT IM GARTEN

MICHAEL CHINERY

# NATURSCHUTZ BEGINNT IM GARTEN

DAS BUCH ZUM
BUND-GARTENJAHR

OTTO MAIER VERLAG
RAVENSBURG

Originaltitel: THE LIVING GARDEN
Ein Buch von Dorling Kindersley

Aus dem Englischen übertragen von Nadja Kneissler.
Bearbeitet vom Bund für Umwelt und Naturschutz
Deutschland e. V. (BUND) durch Herwig Klemp unter Mitarbeit
von Annemarie Eigner, Dr. Ursula Martin, Uwe
Dierking-Westphal und Hans-Adolf Wrage.

Umschlaggestaltung: E. Drechsel
Gesamtherstellung: Appl, Wemding
Printed in Germany

89 88 87 86 4 3 2

ISBN 3-473-46159-8

# INHALT

# VORWORT

Tag für Tag erreichen uns neue Schreckensmeldungen über den Zustand unserer Umwelt und schärfen unsere Sensibilität im Umgang mit der Natur. Natur- und Umweltschutz sind auf dem Wege, in der Öffentlichkeit den Stellenwert und die Aufmerksamkeit zu erhalten, die ihnen gebühren. Während aber ökologische Katastrophen auf anhaltendes Interesse in der Öffentlichkeit und in den Medien stoßen, vollzieht sich ganz im Stillen ein Artentod, der genauso gravierende Folgen hat, wie die Bedrohung ganzer Ökosysteme.
In der Bundesrepublik Deutschland sind zum Beispiel etwa 80% der Süßwasserfischarten, 65% der Kriechtierarten, 60% der Tagschmetterlingsarten, 50% der Libellenarten und etwa 45% der Brutvogelarten ausgestorben oder vom Aussterben bedroht. Dieser lautlose Rückzug ist die Folge vieler Maßnahmen, die die Vielfältigkeit einer Landschaft auf wenige Elemente reduzieren. Wo an die Stelle der kleinen Feuchtwiese, des alten Heckenrains, des Wäldchens mit Tümpeln und des verwilderten Obstgartens die Kultursteppe oder die Eigenheimsiedlung mit sorgfältig gepflegten Rasengärten tritt, ist für die ursprünglich heimische Tierwelt kein Platz mehr.
Man kann diesen Zustand beklagen, hinnehmen muß man ihn nicht, denn vieles läßt sich auch im Kleinen dagegen tun. Für den Garten-

besitzer beginnt sein Beitrag zum Naturschutz vor der eigenen Haustür. Es wäre unglaubwürdig, wenn er von anderen einen schonungsvollen Umgang mit der Natur erwartete und selbst nichts täte. Immerhin stellen alle bundesdeutschen Gärten zusammengenommen eine Fläche von der Größe Schleswig-Holsteins dar, so daß schon allein die Art der Bepflanzung einen deutlichen Einfluß auf das Artenspektrum unserer heimischen Flora und Fauna haben kann. Auch zeigt die große Zahl an Tieren, die zeitweise oder ständig in den Gärten leben, welches Reservoir hier noch verborgen ist. Dennoch sei vor zu großem Optimismus gewarnt: Ohne die Ausweisung weiterer Naturschutzgebiete, ohne Verminderung unseres Landschaftsverbrauchs und ohne Änderung unserer Art zu wirtschaften wird der Artentod auch in Zukunft anhalten.

Der Titel »Naturschutz beginnt im Garten« ist Aufruf und Programm zugleich. In jedem Garten – und sei er noch so klein – lassen sich abwechslungsreiche Lebensräume gestalten, durch die der Garten zum Refugium wird. Wenn man sich Zeit nimmt, den Tieren im Garten nachzuspüren, wird man über manches Staunens- und Bewundernswertes stolpern, wird Natur ganz neu entdecken und ihre Zusammenhänge erfassen. »Man schützt nur, was man kennt!« heißt ein einprägsames Mot-

to, denn Kenntnis, Bewunderung und Liebe sind die wohl wichtigsten Voraussetzungen, das einmal Entdeckte zu bewahren.
In diesem Sinne basiert jeder Naturschutz auf einem veränderten Naturverständnis, das im Garten seinen Ursprung haben kann. In seinem Buch »Naturschutz beginnt im Garten« richtet Michael Chinery das Augenmerk des Gartenbesitzers sowohl auf die Lebens- und Ausbreitungsgeschichte von Kultur- und Wildpflanzen als auch auf die Welt der wirbellosen Tiere. Ihre Geringschätzung und fast völlige Mißachtung führen häufig zum Zusammenbrechen ganzer Nahrungsnetze und begünstigen den heimlichen Rückzug vieler Tiere, denen die Wirbellosen als Nahrung dienen. Begriffe wie »Nützling« und »Schädling« relativieren sich allein schon bei zunehmender Kenntnis der Lebensweise und Lebensansprüche der verschiedenen Arten. Die liebevollen Beschreibungen des Autors wecken in jedem, der einen Garten besitzt, den Wunsch, in Zukunft auch das unscheinbare Leben im Garten zu hegen und zu schützen. Indem man im Kleinen das Große entdeckt, beginnt man Naturvorgänge anders zu verstehen.
Viele unserer Gärten verfügen bereits über kleine Gartenteiche, Frösche sind zu Sympathie-Tieren geworden. Bei der Auswahl von Heckensträuchern wird zunehmend auf einheimische Arten geachtet, und einförmig grüne Rasenflächen kommen langsam in Verruf. All dies allein ist jedoch kein ausreichendes Indiz für einen Bewußtseinswandel. Der Gartenteich ist einfach Mode geworden und wird erst Ausdruck eines veränderten Bewußtseins, wenn man sich mit der Lebensweise und Abhängigkeit der verschiedenen auf ihn angewiesenen Tiere und Pflanzen beschäftigt. Indem mit dem Buch »Naturschutz beginnt im Garten« diese Zusammenhänge in den Vordergrund gestellt werden, setzt es andere Akzente als die Vielzahl anderer Gartenbücher.
Wenn sich der Bund für Umwelt und Naturschutz Deutschland e. V. (BUND) bei diesem Buch beteiligt und auch angesprochen fühlt, so gibt es dafür zwei Gründe:
Erstens hat sich in der Vergangenheit bei den zentralen BUND-Aktionen »Rettet die Frösche« und »Mehr Natur in Dorf und Stadt« die hohe Bereitschaft vieler Gartenbesitzer gezeigt, selbst etwas zum Naturschutz beizutragen. Ihnen mehr Wissen über die Zusammenhänge im Garten zu geben, ist das Ziel dieses Buches.

Zweitens richtet sich der BUND mit seinem »Gartenjahr« an alle Gartenbesitzer, um noch mehr Engagement für den Umwelt- und Naturschutz zu bewirken. Hier schließt das Buch die Lücke zwischen dem BUND-Informationsmaterial und dem klassischen Gartenbuch. Indem man sich um das Verständnis der ökologischen Zusammenhänge vor der eigenen Haustür bemüht, beginnt der Naturschutz im Garten. Dort darf er aber nicht stehenbleiben.
Der heimliche Rückzug der Tier- und Pflanzenarten läßt sich nur durch großräumigen Biotopschutz, durch die Erhaltung intakter Moore, Heiden, Flußauen, Gebirgswälder, ungestörter Seeuferbereiche und vieles mehr erreichen. Wir müssen das eine tun und dürfen das andere nicht lassen! Helfen Sie mit, durch ihren tatkräftigen Einsatz, Ihre Spende und Ihre Mitgliedschaft in einem Verband, der sich den Natur- und Umweltschutz zum Ziel gesetzt hat.

Prof. Dr. Gerhard Thielcke
Stellvertretender Vorsitzender des
Bund für Umwelt und Naturschutz
Deutschland e. V. (BUND)

KAPITEL 1

# GÄSTE IM NATURGARTEN

Geben Sie der Natur in Ihrem Garten mal eine Chance und bitten Sie während Ihres Sommerurlaubs nicht den Nachbarn oder einen anderen Bekannten, nach Ihrem Garten zu sehen. Lassen Sie die Wildnis wuchern. Wenn Sie dann zurückkommen, erleben Sie ganz deutlich, daß es sich beim Garten eigentlich um einen künstlichen Lebensraum handelt, der nur durch ständige Pflege in diesem Zustand gehalten werden kann. Die Vogelmiere macht sich zwischen den Erbsen breit, im Ziergarten wuchert die Quecke, und die Ackerwinde ist an den Himbeerruten einige Zentimeter höher gerankt. Während der Hauptwachstumszeit und bei günstigem warmfeuchtem Wetter kann sich innerhalb von ein paar Wochen das Aussehen Ihres Gartens stark verändern. Nach einigen Jahren der Vernachlässigung würde sich Ihr Garten auf dem besten Weg zu einem Stück urwüchsiger Natur befinden – er wäre »naturbelassen« und ein Refugium für Tausende von Wildpflanzen und der auf sie angewiesenen Tiere.

Die Natur bekommt in Wirklichkeit in unseren Gärten nur selten Gelegenheit, sich in einem solchen Maß zu entfalten. Ständig greift die ordnende Hand des Gärtners ein. Aber selbst in den gepflegtesten Gärten ist das Potential vorhanden, aus dem Garten eine Wildnis zu machen. In jedem Garten kann man eine Gästeliste solcher Pflanzen und Tiere anlegen, die sich ungebeten zwischen den Blumen und Gemüsen ansiedeln, oft sogar ohne daß der Gärtner etwas von ihrer Anwesenheit bemerkt. Noch viel mehr Pflanzen und Tiere wandern in dem Moment in Ihren Garten, in dem sie die richtigen Lebensbedingungen vorfinden, wenn zum Beispiel eine abgeerntete Fläche längere Zeit brachliegt. Der Gärtner verbringt viel Zeit damit, den Vormarsch dieser ungebetenen Gäste aufzuhalten. Wer einen farbenprächtigen, ertragreichen Garten nach seinen Vorstellungen haben möchte, wird auch nicht darum herumkommen, einige Zeit dieser Beschäftigung zu widmen. Aber wer die Vorstellung hat, diesen Kampf zu gewinnen, unterliegt einem schwerwiegenden Irrtum. Wer einen Garten nur nach seinen Vorstellungen will, durchgeplant bis zur letzten Pflanze, wird damit auch die Vielfalt der wilden Pflanzen und Tiere aus seinem Garten verbannen. In einem naturnahen Garten dagegen haben auch viele Wildpflanzen und -tiere, die normalerweise als »Unkräuter« und »Schädlinge« verdammt werden, ihren Platz, weil sie – wie wir sehen werden – auch ihre positiven Seiten haben.

In einem schon länger bestehenden Garten würde man bei einer kompletten Bestandsaufnahme Tausende von Tier- und Pflanzenarten finden – allerdings bräuchte man ein Expertenteam, um sie alle zu identifizieren. Manche der Tiere leben ständig im Garten, andere sind dort nur für kurze Zeit zu Gast, aber all diese ungeladenen Gäste machen den Garten erst interessant. Viele Tierarten werden von uns als nützlich angesehen, wie etwa die blütenbestäubenden Bienen, die blattlausfressenden Marienkäfer, die wunderhübschen Tagschmetterlinge wegen ihrer Farbenpracht oder die uns mit ihrem Gesang oder Zirpen erfreuenden Tiere. Andere dagegen betrachten wir als »Schädlinge«, weil sie an unserem Gemüse fressen oder unsere Obstbäume befallen, ohne dabei zu berücksichtigen, daß zum Beispiel aus der am Gemüse fressenden Raupe der Schmetterling wird, an dem wir uns erfreuen. Der »Nützling« ist auf den »Schädling« angewiesen, weil er sich zum Beispiel von ihm ernährt. Wenn wir den »Schädling« bekämpfen und ausrotten, rotten wir – überspitzt gesagt – auch den »Nützling« aus, was einmal mehr zeigt, daß es »Nützlinge« und »Schädlinge« eigentlich gar nicht gibt.

Die große Anzahl an Tier- und Pflanzenarten, die zeitweise oder ständig in den Gärten lebt, zeigt, wie wichtig dieser Lebensraum ist und welche Rolle er bei der Erhaltung vieler Lebewesen spielen kann. Dies gelingt um so besser, je vielfältiger der Garten ist, denn ein richtig angelegter Naturgarten umfaßt ja viele verschiedene Lebensräume. Wege, Rasenflächen, Mauern, Hecken und Teiche bieten jeweils unterschiedlichen Tier- und Pflanzenarten passende Lebensbedingungen. Natürlich beherbergt ein frisch angelegter Garten noch nicht so viele Wildtiere und -pflanzen wie ein alter Garten, aber wenn Sie behutsam zu Werk gehen und verschiedene Lebensräume schaffen, kommen die vielen Gäste schnell und von selbst in Ihren Garten. Durch die Schaffung und Erhaltung dieser Vielfalt im Garten können wir einen gewissen Ersatz für verlorengegangene Lebensräume anbieten und dafür sorgen, daß sich Wildtiere und Wildpflanzen in unserer Umgebung weiter wohl fühlen. Angesichts der anhaltenden Biotopzerstörung kommt diesem Umstand eine besondere Bedeutung zu. Gleichzeitig versorgt uns der Garten mit Obst und Gemüse. Diese beiden Aspekte, gesunde Nahrung für uns Menschen und Lebensräume für heimische Tiere und Pflanzen, liegen dem naturnahen, lebendigen Garten zugrunde.

## »UNKRAUT« ODER WILDPFLANZE?

Manche Gärtner teilen auch heute noch die Pflanzen im Garten streng in zwei Gruppen ein: Eine Gruppe umfaßt die Nutzpflanzen und Zierpflanzen und zur anderen gehören die »Unkräuter«. Aber was ist eigentlich ein »Unkraut«? Die Roten Taubnesseln im Gemüsebeet werden als »Unkraut« betrachtet, die Roten Taubnesseln am Straßenrand dagegen werden ihrer Schönheit wegen bewundert. Die einfachste und allgemeinste Definition ist daher: Eine Pflanze ist dann ein »Unkraut«, wenn sie dort wächst, wo sie nach unserer Vorstellung nicht hingehört.

Vielleicht fragen Sie sich, warum manche Wildpflanzen eine Vorliebe gerade für Gärten haben und warum sie dort so häufig vorkommen? Im wesentlichen hängt das mit der Bodenbearbeitung und Bodenoberfläche zusammen. Im Garten sind immer mal wieder größere Flächen des Bodens frei von Vegetation, so daß die Samen der Wildkräuter aus der Umgebung dort auskeimen können. Vogelmiere, Franzosenkraut und Kreuzkraut zum Beispiel keimen nur auf solchen Brachflächen, wachsen rasch und vermehren sich schnell. Früher fanden sie solche Bedingungen praktisch nur an Abbruchkanten, zum Beispiel an Ufern von Flüssen. Um dennoch zu überleben, produzieren sie viele Samen, die auch lange keimfähig bleiben. Durch die Wirtschaftsweise des Menschen fanden diese Pflanzen optimale Verbreitungsmöglichkeiten an Wegrändern, auf Äckern und in Gärten.

Wenn »Unkräuter« einfach nur solche Pflanzen sind, die an einer »falschen« Stelle wachsen, warum sollten wir sie dann nicht dennoch in unseren Gärten lassen? Viele Gärtner würden darauf antworten, »weil sie nicht schön aussehen« – was aber auf keinen Fall auf alle diese Pflanzen zutrifft – oder »weil es unordentlich aussieht«. Aber sind die unregelmäßigen Farbtupfer, die von krautigen Pflanzen zwischen Ihren Gemüsereihen herrühren, nicht schöner anzusehen als der blanke Boden? Der Boden enthält jedoch nur eine begrenzte Menge an Mineralien, Nährstoffen und Feuchtigkeit. In der Konkurrenz um diese Nahrung sind die Wildkräuter den Kulturpflanzen oft überlegen.

Neben dem direkten Wettstreit um Nahrung können sich »Unkräuter« noch durch eine andere Eigenschaft negativ bemerkbar machen: Sie beherbergen oft den Winter über Insekten und Pilze, die während der Sommermonate

**Der Garten als Zufluchtsort**

Aufgrund der ständig zunehmenden Kultivierung und Regulierung unserer Landschaft sind viele Pflanzen, die einst weit verbreitet waren, heute von der Ausrottung bedroht. Für diese gefährdeten Arten sind die Gärten ein wichtiger Zufluchtsort. Hier sind einige Pflanzen gezeigt, zu deren Erhaltung Sie beitragen können, indem Sie ihnen einen Platz in Ihrem Garten geben.

**Wiesen-Storchschnabel** Eine hübsche, noch relativ verbreitete Wiesenblume.

**Schlüsselblume** Die Wildpflanze wird wegen Zerstörungen ihres Lebensraums und durch Pflücken immer seltener.

**Kornblume** Dieses früher weit verbreitete »Ackerunkraut« ist heute in der freien Landschaft sehr selten geworden.

**Pfirsichblättrige Glockenblume** Sie ist auf kalkhaltige Böden angewiesen und immer seltener zu finden. Gedeiht im Garten gut.

**Wilde Narzisse** Diese von der Ausrottung bedrohte Wildblume kann man gut zusammen mit den Zuchtformen pflanzen.

unser Gemüse oder Obst befallen. Aber all das ist eigentlich nicht Grund genug, ihnen ständig und überall nachzustellen. Wie überall kommt es auch bei der »Unkraut«bekämpfung auf die Methode und die Wahl eines Mittelweges zwischen völliger Vernichtung und völliger Wildnis an. Einige dieser Pflanzen haben nämlich auch ihre guten Seiten. Tiefwurzelnde Pflanzen wie Ampfer und Löwenzahn beispielsweise schließen verdichtete Böden wieder auf, belüften und dränieren sie, und sorgen so dafür, daß auch zartere Gemüsepflanzen darin gut wurzeln können. Das schnelle, ausgeprägte »Unkraut«wachstum kann sogar dazu führen, daß die Bodenwärme nicht so schnell abgegeben wird. Dadurch wird das Wachstum junger, zarter Kulturpflanzen gefördert. Auch schützt eine »Unkraut«decke den Boden vor Austrocknung und ersetzt die Mulchschicht.

Ich will nicht behaupten, daß die genannten Vorteile jedermann von der »Nützlichkeit der Unkräuter« überzeugen können, aber diese Pflanzen haben auch noch weitere positive Seiten. Wie wir später sehen werden, können manche Wildpflanzen Ihre Gartenpflanzen sogar vor »Schädlingen« schützen, eine Beobachtung, die durch die Erforschung ihrer Biochemie bestätigt wurde. Aber am wichtigsten ist wohl, daß »Unkräuter« – oder Wildpflanzen, je nachdem, wie Sie das sehen wollen – für viele einheimische Tiere einfach lebensnotwendig sind: Ohne Wildpflanzen keine Wildtiere. Für einen naturverbundenen Gärtner ist dieses zuletzt genannte Merkmal eine ausreichende Rechtfertigung, diese Pflanzen nicht völlig aus dem Garten zu verbannen. Da sie ja eigentlich Wildpflanzen sind, beherbergen und ernähren sie sehr viele Insekten und andere kleine Tiere. Bei manchen dieser Tiere kann es sich natürlich um »Schädlinge« handeln, aber sie alle machen den Garten viel interessanter und tragen auch zur Schönheit des Gartens bei. Wenn wir von unserer ursprünglichen Definition für »Unkraut« ausgehen, gibt es in einem naturnahen Garten kein »Unkraut«, denn die Wildpflanzen sind dem naturverbundenen Gärtner aus dem einen oder anderen Grunde in seinem Garten immer willkommen.

Trotzdem wäre es natürlich unsinnig, die »Unkräuter« im Garten die Oberhand gewinnen zu lassen. Man muß sie behutsam unter Kontrolle halten, wenn man einen interessanten, lebendigen Garten anstrebt. Beachten Sie auch, daß eine vielfältig zusammengesetzte Wildkräuterflora ein Zeichen für einen guten Boden ist. Wenn Sie außerdem das ausgezupfte »Unkraut« in kompostierter Form wieder in den Boden einbringen, werden Sie auch kaum Probleme mit der Fruchtbarkeit Ihres Gartenbodens haben. Keine Wildpflanze ist »wertlos«. Vielleicht hat der amerikanische Dichter Ralph Emerson gar nicht so unrecht mit seiner Definition von »Unkraut« – er sagt nämlich, ein »Unkraut« sei einfach eine Pflanze, deren Wert wir noch nicht erkannt haben!

## EINE NEUE HEIMAT FÜR WILDPFLANZEN

Viele unserer Garten»unkräuter« sind einheimische krautige Wildpflanzen, die sich auch im Garten ansiedeln. In gewisser Weise ist es unsere eigene Schuld – oder Verdienst –, daß sie dort wachsen können. Die natürliche Heimat vor allem vieler schnellwüchsiger »Unkraut«arten sind instabile Lebensräume, in denen immer wieder blanker Boden freigelegt wird. Das sind ideale Bedingungen für kleine Unkrautsamen, die rasch keimen, heranwachsen und Samen bilden, bevor sie von größeren Pflanzen beschattet werden. Selbst sehr kleine Pflanzen können unter diesen Bedingungen gedeihen.

Es ist nicht schwer, herauszufinden, wie die Unkrautsamen in den Garten gelangen. Die meisten von uns haben sich schon in ihrer Kindheit mit der Verbreitung von Samen beschäftigt – nämlich beim Fortblasen von Löwenzahnsamen –, obwohl wir uns sicher damals keine Gedanken über die zugrundeliegenden biologischen Prinzipien und gartenbaulichen Konsequenzen dieser Spiele gemacht haben. Der Wind trägt unzählige Samen in unseren Garten, die entweder aus der freien Natur oder aus benachbarten Gärten stammen. Manche der Samen sind so klein, daß sie wie Staub mitgetragen werden und nicht einmal Flügel oder Fallschirme zur Verbesserung ihres Auftriebs brauchen.

Viele Samen werden auch durch Tiere in den Garten gebracht, wobei die Vögel sicher am stärksten beteiligt sind. Haussperlinge, die man in fast jedem Garten antrifft, fressen Samen. Manche Samen werden aber nicht verdaut und gelangen mit dem Vogelkot an andere Plätze. Hirtentäschel, Spitzwegerich, Kreuzkraut und Vogelmiere kommen auf diese Weise in den Garten. An dieser Art der Samenverbreitung sind noch viele andere Vogelarten beteiligt. Auch in dem Schmutz, der sich an den Vogelfüßen befindet, werden Samen transportiert. Ein anderes Prinzip liegt den Kletten zugrunde, die sich zum Beispiel ins Fell von Haustieren heften. Wie oft muß der Hundebesitzer nach einem Spaziergang die Kletten aus dem Fell seines Hundes herausbürsten – wie oft entfernt das Tier die Kletten auch selbst! Und wie steht es mit der Beteiligung des Menschen beim Verbreiten von Pflanzensamen? Haben Sie schon einmal bedacht, daß auch Sie selbst viele Pflanzensamen in den Garten einschleppen – nicht nur zusammen mit Pflanzen aus dem Gartencenter, sondern auch direkt an Ihrer Kleidung? Machen Sie einmal folgendes einfache Experi-

**Unterschiedliche Gartenanlagen** Bei der Anlage eines Gartens verändern wir die Natur nach unseren Vorstellungen. Die Veränderung des natürlichen Lebensraums bedeutet auch die völlige Beseitigung der ursprünglichen Pflanzengesellschaft. Ein traditionelles Blumenbeet (oben) ist völlig unnatürlich – so etwas findet man nirgends in der Natur. Im Gegensatz dazu sind in diesem wunderschönen Beet (rechts) verschiedene Pflanzen in einer sorgfältigen Auswahl zusammengestellt, so daß sie einen interessanten Lebensraum für viele Tiere bieten – solch ein Garten ist wesentlich naturnaher, aber immer noch ein vom Menschen geschaffener Lebensraum.

ment, wenn Sie das nächste Mal von einem Spaziergang oder auch nur von einem Gartenrundgang zurückkommen: Kratzen Sie die Erde von Ihren Schuhen und streuen Sie sie in einen Blumentopf mit sterilisierter Blumenerde. Behandeln Sie den Topf dann wie jeden anderen Anzuchttopf mit Samen. Sie werden sicher erstaunt sein, was in diesem Topf alles gedeiht: Gänseblümchen, Mastkraut, Vogelmiere, Kreuzkraut, Gräser und vieles mehr. Aus dem Schmutz von einem Paar Stiefel lassen sich unter günstigen Bedingungen mehr als 200 Sämlinge ziehen. Es sind also nicht nur die Vögel, die Samen an ihren Füßen mitbringen.

Früchte und Samen, die über hakenförmige Fortsätze verfügen, haften an unserer Kleidung sogar noch besser als im Fell von Tieren und können über weite Strecken mitgetragen werden, bevor sie abfallen oder ausgebürstet werden. Glücklicherweise sind Hosenaufschläge außer Mode gekommen. Sie waren nicht nur Staubfänger, sondern auch richtige Samenfänger. Sir Edward Salisbury, ein angesehener britischer Botaniker und eine Kapazität auf dem Gebiet der Wildkräuter, zog einmal über dreihundert einzelne Pflanzen, die zu etwa zwanzig verschiedenen Arten gehörten, aus dem Schmutz heran, den er aus seinen Hosenaufschlägen bürstete. Viele der auf diese Art transportierten Samen wären sonst sicherlich im Garten gelandet.

Die Kulturpflanzen wurden schon seit Jahrhunderten sehr viel gezielter zwischen verschiedenen Standorten und Ländern hin und her transportiert. Viele Wildkräuter machten durch Zufall dieselben Reisen mit und siedelten sich an den neuen Standorten auf Feldern und in Gärten ebenfalls an. Mit den Römern kamen beispielsweise viele Wildkräuter aus dem Mittelmeerraum zu uns. Der Bau von Straßen führte zu blankem Boden in der Umgebung dieser Straßen, über den sich Wildpflanzen verbreiten konnten. Infolge der Patrouillenritte oder des Verkehrs mit Wagen und zu Fuß wurden Samen mitgeschleppt und breiteten sich über das ganze Land aus.

Als Europäer später nach Amerika auswanderten, machten auch manche Wildpflanzen diese Reise mit. Etwa die Hälfte aller Wildpflanzenarten, die man heute in den gemäßigten Zonen Nordamerikas findet, stammt ursprünglich aus Europa. Sie wurden mit Absicht oder auch durch Zufall von den Siedlern eingeschleppt. Manche haben sich über den ganzen Kontinent ausgebreitet. Der Spitzwegerich beispielsweise wird von den Indianern »Fuß des Weißen Mannes« genannt, weil er sich überall an den Straßen und Eisenbahnlinien ausbreitete – wohin der weiße Mann auch ging. Die europäischen Pflanzen siedelten sich rasch auf den riesigen Landflächen an, die von den Siedlern gerodet wurden. Ähnliches, wenn auch nicht von Kontinent zu Kontinent, sondern kleinräumiger, ist auch bei uns zu beobachten. Pflanzen breiten sich eben mit der Zeit aus und »erobern« dabei neue Lebensräume.

So ändert sich die Flora in unseren Gärten und in der Natur immer wieder. »Unkräuter« wie Brennesseln und Ampfer hat die menschliche Wirtschaftsweise begünstigt, während neuere landwirtschaftliche Anbaumethoden im Verein mit dem ausgiebigen Gebrauch von Unkrautvernichtungsmitteln die Anzahl anderer Wildpflanzen drastisch reduziert haben. Gärten gehören zu den wenigen Plätzen, die diesen Pflanzen zur Zeit noch eine Heimat bieten können.

## »SCHÄDLINGE« UND »NÜTZLINGE« IM GARTEN

Es mag von Ihrem Standpunkt abhängen, ob Sie eine Pflanze als »Unkraut« ansehen oder nicht, aber die Definition eines »Schädlings« ist eigentlich recht eindeutig; mit »Schädling« beschreibt man immer erst einmal etwas Destruktives. In der Praxis bezieht sich der Ausdruck »Schädling« immer auf Tiere, und soweit es den Garten angeht, versteht man darunter solche Tiere, die Obst und Gemüse fressen oder anderweitig schädigen. Genauso wie bei den Überlegungen zu den »Unkräutern« kann man jetzt auch bei den »Schädlingen« über ihren Wert nachdenken. Zu unseren einheimischen »Schädlingen« gehören unter anderem Wegschnecken, Kohlweißlingsraupen, Erdflöhe und verschiedene Blattlausarten. Ihnen fallen sicher noch viele andere »Schädlinge« ein, je nach Boden und Gemüsesorte. Aber wenn man sich mit diesen Tieren näher beschäftigt, merkt man bald, daß erst der Mensch mit seinen modernen Wirtschaftsformen diese Tiere zu »Schädlingen« gemacht hat. Indem bestimmten Tieren durch riesige Nahrungsvorräte auf kleinem Raum ungewollt optimale Lebensbedingungen geschaffen wurden, konnten sie sich so vermehren, daß sie zum Problem – zum »Schädling« – wurden.

Wenn Sie die Wildpflanzen in der Natur betrachten, werden Sie niemals eine größere Fläche finden, die nur von einer einzigen Pflanzenart besiedelt ist. Die Pflanzengesellschaften sind gut gemischt, und die pflanzenfressenden Tiere, die in ihrer Ernährungsweise oft recht einseitig sind, verbringen viel Zeit und Mühe damit, die geeignete Nahrungspflanze zu finden. Vielen von ihnen gelingt es nicht, so daß sie eingehen. Stellen Sie sich einmal eine Raupengeneration vor, die an einer relativ kleinen Pflanze aufwachsen muß, da der Schmetterling dort seine Eier abgelegt hat. Sobald die Pflanze kahlgefressen wäre, müßten sich die Raupen auf die Suche nach einer neuen Pflanze machen. Da sie aber von vielen für sie ungenießbaren Pflanzen umgeben sind, würden viele Raupen verhungern oder auf der Suche nach Nahrung ihren natürlichen Feinden zum Opfer fallen. So werden die Insekten, obwohl sie vielleicht einzelne Pflanzen schädigen, in der Natur insgesamt eigentlich nie zu einer echten Plage. Sie richten selten großen Schaden an. Ganz anders sieht es dagegen auf unseren Kulturflächen aus, auf denen ein Kohlkopf mit großer Wahrscheinlichkeit von vielen anderen Kohlköpfen umgeben ist. Im Unterschied zu den natürlichen Verhältnissen haben die Insektenweibchen in solchen Fällen bei der Eiablage die Qual der Wahl. Eine rastlose Raupe findet später ohne Schwierigkeiten eine neue Futterpflanze, und es besteht kaum ein Risiko, daß sie auf dem Weg dorthin natürlichen Feinden zum Opfer fällt. So begünstigen viele mit der von uns gewählten Wirtschaftsform zusammenhängende Faktoren die Entstehung einer echten »Schädlingsplage«.

Es stimmt, daß sich auch die natürlichen Feinde stärker vermehren, wenn ihre Beute prächtig gedeiht, aber der Erfolg der natürlichen Feinde in der Insektenbekämpfung wird oft wieder durch den Gärtner selbst verringert. Zu häufiges Hacken oder Heckenschneiden vermindert die Anzahl der Käfer, Spinnen und anderen Tiere, die sich von anderen Insekten ernähren. Ganz zu schweigen von den Insektiziden, die oft den nützlichen Tieren, wie etwa den Marienkäfern, mehr schaden als den Blattläusen oder anderen Insekten, deretwegen man das Gift verwendet.

Wie kann man also die Vielfalt der einheimischen Tiere in den Garten locken und sie beobachten, ohne daß der Obst- und Gemüsegarten darunter leidet? Vielleicht hatten die Gärtner des Mittelalters eine Antwort darauf. Sie bauten Gemüse, Kräuter und Blumen bunt durcheinander im gleichen Beet an und schufen so eine recht naturgetreue Pflanzengesellschaft, in der die Vielfalt wichtiger war als die Menge und in der jede Art im Gleichgewicht zu anderen Arten stand. In solch einem Garten gibt es zwar keine leuchtenden Rabatten aus hochgezüchteten Blumensorten, und vielleicht sind auch die Erträge beim Obst und Gemüse etwas geringer, aber in puncto Wildpflanzen und -tiere ist es der vielseitigste und reichste Garten, den man sich denken kann.

**Schnell bedeutet »nützlich«**

Die meisten Gärtner möchten gern wissen, ob die Tiere in ihrem Garten »nützlich« oder »schädlich« sind. »Nützlinge« und »Schädlinge« sind oft schwer zu unterscheiden, aber auf solche Tiere, die nicht fliegen können, läßt sich die Faustregel »schnell bedeutet nützlich« ganz gut anwenden. Bei den flinken Tieren (unten links) handelt es sich im allgemeinen um Räuber, die im Garten meistens eine »nützliche« Rolle spielen. Die rechts abgebildeten Tiere dagegen bewegen sich recht langsam, denn sie sind Vegetarier. Sie werden daher eher als »schädlich« bezeichnet. Aber solange Sie die Tiere nicht beim Anknabbern Ihrer Pflanzen erwischen, sollten Sie im Zweifelsfall immer zugunsten des Angeklagten entscheiden.

»SCHNELL«

**Laufkäfer** Fleischfresser; die meisten Laufkäfer sind nachtaktiv.

**Ameisen** Fressen neben Samen und Pflanzenteilen auch andere Insekten.

**Kurzflügler** Schnelle Räuber und Aasfresser, die alle kurze Flügeldecken haben.

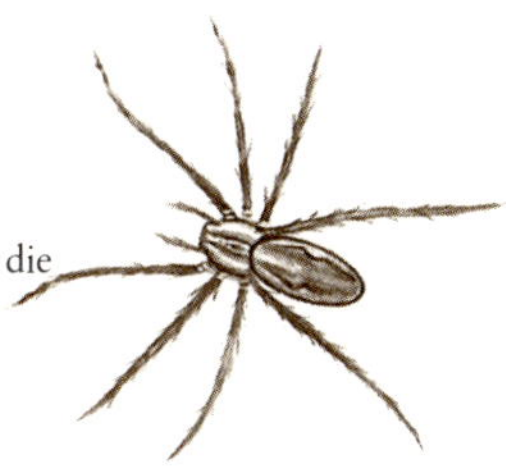

**Spinnen** Wahrscheinlich die nützlichsten von allen Tieren im Garten.

**Hundertfüßer** Gefräßiger Räuber, der im Boden viele kleine Insekten und Larven erbeutet.

»LANGSAM«

**Schnecken** Sie sind fast alle Vegetarier mit einer Vorliebe für junge Pflanzen.

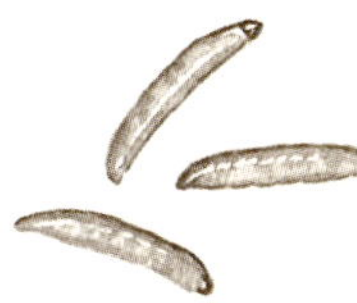

**Fliegen- und Mückenlarven** Die Larven einiger Fliegen und Mücken, wie die der Märzmücke (oben) und der Möhrenfliege (links), fressen an jungen Pflanzenwurzeln.

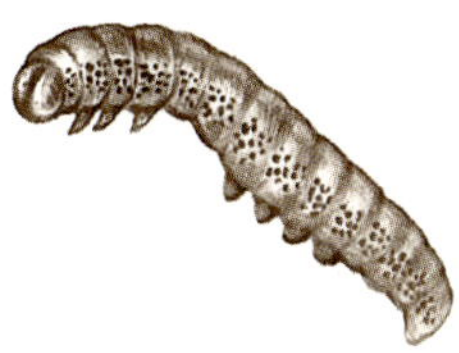

**Nachtfalterraupen** Viele dieser Raupen (rechts) fressen an Wurzeln und Stengeln – am »schädlichsten« sind die hier abgebildeten Eulenraupen.

**Wegschnecken** Diese »Schädlinge« fressen im Garten oft die Setzlinge völlig ab.

KAPITEL 2

# DER BLUMENGARTEN

Viele unserer Gartenblumen, vor allem die auffallenden ausländischen Arten, erinnern noch stark an die Wildpflanzen, von denen sie abstammen. Manche allerdings wurden über Generationen hinweg von Gärtnern und Pflanzenzüchtern »verbessert«. Ich benutze die Anführungszeichen absichtlich, denn die Blumen wurden nicht unbedingt in jeglicher Hinsicht verbessert. Eine erhöhte Krankheitsresistenz und bessere Kältetoleranz mögen bei tropischen Arten, die bei uns wachsen sollen, sicherlich wünschenswerte Verbesserungen sein. Auch sind viele Gärtner stolz auf die herausgezüchteten größeren Blüten und die breite Farbpalette ihrer Zuchtsorten. Aber für die Insekten, die sich vom Nektar dieser Blüten ernähren, sind diese Veränderungen oft eher eine Verschlechterung als eine Verbesserung. Manche Blüten sind so groß, daß Schmetterlinge und andere Insekten den Nektar nicht mehr erreichen können, während andere sogar die Fähigkeit zur Nektarproduktion durch das Heranzüchten größerer und zahlreicherer Blütenblätter völlig verloren haben. Man sieht nur selten Bienen an den hochgezüchteten, großen Dahlien und Chrysanthemen, dagegen sind die kleineren, eher margeritengroßen normalen Sorten eine reiche Quelle für Nektar und Pollen. Ohne menschliche Hilfe würden manche Zuchtpflanzen rasch aussterben, weil sie entweder künstlich bestäubt werden müssen oder keine Samen mehr produzieren können und daher über Stecklinge vermehrt werden müssen. Verglichen mit den Wildpflanzen sind viele Zierpflanzen im Garten, biologisch gesehen, Neulinge. In Nordeuropa wurden die meisten Zierpflanzen erst im Laufe der letzten Jahrhunderte gezüchtet, denn den Blumengarten, wie wir ihn heute kennen, gab es vorher noch nicht. Die kleinen Gärten im Mittelalter waren mehr praktisch als ästhetisch. Zu jener Zeit wurden Pflanzen als Nahrungs-, Gewürz- oder Heilpflanzen angebaut, nicht wegen ihrer Schönheit. Die Bevölkerungsdichte war viel geringer, und es gab noch viel naturbelassene Landschaft, in der man sich an den Farben der Wildblumen erfreuen konnte. Herbizide und intensive Landwirtschaft waren noch unbekannt, so daß die Wildblumen noch auf Feldern und Wiesen wuchsen. Da aber viele der angebauten Kräuter schöne Blüten hatten und wohlriechend waren, schätzten die Menschen sie bald nicht nur wegen ihrer Nützlichkeit, sondern auch aufgrund ihrer Schönheit. Viele duftende Pflanzen, wie Lavendel und Rosmarin, kamen mit den Römern aus dem Mittelmeerraum nach Nordeuropa. Aber auch einheimische Blumen wurden zunehmend als Zierde in die mittelalterlichen Gärten geholt. Eine der ersten war das Wohlriechende Veilchen. Diese wunderschöne Blume kommt wild fast in ganz Europa vor; sie wurde übrigens schon vor über 2000 Jahren von den Griechen angebaut und zum Süßen von Speisen verwendet. Im Mittelalter streute man ihre Blätter und Blüten wegen des Wohlgeruchs auf die Fußböden und in das Badewasser. In erster Linie dachten die Gärtner aber an die kulinarische und medizinische Verwendbarkeit der Pflanzen. Die nektarreichen

Blüten wurden bei verschiedenen Gerichten, einschließlich Fleischgerichten, als Süßmittel mitgekocht – so, wie wir heute Zucker benutzen. Auch wurden sie als Beruhigungsmittel empfohlen! Man glaubte, daß frische Veilchenblüten, nachts um den Kopf gelegt, bei Kopfschmerzen und Schlaflosigkeit helfen würden; als Einschlafhilfe wurde von unseren mittelalterlichen Vorfahren ein Fußbad in Veilchenaufguß empfohlen. Das Wohlriechende Veilchen setzte sich auch als Topfpflanze durch: es wurde als Zimmerpflanze für Leute ohne Garten empfohlen.

Um die Mitte des sechzehnten Jahrhunderts hatte sich die Idee durchgesetzt, Pflanzen wegen ihrer Schönheit zu ziehen. Die meisten Gartenbesitzer reservierten zumindest einen Teil ihres Gartens für Blumen. In Europa fand man in diesen ersten Blumengärten, genau wie zuvor in den Kräutergärten, nur einheimische Pflanzen, aber in den folgenden zweihundert Jahren, der Zeit der großen Entdeckungsreisen, wurden unsere Gärten bald durch Zierpflanzen aus der ganzen Welt bereichert.

Wenn man heute irgendeinen Garten betrachtet, wird man fast immer Pflanzen aus fernen Ländern entdecken: Dahlien aus Mexiko, Phlox (Flammenblume) und Astern aus Nordamerika, Chrysanthemen aus dem Fernen Osten, Mohn und Primeln aus dem Himalaja, Mittagsblumen aus Südafrika, und Kapuzinerkresse und Salbei aus Südamerika. Nur Australien hat relativ wenig zur Zierde europäischer Gärten beigetragen; man findet allerdings einige wunderschön blühende australische Sträucher in unseren Gewächshäusern, und Buschformen der Australischen Seideneiche und der Akazien gedeihen in wärmeren Lagen sogar im Freien.

Die Tatsache, daß Pflanzen aus so vielen verschiedenen Ländern in einem kleinen Garten überleben können, verdanken wir der Geschicklichkeit und Geduld der Gärtner. Sie bemühen sich, den Pflanzen eine angemessene Umgebung zu schaffen und sie über Generationen hinweg allmählich so zu züchten, daß die Pflanzen in ihrer neuen Umgebung überlebensfähig sind.

Heute gibt es in den nordeuropäischen Gärten etwa 4000 verschiedene Arten von Blütenpflanzen – eine Zahl, die weit über der Anzahl der bei uns verbreiteten Wildblumen liegt, die es schon vor dem Entstehen der Ziergärten gab. Man sollte eigentlich meinen, daß diese enorme Vielfalt für die bei uns lebenden Tiere nur von Vorteil sein kann, aber in Wirklichkeit ist genau das Gegenteil der Fall.

## EINHEIMISCHE PFLANZEN SIND DIE BESTEN!

Pflanzen, die wild bei uns wachsen, sind wahrscheinlich schon seit Tausenden oder Millionen von Jahren in der jeweiligen Gegend beheimatet. Während dieser Zeit haben sich einige Tiere so angepaßt, daß sie bestimmte Wildpflanzen optimal als Nahrung nutzen können. Andererseits haben sich einige Pflanzen wiederum so entwickelt, daß bestimmte Tiere als Bestäuber und Samenverbreiter eine wichtige Rolle in ihrem Leben spielen. Aber was geschieht, wenn man nun in einem solchen Gebiet eine Pflanze ansiedelt, die nicht nur aus einem anderen Biotop, sondern vielleicht sogar aus einem ganz anderen Kontinent stammt?

In ganz seltenen Fällen bietet diese Pflanze den einheimischen Tieren des betreffenden Gebiets einen Nutzen. Ein Beispiel dafür ist der bei uns nicht heimische Sommerflieder *(Buddleia)*, der eine Vielzahl von Schmetterlingen mit Nektar versorgt. Viel öfter jedoch können die Insekten, Vögel und anderen Tiere von dem »Neuling« nicht profitieren. Häufig kommen sie als Nahrungspflanzen nicht in Frage, was für die Tiere bedeutet, daß die »Neulinge« das Gesamtnahrungsangebot in einem bestimmten Gebiet verringern.

Je mehr »exotische« Pflanzen Sie in Ihrem Garten haben, desto weniger Tiere werden Sie beobachten können. Deshalb heißt die Grundregel: »Einheimische Pflanzen sind die besten«. Wenn Sie gerne Tiere im Garten beobachten wollen, sollten Sie also herausfinden, welche Pflanzen auch wild in Ihrer Umgebung wachsen, und diese dann in Ihrem Garten ansiedeln. Bedenken Sie auch, daß Sie damit nicht nur die Tiere anlocken, die sich von diesen Pflanzen ernähren, sondern auch jene, die wiederum von diesen Tieren leben. Jede Wildpflanze, die Sie in Ihren Garten setzen, steht am Anfang einer Nahrungskette; sie wird interessante und vielleicht unerwartete Tiere anlocken, die Sie andernfalls gar nicht zu Gesicht bekommen würden. Je vielfältiger Sie Ihren Garten mit einheimischen Sorten bepflanzen, desto mehr Tiere können Sie beobachten.

## WILDBLUMEN SELBER ZIEHEN

Man darf Wildblumen nie einfach in der freien Natur ausgraben und mitnehmen! Erstens stehen viele von ihnen unter Naturschutz, und zweitens kann ein Rückgang der Wildpflanzen-Populationen in der Landschaft zu einem Abwandern oder Aussterben von solchen Insekten und anderen Tieren führen, die sich auf diese Pflanzen spezialisiert haben. Denn wenn Sie eine Pflanze ausgraben und in den Garten mitnehmen, heißt das noch lange nicht, daß die Tiere ihr ebenfalls in Ihren Garten folgen. Doch viele Wildblumen kann man selber ziehen: man braucht nur ihre Samen zu sammeln. Warten Sie, bis die Früchte voll ausgereift sind und die reifen Samen frei werden. Manche Samen keimen sofort, andere verbringen den Winter in Samenruhe in der Erde; wenn Sie nicht genau wissen, wie die Entwicklung bei den von Ihnen gesammelten Samen abläuft, ist es ratsam, einige Samen im Herbst und die andern im Frühjahr auszusäen. Am besten säen Sie auch ein paar Samen von jeder Art in kleine Töpfe, die Sie beschriften sollten. Auf diese Art und Weise wissen Sie später, wie die Keimlinge aussehen – sonst reißen Sie sie aus Versehen als »Unkraut« heraus!

Wer keine Möglichkeit hat, die Samen von Wildblumen in der Natur zu sammeln, kann heute viele Samen auch von Samenhandlungen beziehen (siehe Seite 188). Die unten aufgelisteten Blumen sind wirklich empfehlenswert – wegen ihrer Schönheit und wegen der Insekten und anderen Tiere, die sie anlocken. Alle dort aufgeführten Blumen werden gern von Bienen besucht.

**Wildblumen für den Garten**

In dieser Liste ist eine Auswahl von einheimischen Wildpflanzen aufgeführt, die nicht nur dekorativ sind, sondern auch viele Tiere anlocken. Bei jeder Pflanze ist angegeben, ob sie einjährig (E), zweijährig (Z) oder ausdauernd (A) ist und ob sie sonnige oder schattige Standorte vorzieht.

**Feuchte Standorte**

| | |
|---|---|
| Bärlauch | schattig, A |
| Gemeiner Beinwell | sonnig, A |
| Blutweiderich | sonnig, A |
| Roter Fingerhut | sonnig, Z |
| Hasenglöckchen | schattig, A |
| Kuckucks-Lichtnelke | schattig, A |
| Rote Lichtnelke | sonnig und schattig, A |
| Mädesüß | sonnig, A |
| Scharbockskraut | sonnig, A |
| Schlüsselblume | sonnig, A |
| Wald-Sauerklee | schattig, A |
| Wasserdost | schattig, A |
| Wiesenschaumkraut | schattig, A |

**Trockene Standorte**

| | |
|---|---|
| Buschwindröschen | schattig, A |
| Rundblättrige Glockenblume | sonnig, A |
| Grasnelke | sonnig, A |
| Stink-Hundskamille | sonnig, E |
| Wilde Karde | sonnig, Z |
| Klatschmohn | sonnig, E |
| Klee; Horn-, Wund-, Wiesen- | sonnig, A |
| Königskerze | sonnig, Z |
| Kornblume | sonnig, E |
| Gewöhnliches Leinkraut | sonnig, A |
| Margerite | sonnig, A |
| Natternkopf | sonnig, Z |
| Wilde Resede | sonnig, A |
| Ruprechtskraut | schattig, E |
| Sonnenröschen | sonnig, A |
| Wildes Stiefmütterchen | sonnig, A oder E |
| Rote und Weiße Taubnessel | sonnig, E bzw. A |
| Thymian | sonnig, A |
| Wiesenschlüsselblume | sonnig, A |
| Witwenblume | sonnig, A |

Ich habe auch gern etwas Löwenzahn in meinem Garten. Seine leuchtend-goldenen Blütenköpfe locken im Frühjahr viele einzeln lebende (solitäre) Bienen an (siehe Seite 45), seine Blätter ernähren die Larven vieler Nachtfalter, und die Samen locken den Stieglitz herbei. Diese Vögel vollbringen wahre Balanceakte, wenn sie an den Samen zupfen. Sie fressen natürlich nicht alle Samen, und so muß ich den Sommer über in meinem Garten viele Löwenzahnsämlinge ausgraben, aber der Anblick von Stieglitzen im Garten ist diese Mühe wert. Die Stieglitze lieben auch die Samen von Königskerzen und Disteln, die als Winternahrung eine wichtige Rolle spielen.

Man kann diese Wildpflanzen an fast jeden Platz im Garten setzen. Sie kommen am besten zur Geltung, wenn man sie in Gruppen pflanzt – ganz für sich oder zwischen anderen Zierpflanzen in den Rabatten. Berücksichtigen Sie beim Pflanzen aber die Wuchshöhe der verschiedenen Arten und ihre Blütezeit. Niedrige Pflanzen sollten nachher nicht hinter höheren verborgen sein, und die Frühblüher sollten auch nicht alle an einer Stelle im Garten blühen. Nach Möglichkeit sollte in jedem Teil des Gartens zu jeder Jahreszeit irgend etwas blühen. Beachten Sie auch die natürlichen Ansprüche der Pflanzen an Licht und Boden: Sonnenliebende Arten sollten nicht im Schatten anderer Pflanzen stehen! Auch wenn sie an solchen Stellen wachsen, werden sie doch nicht unbedingt blühen. In einem schattigen Garten kann man mit Hilfe schattenliebender Arten, wie Hasenglöckchen, Fingerhut, Schlüsselblume und anderen Waldblumen, ein Farbenmeer zaubern.

Bevor Sie jetzt loseilen, um sich Samen von Wildpflanzen zu besorgen, sollten Sie aber noch einen Blick auf den Boden in Ihrem Garten werfen; nicht alle Pflanzen haben die gleichen Bodenansprüche. Die meisten Zuchtsorten tolerieren im allgemeinen ein Spektrum verschiedener Bodenbedingungen. Wildblumen dagegen sind meistens auf ganz bestimmte Böden angewiesen. Der Natternkopf zum Beispiel braucht einen sehr leichten, gut dränierten Boden, ebenso die Glockenblume. Blutweiderich und Kuckuckslichtnelke gedeihen nur auf sehr feuchten Böden. Der Säure-

**Farbige Frühlingspracht durch Wildblumen** Die Flut von Löwenzahnblüten in meinem Garten (links) und der Teppich aus Hasenglöckchen (oben), der dann folgt, machen jedem sorgfältig angelegten Blumenbeet mit Zuchtsorten Konkurrenz.

**Etwas Besonderes im Spätsommer** Die Samenstände der Disteln locken mit ziemlicher Sicherheit Stieglitze in den Garten. Wer keine Kratzdisteln im Garten will, kann als elegante Alternative die Wilde Karde wählen. Es ist immer wieder ein faszinierender Anblick, wenn die Vögel auf den Samenständen herumturnen.

grad des Bodens spielt ebenfalls eine wichtige Rolle. Der Fingerhut gehört zu den Arten, die sauren Boden brauchen, während Wicken und Sonnenröschen nur auf basischen Böden gedeihen. Nur weil eine Wildblume ein Stück weiter unten an der Straße wächst, heißt das noch lange nicht, daß sie auch in Ihrem Garten gedeihen wird: Die chemische Zusammensetzung des Bodens kann selbst auf kleinem Raum sehr unterschiedlich sein. Wer sich nicht sicher ist, welche Eigenschaften der Boden in seinem Garten hat, sollte den pH-Wert des Bodens untersuchen. Es gibt dafür einfache Tests, die man in jedem Geschäft für Gartenbedarf kaufen kann. Das Testergebnis wird auf einer pH-Skala abgelesen: Ein pH-Wert über 7 bedeutet, daß der Boden basisch ist, während pH-Werte unter 7 einen sauren Boden anzeigen. Viele Böden sind schwach sauer mit einem pH-Wert um 6. Diese Böden eignen sich für die meisten einheimischen Pflanzen. Nur Pflanzen, die auf Kreide und Kalkstein wachsen, brauchen wirklich basische Böden mit einem pH-Wert über 7.

## DIE LEBENSSPANNE VON BLUMEN

Die Lebenserwartungen der wilden und der gezüchteten Blütenpflanzen sind sehr unterschiedlich. Bei der Überlegung, was man wo anpflanzen möchte, ist es wichtig zu wissen, wie lange die einzelnen Pflanzen an dieser Stelle wachsen werden, vor allem wenn Sie viele verschiedene Wildblumen anpflanzen wollen.

Man kann die Pflanzen grob in zwei Gruppen einteilen: kurzlebige (einjährige) und ausdauernde (mehrjährige) Pflanzen. Die einjährigen Pflanzen keimen, blühen und bilden Samen in einer einzigen Wachstumsperiode. Sie sind die »Opportunisten« des Pflanzenreiches, die schnell auf einem kleinen Fleckchen freier Erde hochschießen, aber bald von den langlebigeren Pflanzen verdrängt werden. Im Garten werden sie im Frühjahr gepflanzt und im Herbst wieder ausgegraben und weggeworfen. Am schönsten finde ich aus dieser Gruppe die Kapuzinerkresse, den Kalifornischen Mohn, die Levkojen und verschiedene Korbblütler wie zum Beispiel die Sonnenblumen.

Zu den einjährigen Wildpflanzen gehören Klatschmohn, Efeu-Ehrenpreis und Vogelmiere, die alle im Spätfrühling, dem Höhepunkt der Wachstumssaison, über Nacht aufzutauchen scheinen. Das Schöne an diesen einjährigen Pflanzen ist ja auch, daß sie in ihrer Hast, sich möglichst schnell fortzupflanzen, in kürzester Zeit wunderhübsche Blüten hervorbringen.

Ausdauernde Pflanzen dagegen lassen sich Zeit mit der Fortpflanzung. Sie wachsen einige Jahre lang heran und bilden dann meist über ein paar Jahre hinweg Blüten und Früchte. Bekannte ausdauernde Gartenpflanzen sind Rittersporn, Lupine, Goldrute und Astern, die Jahr für Jahr blühen, ohne daß der Gärtner sich groß um sie kümmern muß. Zu den ausdauernden Wildpflanzen zählen das Weidenblättrige Ochsenauge, die Akelei, das elegante Weidenröschen und einige kleinere Pflanzen wie Schlüsselblumen und Veilchen.

Zwischen diesen beiden Pflanzengruppen stehen die zweijährigen Pflanzen, also Arten, die nur zwei Jahre leben. Im ersten Jahr keimen und wachsen sie, im zweiten Jahr bilden sie Samen und sterben. Zwei bekannte Beispiele aus dem Garten sind Mondviole und Vergißmeinnicht; letzteres ist seinen wilden Vorfahren noch sehr ähnlich. Zu den zweijährigen Wildpflanzen gehören die Königskerze sowie einige Doldenblütler, zum Beispiel die Wilde Möhre.

Wer auf diese Unterschiede in der Lebensspanne bei Pflanzen achtet, kann ruhig bestimmte Wildpflanzen zwischen die Zuchtsorten in seinem Garten pflanzen, um besonders schöne Effekte zu erzielen. Am besten eignet sich für den Anfang ein Beet mit einjährigen Blumen oder eine schöne Blumenrabatte.

## MEHRJÄHRIGE BLUMENRABATTEN

Eingefaßte Beete mit einjährigen Blumen sind zwar heute in den Hausgärten nicht mehr so populär wie früher, aber immer noch werden jedes Frühjahr Millionen von Pflanzen wie Steinkraut und Lobelien verkauft, die Farbe in die Randbepflanzung von Beeten und Wegen bringen sollen. Heute findet man in den meisten Gärten vorwiegend ausdauernde Pflanzen. Aber auch die einjährigen Pflanzen bieten viele Vorteile, vor allem weil man sie im Freien gleich dort aussäen kann, wo sie später blühen sollen. Auch die meisten einjährigen Wildpflanzen kann man an solchen Stellen verwenden. Eine Handvoll Samen, auf einem Quadratmeter Erde verstreut, hat einige Zeit später ein fröhliches Farbenmeer zur Folge. Wenn man außerdem noch Wildblumen und Zuchtsorten in unregelmäßigen Gruppen nebeneinander sät, erzielt man oft eine besonders schöne Wirkung. Man muß nicht immer spezielle Beete anlegen; genausogut kann man einige Samen auf freien Flächen zwischen ausdauernden Pflanzen verstreuen. Sofern die ausdauernden Pflanzen nicht zu hoch werden und dadurch die einjährigen Pflanzen im Wachstum unterdrücken, können ästhetisch ansprechende Kombinationen entstehen. Es gibt Hunderte von Zuchtpflanzen und viele Wildpflanzen, die man miteinander mischen kann. Oft bewähren sich die einjährigen Pflanzen auch gut in gemischten Beeten. Die sehr farbenprächtigen Ringelblumen beispielsweise sind nützlich für benachbarte andere Pflanzen. Ihre Wurzeln scheiden Stoffe aus, die einige wurzelfressende Nematoden abtöten, und sind deshalb auch in Gemüsebeeten gern gesehen.

Beeteinfassungen aus krautigen mehrjährigen Pflanzen, sogenannte Blumenrabatten, bieten den Tieren in Ihrem Garten einen ausgezeichneten, stabilen und abwechslungsreichen Lebensraum. Sie sind naturnaher als die meisten anderen Gartenbereiche. Wurzeln, Sprosse, Blätter und Blüten bieten Nahrung und Schutz, und da die Pflanzen nicht jedes Jahr herausgerissen werden, kann sich ein komplexes Wildtierleben ansiedeln. Wer also einen Garten mit schon bestehenden Blumenrabatten als Einfassung der Beete oder Wege hat, sollte sie im Interesse der Gartenfauna in jedem Fall erhalten. Sie brauchen lediglich von Zeit zu Zeit ein wenig »Unkraut« jäten und sollten einige Wildblumen dazwischensäen.

In traditionellen Blumenrabatten dominieren ausdauernde Pflanzen wie Pfingstrosen, Rittersporn, Phlox, Lupinen, Schleierkraut, Goldrute und Astern. Im Herbst sterben sie alle oberirdisch ab, und im Frühjahr wachsen aus den nahrungsspeichernden Wurzeln und Rhizomen wieder neue Sprosse heran. Sehr ordentliche Gärtner schneiden oft die alten Sprosse und Blütenköpfe schon ab, bevor sie richtig abgestorben sind. Während man die alten Blüten ohne Schaden für die Pflanze ruhig entfernen kann, sollte man die Sprosse unter keinen Umständen zu früh zurückschneiden. Die Blätter produzieren nämlich oft noch sehr viel länger Nährstoffe, die dann in den Wurzeln bis zum nächsten Frühjahr gespeichert werden. Es ist daher eigentlich besser, die alten Sprosse den Winter über stehen zu lassen. Auch picken viele Vögel auf der Suche nach Samen und überwinternden Insekten an den Stengeln herum. Außerdem bieten die toten Sprosse den Knospen an der Basis einen gewissen Schutz gegen Frost, so daß vieles gegen das herbstliche Ausputzen in den Blumenrabatten spricht. Wenn man zwischen die ausdauernden Pflanzen ein paar einjährige Pflanzen sät, kann man vom Frühling bis zum ersten Frost ein herrliches Farbenspiel genießen. Der altmodische, beliebte Bauerngarten entspricht dieser Vorstellung, auch Landhausgärten werden nach einem solchen Muster gestaltet. Um ein natürliches Aussehen mit den richtigen Farbmischungen und einem ständigen Blütenmeer zu erhalten, muß man aber eine solche Anlage sehr genau planen. Dabei muß immer darauf geachtet werden, daß kleinere Pflanzen nicht durch große verdeckt werden.

**Winterquartiere** Solitäre Bienen, Ohrwürmer und andere Insekten überwintern gern in hohlen Stengeln – schneiden Sie diese also im Herbst nicht bis zum Boden zurück. Sie können die Stauden auch bis zum Frühling stehen lassen und dann erst schneiden.

## »UNKRAUT« IM BLUMENGARTEN

Wer einen naturnahen Garten erhalten möchte, wird sich nach kurzer Zeit überlegen müssen, was mit dem »Unkraut« geschehen soll, denn eines ist sicher: Außer den ausgesäten, erwünschten Wildkräutern werden sich einige unerwünschte Kräuter sehr rasch im Garten breitmachen und vielleicht die so sorgfältig herangezogenen Raritäten ganz verdrängen.

Wie schon erläutert wurde, verstehen wir unter »Unkräutern« solche Pflanzen, die im Garten an Stellen wachsen, an denen wir sie nicht haben möchten. Der Besitzer eines naturnahen Gartens hat dabei sicherlich eine ganz andere Vorstellung vom »Unkraut« als ein traditioneller Gartenbesitzer, für den alles »Unkraut« ist, was nicht aus einer Samentüte stammt.

Sie können selbstverständlich in Ihrem Naturgarten der Natur einfach ihren Lauf lassen, aber im allgemeinen werden Sie im Blumengarten doch auf einige wirklich hartnäckige Wildkräuter achten müssen. Manche von ihnen breiten sich nämlich mit geradezu unglaublicher Geschwindigkeit aus, wenn man sie nicht frühzeitig jätet. Aber abgesehen von diesen etwas problematischen Pflanzen haben die meisten Wildkräuter durchaus ihre guten Seiten und verdrängen auch andere Pflanzen nicht. Einige Wildpflanzen, die Raupen als Nahrung dienen, können sogar Ihren Garten um viele Schmetterlinge bereichern, ohne ihn gleich in einen »Unkrautdschungel« zu verwandeln.

Mit dem Gedanken im Hinterkopf, daß die wenigsten »Unkräuter« so schlecht sind wie ihr Ruf, wollen wir uns nun einigen wirklichen Problemarten zuwenden und beschreiben, wie man sie unter Kontrolle halten kann.

Ausdauernde »Unkräuter« haben oft die unangenehme Eigenschaft, sich unbemerkt im Blumengarten anzusiedeln – und wenn man sie endlich entdeckt, ist es für eine wirksame Beseitigung oft schon zu spät. Junge Ampfer-

blätter sind zwischen Phlox und Bartnelken oft schwer zu entdecken; manchmal haben sie schon geblüht, bevor man sie bemerkt. Um die langen, zähen Pfahlwurzeln aus dem Boden zu bekommen, muß man recht tief graben. Meistens läßt sich das aber machen, ohne daß benachbarte Pflanzen in Mitleidenschaft gezogen werden. Der Löwenzahn erfordert ähnlich harte Arbeit. Aber wenn Sie sich so mit den Wurzeln abplagen, sollten Sie auch mal die Vorteile dieser Pflanzen bedenken: Zum Beispiel dienen die Blätter den pelzigen Raupen des Braunen Bären im Frühjahr als Nahrung. Aus jungen Löwenzahnblättern läßt sich ein köstlicher Salat anrichten, und aus den Blüten können Sie Wein bereiten.

Kriechende Unkräuter bereiten dagegen im Blumengarten die größten Schwierigkeiten. Ihre zähen, unterirdischen Rhizome durchdringen die Wurzelballen der Zierpflanzen und lassen sich größtenteils nicht entfernen, ohne daß man alles ausgräbt und das Rhizom vorsichtig aus den Wurzeln der Zierpflanzen entfernt. Hacken nützt hier nicht viel, weil die Rhizome nur in kleine Stücke zerbrechen, die dann wieder weiterwachsen. Ein besonders hartnäckiges »Unkraut« ist zweifellos der Giersch, dessen verschlungene Rhizome an einen im Boden vergrabenen Maschendraht erinnern. Diese unterirdischen Rhizome können selbst in schwerem Lehm pro Jahr bis zu einem Meter wachsen, und aus jeder Verzweigung entspringen neue Sprosse, die die restliche Vegetation unter einem dicken grünen Teppich begraben können. Die älteren Rhizome sind zäh und drahtig, die jüngeren dagegen brechen leicht ab, wenn man versucht, die Pflanzen herauszureißen. Da aus jedem abgebrochenen Stück wieder eine Pflanze wachsen kann, ist die Beseitigung des Giersch nicht ganz einfach, viele Gärtner sagen sogar, es sei nicht möglich. Häufiges Umgraben und Heraussammeln der Rhizomstücke kann auf kleinen Flächen helfen, aber da man ja seinen Garten nicht ständig umgraben kann, bleibt schließlich gar nichts anderes übrig, als täglich die frischen Sprosse auszureißen. Auf diese Weise kann man den Giersch regelrecht aushungern. Wenn Sie sich gar nicht mehr zu helfen wissen, können Sie den Giersch auch essen.

**Zaunwinde** Diese wilde Kletterpflanze (oben) hat wunderschöne Blüten, aber wie die Ackerwinde (siehe Seite 28) breitet sie sich stark durch vegetatives Wachstum aus und unterdrückt andere Pflanzen.

**Gartenkunst mit ausdauernden Pflanzen** Durch das Anlegen einer dichten Staudenrabatte (links) werden Wildpflanzen unterdrückt, die sich sonst leicht zwischen den ausdauernden Blütenpflanzen ansiedeln würden.

**Weidenröschen** Diese wunderschöne, ausdauernde Pflanze (unten) gehört auch zu jenen Pflanzen, die zwar herrlich aussehen, sich durch ihr energisches unter- und oberirdisches Wachstum aber stark ausbreiten.

Man kocht einfach die Blätter wie Spinat in ein wenig Butter. Aufgüsse aus den Rhizomen und Blättern wurden früher zur Therapie von Gicht und rheumatischen Erkrankungen verwendet. Vielleicht ist das der gerechte Ausgleich für die vielen Kreuz- und Gliederschmerzen, die der Kampf gegen dieses Kraut schon gekostet hat!
Es gibt aber noch eine ganz andere Möglichkeit der »biologischen Bekämpfung« von »Unkraut«: Man konnte nämlich zeigen, daß Tagetes Substanzen abgibt, die das Wachstum von Giersch und anderen »Unkräutern« hemmen. Selbst wenn man die Tagetes nicht dazwischenpflanzen kann, so kann man doch einen Tagetesextrakt als eine Art selektives Herbizid anstelle von chemischen »Unkraut«vernichtern anwenden.
Weitere bekannte »Unkräuter« mit unterirdischen Wurzelausläufern oder Rhizomen sind die Große Brennessel, die Ackerwinde und die Quecke. Letztere ist vor allem auf schweren Böden ein Ärgernis, denn die gelblich-weißen Rhizome können sich pro Jahr um etwa 30 cm ausbreiten. Die Rhizomspitzen sind so scharf, daß sie sogar durch Tulpen- und Narzissenzwiebeln hindurchwachsen, ja selbst durch eingegrabene Pfosten. Die ersten beiden »Unkräuter« dagegen ziehen viele Tiere an, so daß sie eigentlich in jedem Garten ihr Plätzchen haben sollten. Vor allem der Brennessel kommt dabei eine besondere Rolle zu.

## DAS LEBEN AN DER BRENNESSEL

Die Idee, Brennesseln in Ihrem Garten wachsen zu lassen, mag Ihnen etwas seltsam erscheinen, aber Sie müssen sie ja nicht mitten im Gemüse- oder Blumenbeet stehen lassen. Wenn Sie den Brennesseln ein Eckchen in Ihrem Garten überlassen, in dem sie nicht stören und etwas Sonne bekommen, werden sie es Ihnen durch eine hochinteressante Tierwelt danken, die sie in den Garten locken.
Die Große Brennessel ist eine kräftige, ausdauernde Pflanze, die auf fast jedem Boden gedeiht. Sie bevorzugt aber Böden mit relativ hohem Gehalt an organischen Stoffen. Die Brennessel siedelt sich meist von selbst an Mauern und Hecken, rund um den Kompost-

haufen und in jedem vernachlässigten Gartenbereich an. Sie bildet dichte Bestände und breitet sich hauptsächlich über ihre gelben Rhizome aus. Durch Steinplatten, die man in den Boden einläßt (z.B. Rasenkantensteine) läßt sich daher die Verbreitung der Brennessel in Ihrem Garten wirkungsvoll eindämmen. Durch das Rhizom und ihr weitläufiges Wurzelsystem ist die Brennessel unglaublich fest verankert – es kostet viel Mühe, sie auszugraben. Im Frühjahr bildet sich ein dichter Teppich grüner Sprosse, die ab Mai schnell hochwachsen. Betrachten Sie einmal die Brennhaare an Stengeln und Blättern: Jedes hat an der Basis ein kleines Giftreservoir. Mit einer Lupe können Sie die kugelförmigen Köpfchen der Brennhaare erkennen. Diese Köpfchen sind sehr spröde. Sie brechen ab, wenn Sie mit der Hand über die Pflanze streichen. Dann liegt die scharfe Spitze des hohlen Brennhaares frei, und beim geringsten weiteren Druck pumpt es wie durch eine Injektionsnadel das Gift in Ihre Haut. Wenn man die Brennessel sehr fest anpackt, kann man aber dem Gift manchmal entgehen, weil die Brennhaare zerbrochen oder umgebogen werden, bevor sie das Gift injizieren können. Die Brennhaare dienen mit Sicherheit als Abschreckung für pflanzenfressende Tiere – Kaninchen zum Beispiel rühren keine Brennessel an. Deshalb sieht man sie auch oft rund um Kaninchenbaue wachsen. Aber Raupen und Insekten klettern unbeeinträchtigt auf den Blättern herum und fressen sie auch mitsamt der Brennhaare und dem Gift!

Die Blüten der Brennessel stehen in Kätzchen zusammen, die man im Juni am oberen Teil des Sprosses betrachten kann. Die Brennessel ist zweihäusig, männliche und weibliche Blüten befinden sich auf verschiedenen Pflanzen. Die Pflanzen eines Büschels, das aus einem Rhizom stammt, sind daher immer gleichen Geschlechts. Die männlichen Blüten erkennt man an dem gelben Pollen, die weiblichen wirken eher silbrig. Im Herbst sterben die Pflanzen oberirdisch ab, aber im nächsten Frühjahr treiben neue Sprosse aus den unterirdischen Rhizomen.

Einige Schmetterlingsraupen und viele andere kleine Tiere finden an der Großen Brennessel Nahrung und Unterschlupf, darunter auch der hübsche, glänzend-grüne Rüsselkäfer *Phyllobius urticae.* Auch viele Wanzen und Blattläuse ernähren sich von Brennesseln; sie locken Marienkäfer und andere jagende Insekten an. Halten Sie einmal Ausschau nach den stahlblauen Marienkäferlarven, die die Pflanzen nach Beute absuchen. Der Gemeine Grashüpfer und die Gewöhnliche Strauchschrecke fressen sowohl Brennesselblätter als auch Blattläuse. Die Larven der winzigen Mücke *Dasyneura urticae* verursachen kleine rote Gallen auf den Blättern. Einige andere kleine Mückenlarven verbringen dagegen den Beginn ihres Lebens in Tunnels innerhalb der Brennesselblätter. Manchmal sieht man ganze Schwärme dieser kleinen Mücken rund um die Brennesseln schwirren, wo schon Spinnen in ihren Netzen auf sie lauern. Wenn Sie die Spinnennetze im Sommer einmal genau betrachten, sehen Sie vielleicht die kuriosen Skorpionsfliegen, die an den Überresten der Spinnenmahlzeiten nagen oder sogar frisch ins Netz gegangene Beute stehlen. Trotz des bedrohlichen Aussehens des Männchens mit dem hochgestellten, skorpionsähnlichen Schwanz sind diese Tiere völlig harmlos.

Es gibt also selbst in einem kleinen Brennesseleckchen für jeden Naturfreund viel zu beobachten. Wenn man im Juni oder Juli einen Teil der Brennesseln zurückschneidet, damit neue Sprosse nachwachsen, lockt das vermehrt Insekten an, die genau wie wir ihr Gemüse am liebsten jung und zart mögen. Wenn die Insekten mit Fressen nicht mehr nachkommen, können Sie ja daran denken, daß auch für den Menschen Brennesselsalat aus jungen Brennnesselblättern sehr bekömmlich ist. Man kann die jungen Sprosse auch gedünstet und in Butter geschwenkt zu sich nehmen.

## KLETTER-, KRIECH- UND SCHLINGPFLANZEN

Die Ackerwinde kann im Blumengarten einigen Schaden anrichten. Sie hat ihren Namen zu Recht, denn sie windet sich gegen den Uhrzeigersinn um andere Pflanzen, die sie dadurch regelrecht zusammenbindet. Die hübschen rosa, weißen und gestreiften Blüten sind sehr attraktiv, sind aber nur ein schwacher Trost für den unterirdisch angerichteten Schaden. Die

Ackerwinde hat kräftige weiße Rhizome, die sich in einem einzigen Sommer über eine Fläche von dreißig Quadratmetern ausbreiten können; außerdem besitzt sie ein weitläufiges Wurzelsystem. Die Wurzeln können bis in vier Meter Tiefe reichen, ja man hat sogar schon über Wurzeln in sieben Meter Tiefe berichtet! Nicht nur aus den Rhizomen, sondern auch aus den Knospen der Wurzelausläufer können sich neue Rhizome oder Sprosse bilden. Das Beseitigen von Sprossen und Rhizomen schafft deshalb nur vorübergehend Abhilfe, sofern es nicht so lange wiederholt wird, bis die Pflanze regelrecht ausgehungert ist.

Der Kriechende Hahnenfuß vermehrt sich im Garten durch Ausläufer – auf der Bodenoberfläche horizontal wachsende Sprosse. Eine einzige Pflanze kann 25 oder noch mehr Ausläufer hervorbringen, so daß die Tochterpflanzen nach einem Sommer oft schon vier Quadratmeter bedecken. Die leuchtend gelben Blüten sind zwar sehr hübsch, aber die Wurzeln des Kriechenden Hahnenfußes beeinflussen das Wachstum der Wurzeln benachbarter Pflanzen negativ. Dies tun übrigens auch einige andere Hahnenfußarten. Dadurch kann der Hahnenfuß oft alle kleineren Pflanzen in seiner Umgebung in ihrem Wachstum unterdrücken. In Verbindung mit der hohen Samenproduktion verhilft diese vegetative Vermehrung dem Kriechenden Hahnenfuß zu einer schnellen Verbreitung.

**Das Leben an der Brennessel**

Die saftigen jungen Blätter der Brennessel werden von vielen Tieren gefressen, deren Gewicht jeweils zu gering ist, um die Brennhaare abzubrechen. Hier ist nur eine Auswahl von all den Tieren gezeigt, die Sie sehen werden, wenn Sie an einem größeren sonnigen Plätzchen einige Horste mit Brennesseln wachsen lassen.

**Admiral** Legt seine Eier nur auf der Brennessel ab (Raupe siehe Seite 36).

**Rostflügel** Die Raupe besitzt schillernde Haare.

**Blühende weibliche Brennessel**

**Kleiner Fuchs** Legt im Frühjahr Eiklumpen in einem Gespinst an der Brennessel ab.

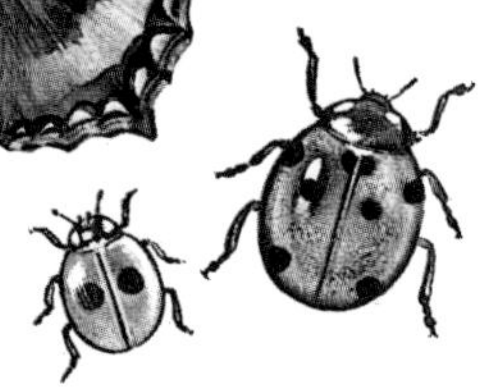

**2-Punkt- und 7-Punkt-Marienkäfer** Diese Räuber leben von den großen Blattlauskolonien auf der Brennessel. Die Anzahl an Punkten kann variieren.

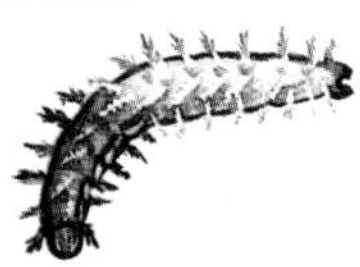

**Raupe des C-Falters** Bringt jedes Jahr zwei Generationen hervor (Schmetterling siehe Seite 32).

Neben der vegetativen Vermehrung der ausdauernden Kräuter mit Hilfe von Ausläufern und Rhizomen spielt im Blumengarten noch die Vermehrung über Samen eine Rolle. Jene ausdauernden Wildkräuter, die sich in erster Linie vegetativ vermehren, bilden oft wesentlich weniger Samen aus als zum Beispiel die einjährigen Pflanzen, die ja infolge ihres einjährigen Lebensrhythmus auf die geschlechtliche Fortpflanzung über Samen angewiesen sind. Die Samen von ausdauernden Pflanzen sind oft größer und enthalten mehr Nahrungsreserven als die der einjährigen Pflanzen. Dadurch ist es diesen Pflanzen möglich, sich auch dort anzusiedeln und durchzusetzen, wo der Boden schon von anderen Pflanzen bedeckt ist. Die einjährigen Pflanzen dagegen können sich auf solchen Flächen nicht durchsetzen, da die Reservestoffe in den Samen bereits verbraucht sind, bevor der Keimling genügend Licht bekommt und selbst Photosynthese betreiben kann. Es gibt allerdings einige Ausnahmen; die erfolgreichste ist wohl das Klettenlabkraut oder Klebkraut. Die Samen dieser Art sind ziemlich groß, und die Früchte sind mit winzigen Haken versehen, die sich gut in Fell und in der Kleidung festsetzen können. Dadurch wird das Klettenlabkraut auch so leicht in den Garten eingeschleppt. Da aber auch die Stengel und Blätter mit diesen Häkchen versehen sind, kann das Klettenlabkraut regelrecht über benachbarte Pflanzen hinwegklettern. Wenn man nicht aufpaßt, überzieht es bald ganze Beete mit einem dichten, grünen Netz. Glücklicherweise sind die Keimlinge an ihren im Quirl stehenden Blättern gut zu erkennen. Sie sind zudem relativ groß, so daß man sie mühelos schon früh herausreißen kann.

## BLUMEN SELBER ZÜCHTEN

Die kommerzielle Züchtung und Vermehrung von Blumensorten ist heute ein großes Geschäft. Das Blumenzüchten beruht aber teilweise auf Techniken, die Sie auch gut im eigenen Garten ausprobieren können. Es ist interessant, und man lernt dabei viel über die Biologie der Blütenpflanzen.

Bei der Pflanzenzüchtung greift man vorsichtig in den natürlichen Prozeß der Bestäubung und Samenbildung ein. Dazu muß man aber erst einmal etwas mehr über den Aufbau einer Blüte wissen.

Der wichtigste Bereich einer Blüte, in dem die Fortpflanzungsprozesse ablaufen, befindet sich in ihrem Zentrum. Die männlichen Organe sind die Staubblätter, die den Pollen produzieren. Die weiblichen Geschlechtsorgane sind die Fruchtblätter. In den Fruchtknoten mit der Narbe, die aus den Fruchtblättern gebildet werden, befinden sich eine oder mehrere Samenanlagen, in denen sich nach der Bestäubung die Samen entwickeln. Bei der Bestäubung gelangen die Pollenkörner auf die Narbe und wachsen von dort aus in den Fruchtknoten hinunter, bis sie die Samenanlagen erreichen. Eine Zelle des Pollenkorns befruchtet dann die Eizelle in der Samenanlage. Daraufhin entsteht ein Samenkorn und damit eine neue Generation. Manche Blütenpflanzen

**Anatomie einer Blüte**

Dieser Querschnitt durch eine Butterblume zeigt die Anordnung der einzelnen Blütenteile. Wenn Insekten tief in die Blüte krabbeln, um die Nektarien zu erreichen, streifen sie sowohl die weibliche Narbe als auch die männlichen Staubbeutel; so sammeln und übertragen sie den Pollen.

können sich zwar selbst befruchten, aber bei den meisten Pflanzen wird diese Selbstbefruchtung irgendwie verhindert. Am häufigsten wird das dadurch erreicht, daß Staubblätter und Narbe einer Blüte zu verschiedenen Zeiten reifen, so daß dem Pollen in derselben Blüte keine Narbe zur Verfügung steht. Sehr verbreitet ist auch eine chemische Selbstunverträglichkeit, bei der die Narbe das Wachstum von Pollenkörnern, die aus derselben Blüte stammen, unterbindet.

Manche Blütenpflanzen verlassen sich auf den Wind als Pollentransporteur, aber die meisten Blumen locken mit ihren farbenprächtigen Kronblättern, ihrem Duft und dem Nektar Insekten an, die dann für eine Bestäubung sorgen. Nektar, eine zuckerreiche Flüssigkeit, ist die Hauptnahrung von Schmetterlingen, Bienen, Hummeln und vielen anderen Insekten. Während sie Nektar trinken, streifen die Körper der Insekten über die Staubblätter, wobei der Pollen an ihnen hängenbleibt; wenn sie sich dann auf der nächsten Blüte niederlassen, bringen sie automatisch den Pollen auf die Narbe.

Wenn die Blüte bestäubt und befruchtet ist, enthalten die entstehenden Samen sowohl Gene aus den Pollenkörnern als auch aus der Samenanlage, die nächste Pflanzengeneration kann also Merkmale beider Elternpflanzen in unterschiedlicher Kombination aufweisen.

Wer selbst neue Blumenvarietäten züchten will, muß zuerst die »weibliche« Pflanze auswählen, die später Samen tragen soll. Man wählt einige gesunde Blütenknospen aus, die in kleine Nylonbeutel (aus einer alten Strumpfhose gemacht) gesteckt werden, damit keine Insekten an die Blüte gelangen können. Sobald die Blüte sich öffnet, muß man vorsichtig die Staubblätter entfernen, damit

### Von der Wildpflanze zur Zierpflanze

Die Geschichte unserer heutigen Stiefmütterchen ist im Gegensatz zu der vieler anderer Zierpflanzen gut belegt. Sie stammen alle vom Wilden Stiefmütterchen ab und wurden in 170 Jahren durch sorgfältige Zucht herausgebildet. 1813 begann ein Gärtner mit der Zucht des Wilden Stiefmütterchens. Es geschah allerdings nicht viel, bis zufällig auf einem Abfallhaufen eine Sorte mit sehr dunklem Mittelfleck gefunden wurde. Von dieser einen Pflanze stammen sehr viele Zuchtsorten ab. Die Pflanzen hatten jedoch immer noch den zerzausten Wuchs des Wilden Stiefmütterchens. 1867 begann der Apfelzüchter James Grieve mit Stiefmütterchen zu experimentieren, und indem er sie mit Wildformen wie dem Vogesen Veilchen kreuzte, erhielt er Pflanzen, die sehr kompakt wuchsen und sich daher gut für Blumenbeete eigneten.

Wildes Stiefmütterchen
*Viola tricolor.*

Vogesen Stiefmütterchen
*Viola lutea.*

Zuchtformen mit Flecken in der Mitte.

eine Selbstbefruchtung ausgeschlossen wird – es sei denn, die Pflanze ist selbststeril. Anschließend deckt man die Blüten wieder ab, bis die Narbe voll ausgereift ist. Dann wird sie mit Pollen bestäubt, den man mit einem kleinen Pinsel von der anderen ausgewählten Elternpflanze abnimmt. Um eine weitere Bestäubung durch andere Pollen zu verhindern, steckt man die Blüte wieder in den Nylonbeutel, bis sie verwelkt. Dann wartet man, bis die Samen voll ausgereift sind, sät sie ganz normal aus und hofft auf ein interessantes Ergebnis. Wenn Sie nicht sehr viel Geduld haben, sollten Sie Pflanzen wählen, die schnell heranwachsen und blühen. Schnellwüchsige und ausdauernde Pflanzen wie Lupine oder Akelei eignen sich besonders gut für solche einfachen Experimente, da man sie später vegetativ weitervermehren kann, wenn man ein besonders aufregendes Zuchtergebnis erzielt hat. Bei der vegetativen Vermehrung über Ableger oder durch Teilen der Pflanzen spielen genetische Prozesse keine Rolle, so daß jede Tochterpflanze identisch mit der Elternpflanze ist.

Zu Beginn Ihrer Zuchtversuche wird der Unterschied zwischen Elternpflanzen und Nachkommen nur sehr gering sein. Man kann ihn aber allmählich immer weiter vergrößern, indem man immer mit den größten oder schönsten Nachkommen weiterzüchtet, bis man eine deutlich erkennbare neue Varietät herausgezüchtet hat. Bei der kommerziellen Pflanzenzüchtung werden verschiedene Varietäten miteinander mit dem Ziel gekreuzt, die Eigenschaften der Elternpflanzen in einer einzigen Pflanze zu vereinigen. Auf diese Weise entstehen Hybriden, die oft besonders widerstandsfähig sind. Man darf aber nicht erwarten, daß aus den Samen dieser ersten Hybrid-Generation identische Nachkommen entstehen. In der nächsten Generation kommen nämlich die ursprünglichen Merkmale der Eltern wieder in unterschiedlichen Kombinationen zum Vorschein. Viele heute angebotene Samen sind Hybriden der ersten Generation, auch F1-Hybride genannt. Meistens steht im Samenkatalog in solchen Fällen ausdrücklich, daß aus den Samen dieser F1-Hybriden keine reinerbigen Nachkommen entstehen. Um reinerbige Sorten zu züchten, müssen die Pflanzenzüchter über viele Generationen hinweg immer wieder neue Samen auswählen. Aber selbst dann entsteht ein gewisser Prozentsatz an reinerbigen Nachkommen nur dann, wenn sich zwei ganz bestimmte Varietäten gegenseitig bestäuben. Dieses Ereignis tritt mit großer Wahrscheinlichkeit auf, wenn jede Varietät in großen Mengen vorhanden ist, wie dies auf den Beeten der Pflanzenzüchter der Fall ist. In Ihrem Garten aber, in dem von jeder Sorte nur

**Winterquartiere von Schmetterlingen**

Die Schmetterlinge haben das Problem, den Winter zu überstehen, auf unterschiedliche Art gelöst. Einige wandern einfach in wärmere Gebiete ab, während andere bei uns überwintern. Sie tun das entweder als Raupen, als Puppen oder auch als ausgewachsene Schmetterlinge. Sie halten sich alle unter abgestorbenen Pflanzen oder in dunklen Ritzen gut verborgen.

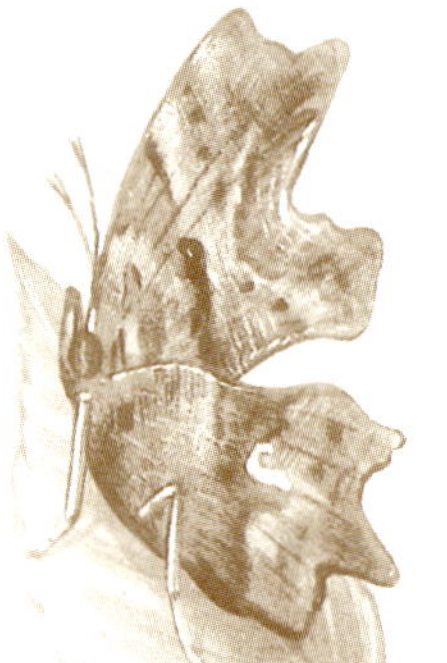

**C-Falter** Überwintert als ausgewachsener Schmetterling. Seine braunen Hinterflügel mit ihrem unregelmäßigen Umriß dienen ihm als Tarnung auf totem Laub oder Rinde.

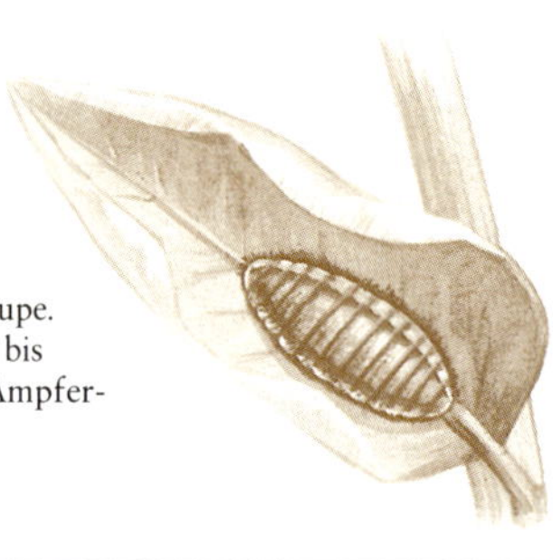

**Kleiner Feuerfalter** Überwintert als Raupe. Sitzt bewegungslos bis zum Frühling auf Ampferblättern.

**Aurorafalter** Überwintert als Puppe. Diese ist mit ihrem unteren Ende an einem Pflanzenstengel befestigt und durch einen Seidengürtel gesichert.

ein oder zwei Pflanzen vorhanden sind, sieht die Situation ganz anders aus.
Viele Blumen zeigen eine notorische Promiskuität – es ist ihnen völlig egal, woher der Pollen für ihre Befruchtung stammt, Hauptsache, er stammt von der gleichen Art. Im Garten kann er zum Beispiel von den weniger attraktiven Sorten stammen, die vielleicht im Garten nebenan wachsen, und viele Hobbypflanzenzüchter waren schon enttäuscht, weil die Farbenpracht ihrer Lupinen oder Akeleien infolge einer »Verdünnung« der Farben durch andere Gene innerhalb von einigen Jahren stark nachließ. Das gleiche kann aber natürlich auch in umgekehrter Richtung erfolgen: Eine wenig attraktive Sorte in Ihrem Garten wird durch den Pollen einer besonders schönen Sorte aus Nachbars Garten aufgewertet. Infolgedessen werden die Pollen der Zuchtformen, die Sie in Ihrem Garten anpflanzen, auch in die umgebende Natur getragen. Ihr Einfluß auf die Wildflora ist aber wegen des starken Verdünnungseffektes nicht sehr groß. Immer wieder geraten Leute völlig aus dem Häuschen, weil sie rote Primeln oder rosa Schlüsselblumen auf einer Wiese entdecken – das Ergebnis einer Bestäubung der Wildformen durch die Zuchtsorten. Ich persönlich finde, daß solche Bastarde zerstört werden sollten, bevor sie die Wildflora weiter beeinflussen können.
Wenn Sie selbst einmal einige Zuchtversuche machen, werden Sie bald merken, wie künstlich die Welt der Zuchtpflanzen ist. Die breite Sortenpalette kann nur durch ständige Arbeit aufrecht erhalten werden, denn es müssen immer ausreichend spezielle Samen und Pflanzen für die Zucht zur Verfügung stehen. Im Gegensatz dazu sollten sich die Wildpflanzen in Ihrem Garten unter den richtigen Bedingungen selbst erhalten können. Wenn sie sich einmal angesiedelt haben, produzieren sie normalerweise ohne Hilfe des Menschen jedes Jahr erneut schöne, blühende Nachkommen.

## EIN GARTEN FÜR SCHMETTERLINGE

Der Duft und die Farbenpracht des Blumengartens locken zahlreiche Insekten an, unter denen die Schmetterlinge die auffallendsten und schönsten sind. Sie tanzen wie Marionetten an unsichtbaren Fäden von Blüte zu Blüte und bringen im Sommer erst so richtig Leben in den Garten. Fast jede Schmetterlingsart kann in Ihrem Garten auftauchen, vor allem wenn er von Wäldern und Feldern umgeben ist, aber es gibt einige Schmetterlinge, die man als richtige Gartenarten bezeichnen kann.
Für die Schmetterlinge, die alle Nektar trinken, ist der Garten eine Art durchgehend geöffnetes Wirtshaus: Manchmal sieht man sogar betrunkene Schmetterlinge! Wenn Sie die Schmetterlinge auf den Blüten einmal genau beobachten, werden Sie erkennen, wie sie ihre langen, haarförmigen Rüssel tief in den Blütenkelch strecken, um an den süßen, manchmal schon leicht fermentierten Nektar zu gelangen. Der hohle Rüssel dient gewissermaßen als »Strohhalm«. Er wird beim Flug unter dem Körper zusammengerollt.
Tagpfauenauge, Kleiner Fuchs, C-Falter und Zitronenfalter überwintern als ausgewachsene Schmetterlinge. Oft kann man sie daher schon im Februar oder März an sonnigen Tagen auf der Suche nach Nektar beobachten. Tagpfauenauge und Kleiner Fuchs überwintern in hohlen Bäumen und Höhlen, nehmen aber heute auch gerne Häuser und Schuppen als Winterquartier an. Dabei bevorzugen sie ungeheizte Räume wie zum Beispiel Dachböden. Die dunklen Unterseiten der Flügel bieten ihnen in ihren dämmrigen Winterquartieren eine gute Tarnung. Der Zitronenfalter überwintert lieber in dichtem Stechpalmen- oder Efeugestrüpp, in dem er ebenfalls durch die blattähnliche Struktur der Flügelunterseiten gut getarnt ist, während der C-Falter fast jede Hecke als Winterquartier annimmt. Seine gefalteten Flügel ähneln einem verschrumpelten Blatt. Achten Sie einmal auf das weiß gezeichnete C, das diesem Falter seinen Namen gab. Der C-Falter bringt zwei Generationen pro Jahr hervor. Im Frühjahr legen die wieder erwachten Schmetterlinge Eier ab, aus denen bis Juni die Sommergeneration hervorgeht, die wesentlich blasser gefärbt ist. Die zweite, dunklere Generation fliegt im August und September und überwintert dann, bis sie im Frühjahr den Zyklus von neuem beginnt. Ähnlich verläuft auch der Lebensrhythmus des Kleinen Fuchses, allerdings ist hier kein Farbunterschied zwischen den beiden Generatio-

nen zu erkennen. Tagpfauenauge und Zitronenfalter bringen nur eine Generation pro Jahr hervor: Nach dem Überwintern legen die Schmetterlinge im Frühjahr ihre Eier ab, und die neue Generation fliegt dann ein oder zwei Monate im Sommer, bevor sie zu einer langen Winterruhe übergeht. Alle vier Arten müssen sich an den Blüten im Spätsommer und Herbst genügend Reserven für die lange Winterzeit anfressen.

Admiral und Distelfalter sind bei uns nur Sommergäste. Sie verbringen den Winter in Südeuropa und Nordafrika. Im späten Frühjahr kommen sie bei uns an, und die neue Generation fliegt dann im Herbst wieder in den Süden zurück. Allerdings gehen viele dieser wunderschönen Schmetterlinge auch schon mit den ersten frühen Frösten zugrunde.

Der Kleine Feuerfalter und der Große Schillerfalter überwintern als Raupen, einige andere Schmetterlinge verbringen den Winter im Puppenstadium. Im Frühjahr sieht man dann beim ersten Sonnenschein die frisch geschlüpften Schmetterlinge: Wenn ich den ersten Aurorafalter sehe, weiß ich, daß der Frühling kommt. Diese Art bringt nur eine neue Generation pro Jahr hervor. Andere dagegen produzieren oft zwei oder gar drei Generationen, und bei mildem Wetter sieht man sie dann noch oft im Oktober fliegen.

Neben den normalen Gartenschmetterlingen sieht man vor allem in der Dämmerung auch Schwärmer, die wie Kolibris vor den Blüten schwirren, während sie mit ihrem ungewöhnlich langen Rüssel Nektar saugen. Einer der schönsten Schwärmer ist der Oleanderschwärmer, der im Sommer aus dem Süden kommt und oft bis nach Skandinavien wandert. Häufig kann man das Abendpfauenauge beobachten. Die meisten Schwärmer sind allerdings nachtaktiv, so daß sie nicht ganz so einfach zu beobachten sind wie Tagschmetterlinge. In Kapitel 9 (siehe Seite 161) finden Sie mehr über die Schwärmer.

Wenn Sie die richtigen, nektarreichen Blumen pflanzen, können Sie viele Schmetterlinge in Ihren Garten locken. Das trägt nicht nur zur Verschönerung Ihres Gartens bei, sondern stärkt auch die Schmetterlingsbestände in der Umgebung. Für Schmetterlinge sind die besten Blumen entweder Wildblumen oder traditio-

**Schauspiel im Spätsommer** Viele Exemplare des Kleinen Fuchses (oben) sammeln sich im Spätsommer an den Blüten der Fetthenne, um vor der Überwinterung nochmals Nektar zu trinken.

**Frühlingsbote** Der leuchtende Aurorafalter (unten) erscheint als einer der ersten Schmetterlinge im Frühjahr. Nur das Männchen hat orange Flügelspitzen.

## Blüten für Schmetterlinge

In dieser Liste sind einige der wichtigsten Blütenpflanzen für Schmetterlinge, annähernd chronologisch nach ihren Blütezeiten geordnet, aufgeführt. Es sind vorwiegend »altmodische« Zuchtsorten. Sie lokken während ihrer Blütezeit viele verschiedene Schmetterlinge an, aber manche Blüten sind für bestimmte Schmetterlingsarten besonders attraktiv. – Achten Sie beim Kauf von Zuchtsorten unbedingt auf solche Formen, die ungefüllte Blüten haben.

**Blaukissen**
Bietet Zitronenfaltern und anderen Arten, die als erwachsene Tiere überwintert haben, Nahrung; lockt auch den Aurorafalter an.

**Felsensteinkraut**
Frühjahrsblüher. Lockt die meisten Gartenschmetterlinge an.

**Goldlack**
Stark duftend. Attraktiv für früh fliegende Arten.

**Wiesenschaumkraut**
Duftend. Lockt Aurorafalter an. Heimische Wildpflanze feuchter Standorte.

**Mondviole**
Eine Lieblingspflanze des Aurorafalters. Liebt hohe Luftfeuchtigkeit.

**Katzenminze**
Eine gute Nektarquelle für die meisten Gartenschmetterlinge.

**Lavendel**
Wird im Hochsommer viel von Weißlingen und Ochsenaugen besucht.

**Sommerflieder, Buddleia**
Oft voll von Pfauenaugen, Kleinem Fuchs, C-Faltern, Admiralen und Weißlingen, die oft aus beträchtlicher Entfernung angelockt werden. Verschiedene Sorten blühen zu unterschiedlichen Zeiten; pflanzen Sie deshalb möglichst mindestens zwei Sorten.

**Fetthenne**
Eine der geeignetsten spätblühenden Pflanzen. An den rosa Blüten sieht man oft den Kleinen Fuchs, der vor der Überwinterung noch einmal Nektar sammelt.

**Neubelgische Aster**
Gut für den Kleinen Feuerfalter und den Kleinen Fuchs, wenn sie sich auf die Überwinterung vorbereiten müssen.

**Dahlie**
Pflanzen Sie verschiedene Sorten mit offenen, ungefüllten Blüten.

**Verborgene Brillanz** Die Männchen und Weibchen des Zitronenfalters (rechts) sehen in Ruhestellung beide gelbgrün aus. Beim Flug zeigt das Männchen aber seine leuchtend gelbe Farbe.

**Der widerstandsfähige Kleine Feuerfalter** Der Kleine Feuerfalter fühlt sich in Gärten der gemäßigten Klimazonen ebenso wohl wie in nordischen Gebieten.

nelle Zierpflanzen, nicht aber die hochgezüchteten Blütenpflanzen, in denen der Nektar für sie völlig unerreichbar ist oder die oft gar keinen Nektar mehr produzieren.
Einige Schmetterlinge scheinen gewisse Blüten oder Blütengruppen als ihr Territorium zu betrachten, aus dem sie andere Schmetterlinge verjagen. Der Kleine Feuerfalter ist ein gutes Beispiel dafür, aber es muß trotzdem nicht immer derselbe Schmetterling sein, den Sie jeden Tag in Ihrem Asternbeet sehen: Die Territorien werden über Nacht aufgegeben und am nächsten Morgen neu festgelegt.
Wenn Sie nur wenige Blumen in Ihrem Garten haben, können Sie Schmetterlinge auch durch Kunstnahrung anlocken. Einen »Schmetterlings-Cocktail« bereitet man aus einem Teelöffel Honig und einem Teelöffel Zucker zu, die in etwas Wasser aufgelöst werden. Durch eine Prise Salz wird die Mischung, die Sie in einem flachen Teller auf das Fensterbrett stellen sollten, für Schmetterlinge noch attraktiver. So können Sie gut beobachten, wie die Schmetterlinge mit ihren langen Rüsseln die Nahrung aufsaugen. Sie können auch Wattebäusche mit dieser Flüssigkeit tränken und an Büschen und Sträuchern aufhängen oder die Nahrung in kleinen Saugflaschen anbieten, wie man sie für weiße Mäuse und andere kleine Haustiere benutzt. Die Fläschchen werden an Bäume oder Büsche gebunden und durch einige künstliche Blütenblätter aus Papier noch verlockender gestaltet. So haben die Schmetterlinge beim Saugen auch eine Sitzgelegenheit. Wenn man verschiedenfarbige Blütenblätter herstellt, kann man leicht herausfinden, ob die Insekten eine Vorliebe für bestimmte Farben haben. Man kann aber auch lauter gleichfarbige Papier-Blütenblätter nehmen und statt dessen jede »Blüte« mit einem anderen Duft versehen. Seien Sie aber nicht überrascht, wenn Sie an Ihren Futterplätzen mehr Ameisen als Schmetterlinge vorfinden – Ameisen können Honig nicht widerstehen. Um ihn zu erreichen, klettern sie sogar auf Bäume, und selbst das Aufhängen der Flaschen an langen Fäden hilft da nicht viel.
Die Versorgung der erwachsenen Schmetterlinge mit Nahrung ist nur eine Seite des Schmetterlingsschutzes, denn wer diesen Insekten wirklich helfen will, muß sich auch um die Raupen kümmern. Während die Schmetterlinge den Nektar eigentlich aus jeder Blüte holen, in der sie ihn erreichen können, haben die blattfressenden Raupen sehr spezielle Nahrungsansprüchen (siehe Seite 48).

## NAHRUNG FÜR DIE RAUPEN

Die Raupen vom Kleinen Fuchs, Tagpfauenauge und Admiral beispielsweise fressen ausschließlich Brennesselblätter. C-Falter-Raupen ernähren sich ebenfalls von Brennesseln, aber auch von anderen Blättern. Sie sollten daher in einer kleinen Ecke Ihres Gartens einige Brennnesseln stehen haben, um die Ansiedlung dieser hübschen Schmetterlinge zu fördern. Seien Sie aber nicht enttäuscht, wenn die Schmetterlinge dieses großmütige Angebot anscheinend gar nicht annehmen wollen. Schmetterlinge ziehen nämlich große Brennesselbestände kleineren vor, aber auch kleine Bestände, ja sogar Einzelpflanzen können nützlich sein. Eigentlich ist der Standort wichtiger als die Größe der Fläche, die mit Brennesseln bewachsen ist. Neuere Untersuchungen haben ergeben, daß die weiblichen Schmetterlinge ihre Eier nur an sonnenbeschienenen Plätzen ablegen. Wenn man also die Brennesseln nur in einer dunklen, schattigen Ecke wachsen läßt, wie es ja üblich ist, wird das nicht viele Schmetterlinge anlokken. Glücklicherweise ist die Brennessel nicht gerade selten – selbst in Städten wächst sie auf Friedhöfen, an Eisenbahndämmen und auf brachliegenden Grundstücken –, die auf sie angewiesenen Schmetterlinge sind also deshalb nicht in Gefahr.
Auf Mondviolen und Rauken findet man sowohl die erwachsenen Aurorafalter als auch ihre Raupen, und auch der Rapsweißling lebt oft auf diesen Pflanzen. Der Zitronenfalter liebt Kreuzdorn und Faulbaum. Wenn Sie etwas längeres Gras unter den Bäumen und an der Hecke stehen lassen, locken Sie das Damenbrett an. Eine ganz bestimmte Bläulingsart fällt insofern besonders auf, als sie zwischen zwei Futterpflanzen wechselt. Im Frühjahr legen die Weibchen ihre Eier an den Blüten der Stechpalme ab, und die Raupen fressen an den Blüten und Samen. Die Weibchen der zweiten Generation, die im August

**Futterpflanzen der Raupen**

Schmetterlinge machen die Pflanzen, an denen sie ihre Eier ablegen, über den Geruchssinn ausfindig. Da verwandte Pflanzenarten oft einen ähnlichen Geruch haben, können Schmetterlinge wie der Aurorafalter oder der Kleine Fuchs anhand dieses chemischen Systems eine Anzahl von Futterpflanzen auswählen. Der Falter legt seine Eier aber nur an solchen Pflanzen ab, für die noch ganz bestimmte Standortfaktoren gelten.

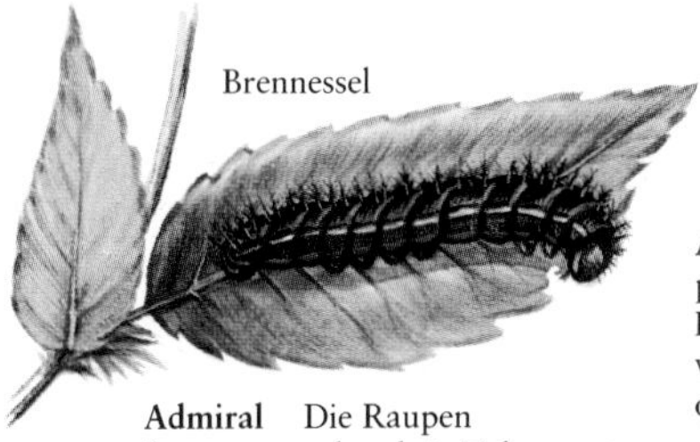


**Admiral** Die Raupen formen manchmal ein Zelt aus Brennesselblättern.

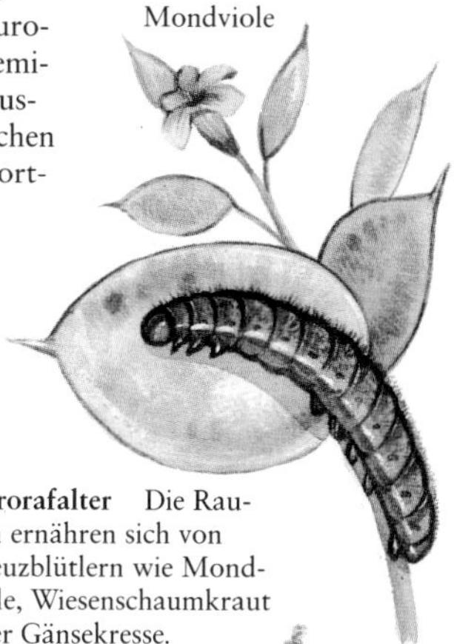


**Aurorafalter** Die Raupen ernähren sich von Kreuzblütlern wie Mondviole, Wiesenschaumkraut oder Gänsekresse.

**Zitronenfalter** Die Raupen leben überwiegend auf Faulbaum und auf Kreuzdorn.

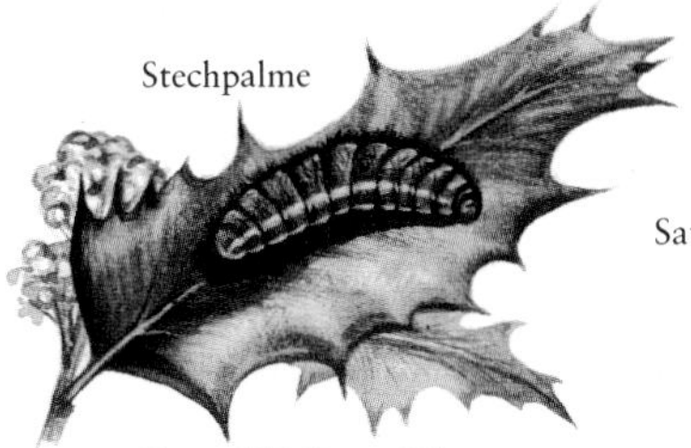


**Faulbaumbläuling** Die Raupen fressen an Stechpalme, Efeu und Faulbaum.

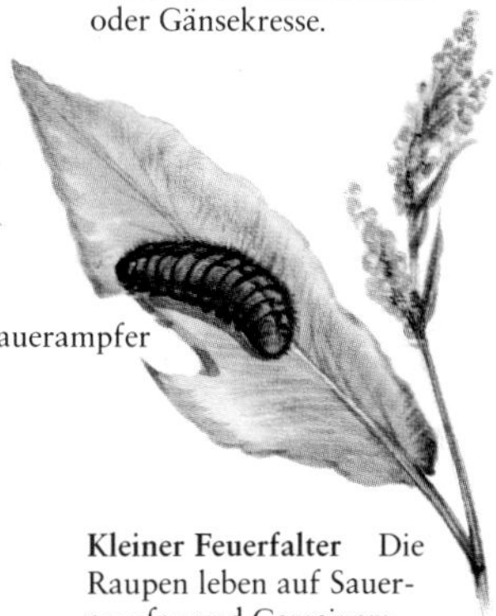


**Kleiner Feuerfalter** Die Raupen leben auf Sauerampfer und Gemeinem Dost.

**Hauhechelbläuling** Die Raupen fressen an Leguminosen wie Klee, Wicke und Hauhechel.

fliegt, legen ihre Eier an Efeublüten ab. Während sie auf den Efeu unbedingt angewiesen sind, können sie die Frühjahrseier auch an Hartriegel oder Kreuzdorn oder aber selbstverständlich auch an Efeu ablegen.

Weniger leicht zufriedenzustellen sind der Distelfalter und der Kleine Feuerfalter. Sie benötigen Disteln, Sauerampfer oder Ampfer für ihre Raupen. Nur wenige Gärtner tolerieren gerade diese »Unkräuter« in ihrem Garten, aber da sie außerhalb unserer Gärten noch häufig vorkommen, müssen die Raupen nie hungern. Den Großen und Kleinen Kohlweißling brauchen Sie nicht extra anzulocken – sie finden Ihr Kohlbeet meistens früher, als Ihnen lieb ist (siehe Seite 58). Beide Arten befallen übrigens auch die Kapuzinerkresse.

Aber auch wenn Sie solche Allerweltspflanzen wie Brennessel, Distel, Natternkopf, einige wildwachsende Kreuzblütler und Kohl in ihrem Garten haben, heißt das immer noch nicht, daß sich die Raupen und später auch die Schmetterlinge bei Ihnen einfinden. Das hängt sehr von der Landschaft rings um Ihr Haus ab.

## DER BIENENGARTEN

Bienen sind wohl am leichtesten in den Garten zu locken. Ihr faszinierendes Verhalten kann Ihnen viele interessante Beobachtungen ermöglichen, besonders, wenn Sie erst einmal festgestellt haben, daß sie nicht etwa gefährlich, sondern eigentlich wenig angriffslustig und recht zugänglich sind.

Vom Frühjahrsbeginn bis zu den Herbstfrösten gibt es im Blumengarten immer zahlreiche Bienen. Sie saugen Nektar und nehmen große Mengen Pollen zum Füttern ihrer Larven mit, gleichzeitig bestäuben sie die Blüten. Man kann die Bienen bei ihrer Arbeit gut beobachten. Sie sind so darin vertieft, daß man sie sogar streicheln könnte, ohne dabei groß Gefahr zu laufen, daß man gestochen wird!
Bienen werden oft über beträchtliche Entfernungen hinweg durch die Farben und den Duft der Blüten angelockt und schließlich durch deutliche Markierungen auf den Blütenblättern direkt bis zum Nektar geleitet. Diese Markierungen kann man zum Beispiel bei den Blüten von Stiefmütterchen und Fingerhut gut erkennen. Viele dieser Markierungen sind für uns aber unsichtbar, denn die Bienen können ultraviolettes Licht wahrnehmen; für sie sehen die Blüten ganz anders aus als für uns. Die Schlüsselblume beispielsweise scheint uns rein gelb zu sein, aber einige Stellen der Blütenblätter reflektieren mehr ultraviolettes Licht als andere, und wenn man mit Hilfe von ultraviolettem Licht ein Foto davon macht, sieht man ein Muster dunkler Linien, die zu einem dunklen Zentrum führen und so die Biene an ihr Ziel geleiten.
Viele Blüten sind sehr kompliziert gebaut, damit die Biene auf ihrem Weg zum Nektar gezwungenermaßen an den Staubblättern und der Narbe vorbeistreicht und so die Bestäubung ausführt. Manchmal sieht man, wie die Insekten regelrecht in einer Blüte verschwinden, um Nektar aufzunehmen. Das Löwenmäulchen hat sich auf eine Bestäubung durch Hummeln spezialisiert und ist so gebaut, daß nur das Gewicht einer Hummel ausreicht, um die Unterlippe der Blüte herunterzudrücken und so den Zugang zum Nektar zu öffnen. Wie wir schon gesehen haben, wird bei den meisten Blüten eine Selbstbefruchtung verhindert. Die Blüte kann zum Beispiel so gebaut sein, daß die Biene zuerst mit der Narbe in Kontakt kommt und diese mit dem Pollen, der an ihrem Körper haftet, bestäubt. Erst später, nach der Nektaraufnahme, berührt die Biene dann die Staubblätter und nimmt den Pollen mit auf ihren Flug zur nächsten Blüte. Oft wird auch durch das Verhalten des Insekts eine Selbstbefruchtung verhindert. Ein gutes Beispiel hierfür ist eine Hummel, die an einer

Fingerhutpflanze nach Nektar sucht. Die Hummel beginnt immer am unteren Ende des Blütenstandes, wo sich die ältesten Blüten befinden. Da die Staubblätter beim Fingerhut vor der Narbe reif werden, ist es ziemlich wahrscheinlich, daß in diesen älteren Blüten die Narben für die Bestäubung bereit sind. Hier streift die Hummel den Pollen ab, den sie von einer anderen Pflanze mitgebracht hat. Während sie sich nun langsam den Blütenstand hinaufarbeitet, bleibt der Pollen von den oberen, jungen Blüten an ihr hängen. Nun fliegt sie zum nächsten Blütenstand, wo sie wiederum unten beginnt – ein geschicktes Arrangement, das dafür sorgt, daß die Narbe immer mit Pollen von anderen Pflanzen bestäubt wird.

## BLÜTEN FÜR BIENEN

Bienen brauchen für ihre Ernährung Pollen und Nektar. Sie besuchen daher fast alle Blüten. Aber da die Konkurrenz in der Natur groß ist, hat sich fast jedes Lebewesen auf relativ begrenzte Nahrungsquellen spezialisiert. Die Bienen mit ihren mittellangen Rüsseln trinken Nektar aus Blüten, die ihn nur ein wenig verborgen haben – oft an der Basis des Blütenkelches, wo ihn Insekten mit kürzeren Rüsseln nicht erreichen können. Die Blüten von Doldenblütlern dagegen, deren Nektar ganz leicht zugänglich ist, werden von Fliegen und Käfern besucht. Schmetterlinge wiederum haben sich auf Blüten spezialisiert, deren Nektar nur mit einem sehr langen Rüssel aufgenommen werden kann.

Alle auf Seite 21 aufgelisteten Pflanzen sowie die meisten aus der Liste auf Seite 35 locken Bienen an. Je größer die Auswahl an unterschiedlichen Blüten in Ihrem Garten ist, desto größer wird auch die Anzahl an Bienenarten sein, die sie besuchen kommen. Die Rüssel der verschiedenen Arten variieren von 1 mm Länge bis zu 20 mm, und jede Art sucht die Blüten auf, für die sich ihr Rüssel am besten eignet. Bienen mit kurzem Rüssel findet man vor allem auf Löwenzahn und anderen Korbblütlern, bei denen sie den Nektar in relativ kurzen Kelchen gut erreichen können; sie bevorzugen auch die früh blühende Gemswurz. Glockenblumen werden von ganz verschiede-

**Verborgene Honigmarken** Bei Tageslicht sehen die Blüten der Nachtkerze einfach rein gelb aus, aber in ultraviolettem Licht (oben) kann man die Markierungen erkennen, die für die Bienen wahrnehmbar sind.

**Eintritt verboten** Löwenmäulchen (rechts) werden von Hummeln bestäubt. Insekten wie diese Honigbiene sind nicht schwer genug, um hineinzugelangen.

**Mit Pollen beladen** Honigbienen (links) sammeln den Pollen in zwei Körbchen an den Hinterbeinen.

**Borretsch** Borretsch ist eine leicht zu ziehende Bienenweide. Er sät sich selbst aus und bringt jedes Jahr Unmengen leuchtend blauer (seltener weißer) Blüten hervor.

nen Bienen besucht. Hummeln lieben vor allem die Frühjahrsblüten des Lungenkrauts. Später im Jahr sieht man sie auch oft auf der Schwarzwurzel. Aber die vielleicht beste »Bienenblume« überhaupt ist der Borretsch, eine ziemlich kratzige einjährige Pflanze, die früher in großen Mengen gesät wurde, um die Bienen und auch die Imker zu erfreuen. Die Pflanzen werden etwa 60 cm hoch und sind mit ihren zahlreichen, sternförmigen blauen Blüten nicht nur eine reiche Nektarquelle, sondern auch ein hübscher Anblick im Garten. Auch der Mensch nutzt diese Pflanze schon lange: Die Blüten und Blätter des auch als Gurkenkraut bekannten Gewächses werden als Gewürz für Salate und Suppen verwendet. Wenn man den Borretsch auf gut dräniertem Boden an einen sonnigen Standort sät, kommen jedes Frühjahr mehr Keimlinge, als man brauchen kann. Auch verschiedene wilde und kultivierte Salbeisorten, einschließlich der Gewürzsorte, locken Bienen herbei.

Ich habe immer gerne ein oder zwei Gruppen Rote Lichtnelken in meinem Garten. Ihre entzückenden, karminroten Blüten bilden einen schönen Kontrast zu den wolligen, grauen Blättern, aber vor allem wird sie von der sehr interessanten Wollbiene besucht. Diese farbenprächtige Biene ist mehr an den Blättern als an den Blüten interessiert. Die weibliche Biene baut ihr Nest in schon vorhandenen Höhlungen im Holz, und bevor sie es mit Nahrung füllt, kleidet sie es mit weichen Pflanzenhaaren aus, die sie zu diesem Zweck sammelt. Die Rote Lichtnelke hat genau solche Haare, deshalb kann man an ihr manchmal beobachten, wie die Wollbiene die Haare sammelt, sie zu einem Ball zusammenrollt, der fast so groß ist wie sie selbst, und dann mit dem Ball davonfliegt. Auch andere Pflanzen, wie etwa die Königskerze, locken die Wollbiene an. Wenn Sie sie gerne beobachten möchten, sollten Sie unbedingt solche Pflanzen in Ihrem Garten ansiedeln. Vielleicht haben Sie sogar Glück, denn die Wollbiene ist relativ selten.

## DIE SOZIALEN HUMMELN

Für viele Menschen, einschließlich der meisten Gärtner, gibt es nur zwei Arten von Bienen: die Honigbiene und die Hummel. Genau betrachtet, gibt es aber einige hundert Bienenarten, einschließlich der etwa 20 Hummelarten. Die Hummeln und die Honigbienen sind soziale Insekten. Sie leben in Insektenstaaten und haben eine Klasse von Arbeiterinnen, die das Futtersammeln besorgen. Viele andere Bienen dagegen leben solitär, das heißt allein, und die Weibchen sorgen nur für ihren eigenen Nachwuchs, den sie normalerweise nie zu Gesicht bekommen.

Wie Sie der Übersicht auf Seite 41 entnehmen können, sind Hummeln die »Schwergewichte« unter den Garteninsekten. Die Farben der Hummeln können allerdings stark variieren und eignen sich daher nicht immer für die genaue Artbestimmung. Die Lebensweise ist bei allen ziemlich ähnlich, wenngleich manche Arten früher im Jahr erscheinen und andere wiederum bis spät in den Herbst zu sehen sind. Es ist nicht schwer, Hummeln mit Nahrung und Nistplätzen zu versorgen. Wer etwas über ihre Lebensweise weiß, kann ihnen leicht seinen Garten schmackhaft machen (siehe Seite 185).

Bei allen Hummelarten überleben nur die jungen, begatteten Königinnen den Winter, den sie gut geschützt in einer unterirdischen Kammer verbringen. Im Frühjahr erwachen sie, und oft sieht man sie schon im Februar an sonnigen Tagen bei der Nektarsuche. Sie stärken sich an Schneeglöckchen, Taubnesseln und Krokussen sowie den meisten anderen Frühblühern. Es ist erstaunlich, daß die Hummeln bei so niedrigen Temperaturen überhaupt fliegen können, aber sie haben im Brustbereich ein sehr wirkungsvolles Heizsystem, das die Flugmuskeln vor dem Start auf etwa 35 °C erwärmt und es den Insekten dadurch ermöglicht, selbst bei Temperaturen nahe dem Gefrierpunkt zu fliegen. Ihr dichter Pelz hält sie zusätzlich warm, aber dennoch verbrauchen sie bei kaltem Wetter viel Energie zum Warmhalten der Muskeln beim Flug. Deshalb sieht man sie in dieser Jahreszeit oft von Blüte zu Blüte krabbeln, anstatt zu fliegen. Bei diesem Herumkrabbeln kann die Körpertemperatur manchmal unter das Minimum absinken, das für den Flug erforderlich ist. Dann muß die Hummel die Temperatur erst durch Muskelzittern wieder steigern, wobei man manchmal ein leises Summen hören kann. Sie brauchen sich also keine Sorgen zu machen, wenn Sie bei kühlem Wetter eine zitternde Hummel entdecken: sie ist nicht krank, sondern sie macht sich nur startbereit.

Im März und April beginnen die Königinnen mit dem Nestbau. Die Steinhummel beginnt als eine der ersten; sie baut ihr Nest immer im Boden oder auch in Mauerrissen. Die Erdhummel dagegen baut ihr Nest in erster Linie in alten verlassenen Mauselöchern.

Das Hummelnest der Steinhummel besteht aus einer hohlen Kugel, die aus zerkleinerten Grashalmen gebaut wird. Die Königin legt ihre Eier in der Mitte auf einem Kissen aus Pollen ab, den sie an verschiedenen Blüten gesammelt hat. Die Eier bedeckt sie mit Wachs. Sie fertigt für sich selbst einen »Honigtopf« aus Wachs für solche Tage an, an denen sie wegen schlechten Wetters nicht auf Nahrungssuche gehen kann. Diesen Topf füllt sie mit Nektar. Beim erstenmal legt sie selten mehr als etwa sechzehn Eier. Die geschlüpften Larven ernähren sich von dem Pollenkissen, und die Mutter bringt zusätzlichen Pollen und ein wenig Nektar von ihren Ausflügen mit. Nach etwa zwei Wochen verpuppen sich die Larven in runden, papierartigen Kokons. Die Königin bereitet inzwischen ein neues Kissen aus Pollen vor und legt erneut Eier. Etwa zwei Wochen nach der Verpuppung schlüpfen die ersten jungen Hummeln, die ihrer Mutter zwar in der Farbe ähneln, aber viel kleiner sind. Es sind alles Arbeiterinnen, sterile Weibchen, die sich bald auf den Weg machen, um Pollen und Nektar für ihre jüngeren Geschwister herbeizuschaffen. Die Königin fliegt allmählich kaum noch aus, sondern konzentriert sich

**Bienen und Hummeln im Garten**

Ihr Garten wird von vielen verschiedenen Bienen und Hummeln besucht. Hier sind einige dieser Insekten abgebildet. Solange Sie sich nicht zwischen die Insekten und ihr Nest stellen, können Sie die Bienen gefahrlos beobachten. Die Stiche stellen bei der Beobachtung dieser Insekten ein wesentlich geringeres Problem dar als ihre unablässige Aktivität, wie jeder weiß, der einmal versucht hat, Bienen zu fotografieren.

**Erdhummel** Mit etwa 21 mm Länge eine der größeren Hummelarten. Wie die Honigbiene lebt sie sozial.

**Honigbiene** Eine soziale Bienenart. Hier ist eine Arbeiterin abgebildet. Die selteneren (männlichen) Drohnen sind etwas größer.

**Mauerbiene** Eine solitäre Art, die bei ihrem schnellen Flug einen hohen Ton verursacht und oft bei der Nektaraufnahme über der Blüte schwebt.

**Wollbiene** Eine solitäre Art, die Blattflaum sammelt – eine Tätigkeit, die an das Entwirren der Wolle vor dem Spinnen erinnert.

**Blattschneiderbiene** Eine solitäre Art, die Blattstückchen abschneidet, um damit ihre Eizellen auszupolstern (Larve siehe Seite 46).

ganz darauf, weitere Pollenkissen anzufertigen und immer mehr Eier zu legen.
Inzwischen sind die Arbeiterinnen in der Umgebung auf Futtersuche. Sie saugen Nektar aus den Blüten und transportieren ihn im Honigmagen nach Hause, während der Pollen in den feinen Körperhaaren hängenbleibt. Auf jedem Flug konzentrieren sich Hummeln und auch Bienen entweder auf Pollen oder auf Nektar. Bei den Pollensammlern kann man beobachten, wie sie immer wieder ihren Pelz mit dem vorderen und mittleren Beinpaar auskämmen und den Pollen sorgfältig in den Pollenkörbchen an den Hinterbeinen verstauen. Nach einem erfolgreichen Flug sind diese Körbchen randvoll mit Pollen. Eine Hummel kann bis zu 60 Prozent ihres eigenen Körpergewichts an Pollen befördern.
Alle Hummeln haben relativ lange Rüssel und besuchen daher meistens röhrenförmige Blüten. Aber jede Art hat sich auf bestimmte Blüten spezialisiert, was eindeutig mit der unterschiedlichen Rüssellänge zusammenhängt. *Bombus hortorum,* die einen etwa 20 mm langen Rüssel hat, besucht Blüten, bei denen die Steinhummel und die Erdhummel mit ihren nur 10 mm langen Rüsseln nichts ausrichten können. Auch die Waldhummel hat nur einen mittellangen Rüssel. Wenn Sie die Länge der Blütenkelche messen, die die verschiedenen Hummeln besuchen, werden Sie feststellen, daß sie im allgemeinen etwa zwei bis drei Mil-

Arbeiterin

Drohne

Königin

**Kastensystem der Hummeln** Je nach Jahreszeit verändert sich die Zusammensetzung eines Hummelstaates. Im Frühjahr sieht man nur Königinnen, einige Wochen später begegnet man auch Arbeiterinnen. Die Drohnen und die jungen Königinnen trifft man erst gegen Ende des Sommers an. Die Königin kann das Geschlecht ihrer Nachkommen bestimmen, indem sie befruchtete oder unbefruchtete Eier legt: aus unbefruchteten Eiern entstehen Drohnen.

**Energie im Frühling** Hummeln besuchen häufig die Taubnesseln (links) in meinem Garten. Sie sind nach der Überwinterung auf solch frühe Nektarquellen angewiesen.

### Ein Hummelnest

Die meisten Hummeln bauen ihre Nester unter Gras oder alten Blättern. Wenn Sie aus Versehen im Frühjahr ein Nest freilegen, mit dessen Bau die Königin gerade erst begonnen hat, so werden Sie nur einige Zellen und eine einzige Hummel – die Königin – sehen. Die Zeichnung unten zeigt ein Nest im Sommer. Es enthält wesentlich mehr Zellen. Zu dieser Zeit helfen schon viele Arbeiterinnen der Königin beim Füttern der Larven und beim Freilassen der jungen Hummeln aus den Zellen.

limeter kürzer sind als die Rüssel der Insekten. Einige Hummeln mit kurzem Rüssel, vor allem Steinhummel und Erdhummel, »stehlen« allerdings Nektar, den sie mit dem Rüssel allein nicht erreichen könnten: sie beißen Löcher in die Basis der Blüten und kommen infolgedessen auch mit ihrem kurzen Rüssel an den Nektar. Für die Pflanze hat dieses Verfahren den Nachteil, daß sie auf diese Weise nicht bestäubt wird und sich keine Samen bilden.
Einige Blüten, wie die von Mohn und vielen Rosen, haben keinen Nektar und werden daher fleißig von pollensammelnden Hummeln besucht. Beim Mohn kann man beobachten, wie sie in den Blüten herumkrabbeln und den Pollen von den Staubblättern bürsten.

Der gesammelte Nektar wird ins Nest gebracht, in alten Kokons aufbewahrt und zum Füttern der erwachsenen Tiere und der Larven benutzt. Der Nektar wird zu Honig von unterschiedlicher Konsistenz verarbeitet, der allerdings nicht mit dem Honig der Honigbienen zu vergleichen ist (siehe Seite 44). Die Hummelstaaten sind relativ klein, sie umfassen selten mehr als 400 Individuen, oft wesentlich weniger. Aus den ersten Eiern entwikkeln sich fast nur Arbeiterinnen. Die Königin kann das Geschlecht ihrer Nachkommen bestimmen, indem sie entweder befruchtete oder unbefruchtete Eier legt: Aus unbefruchteten Eiern entstehen Männchen. Da immer mehr Arbeiterinnen dazukommen, wird allmählich auch immer mehr Nahrung eingebracht. Die Larven erhalten mehr Futter, weshalb die Arbeiterinnen im Laufe des Sommers immer größer werden. Aus der letzten Larvengeneration, die am meisten Futter bekommt, entstehen junge Königinnen mit voll ausgebildeten Geschlechtsorganen. Gleichzeitig werden auch viele Männchen erzeugt, die die jungen Königinnen befruchten. Nach der Begattung suchen sich die jungen Königinnen dann schon ihre Winterquartiere, obwohl es sich oft noch um den Hochsommer handelt.

## DIE HONIGBIENE

Die Honigbiene ist schlanker und weniger behaart als die Hummel und lebt im Unterschied zur Hummel in beständigen Staaten, die immer von einer langlebigen Königin regiert werden. Obwohl es sie in Europa schon seit Jahrhunderten gibt, stammt sie ursprünglich aus Südasien, und sie wurde vom Menschen wegen ihres Honigs auf der ganzen Welt verbreitet. Die meisten Honigbienen, die Sie in Ihrem Garten antreffen, stammen aus Bienenständen, aber es gibt auch viele wilde Bienenvölker, die irgendwo ausgebrochen sind und in hohlen Bäumen und ähnlichen geschützten Stellen ihre Waben bauen. Fast alle Bienen, die Ihren Garten besuchen, sind Arbeiterinnen – im Sommer sieht man allerdings auch manchmal einige männliche Bienen (Drohnen). Die Königin werden Sie nie an Ihren Blumen beobachten können: Sie verbringt die meiste Zeit ihres Lebens im Bienenstock (Nest), wo sie, von Arbeiterinnen umsorgt, ständig Eier legt. Lediglich zum Hochzeitsflug oder wenn ein Bienenvolk sich teilt (schwärmt), verläßt die Königin den Stock. Sie besitzt keine Körbchen zum Pollensammeln und ist auch zu allen anderen Tätigkeiten unfähig, die die Arbeiterinnen zum Beispiel im Bienenstock erledigen.

Es gibt verschiedene Unterarten von Honigbienen mit so unterschiedlichen Farbmustern, daß man sie für verschiedene Arten halten könnte. Einige ähneln verschiedenen solitären Bienen; aber man kann die Honigbienen immer an einer charakteristischen, langen schmalen Zelle nahe dem Flügelende erkennen, die von Adern begrenzt ist. Mit etwas Übung können Sie die Honigbienen auf Ihren Blumen bald ohne Lupe von anderen Bienen unterscheiden.

Honigbienen verfügen über ein fabelhaftes Kommunikationssystem, mit dessen Hilfe sie sich gegenseitig über Nahrungsquellen informieren können. Diese »Bienensprache«, die von dem österreichischen Biologen Karl von Frisch entdeckt wurde, besteht aus Tanzbewegungen,

### Das Nest der Honigbiene

Draußen in der Natur bauen Bienen ihre Nester oft in Höhlungen alter Bäume. Bienenkörbe bieten denselben Schutz, aber man kann einen Teil der Waben entfernen, um an den Honig zu gelangen. Wie in den Nestern von Ameisen und Bienen leben auch im Nest der Honigbienen Männchen (Drohnen), nicht fortpflanzungsfähige Arbeiterinnen und ein fortpflanzungsfähiges Weibchen (Königin). Die Chancen, die Bienenkönigin einmal außerhalb des Nestes zu sehen, sind sehr gering.

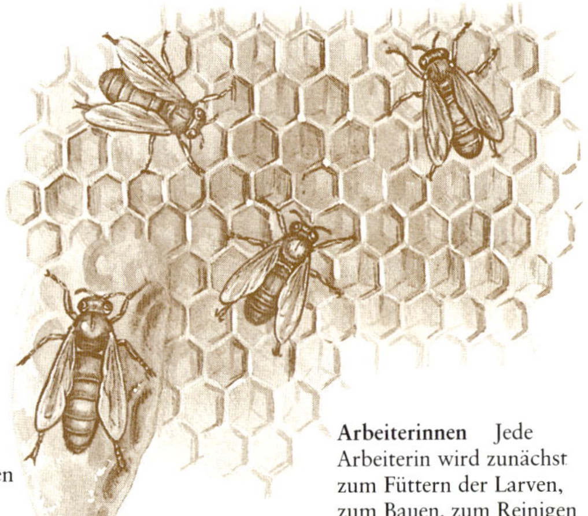

**Drohne** Drohnen leben nur etwa einen Monat lang. Während dieser Zeit werden sie von Arbeiterinnen gefüttert oder bedienen sich an der gespeicherten Nahrung.

**Königin** Hier an einer Zelle zu sehen, die ein Ei enthält, aus dem einmal eine Königin schlüpfen wird.

**Arbeiterinnen** Jede Arbeiterin wird zunächst zum Füttern der Larven, zum Bauen, zum Reinigen und zur Belüftung innerhalb des Bienenstockes eingesetzt. Später übernimmt sie dann die Nahrungssuche außerhalb des Stockes.

die Bienen, die von der Futtersuche zurückgekehrt sind, auf dem Stock ausführen. Die Geschwindigkeit und Richtung der Bewegungen teilt den anderen Bienen die Entfernung und den Standort der Nahrung mit, so daß sie ausfliegen und die Nahrungsquelle direkt ansteuern können. Sie können die Effektivität dieses Systems selbst testen, indem Sie in Ihrem Garten eine Schale mit etwas Honig aufstellen. Dann müssen Sie eine Biene in einem Becher fangen und diesen Becher über die Honigschale stülpen. Während die Biene etwas Honig aufnimmt, können Sie den Becher abheben und die Biene rasch mit einem kleinen Tropfen schnelltrocknender Farbe markieren. Die Biene wird dann bald wegfliegen. Aber wenn sie von der Honigschale als Nahrungsquelle genügend beeindruckt war, wird sie es den anderen Arbeiterinnen im Bienenstock mitteilen. Von diesen fliegt dann eine Gruppe los, um die neue Nahrungsquelle zu nutzen – wahrscheinlich dicht gefolgt von der markierten Biene. Um sicherzugehen, daß die anderen Bienen wirklich durch die Bienensprache über den Honig informiert wurden und ihn nicht selber gefunden haben, müssen Sie die Honigschale wegnehmen, sobald die markierte Biene fortgeflogen ist: Selbst wenn nichts mehr für sie da ist, werden sich die anderen Bienen noch an der entsprechenden Stelle versammeln.

## EINSIEDLER-BIENEN

Im Blumengarten sieht man oft solitäre Bienen. Viele von ihnen sehen wie zu kleine Honigbienen aus und werden auch oft mit ihnen verwechselt. Im Frühjahr findet man sie vor allem auf Löwenzahn, sie sind aber auch maßgeblich an der Bestäubung vieler Obstbäume und Sträucher beteiligt (siehe Seite 75). Wenn Sie Glockenblumen in Ihrem Garten haben, sollten Sie nach der winzigen Biene *Chelostoma campanularum* Ausschau halten. Sie ist mit ihrem Rüssel, der etwas länger ist als bei den meisten anderen solitären Bienen, auf den Nektar von Glockenblumen spezialisiert. Aufgrund ihrer geringen Größe nistet sie am liebsten in Holzwurmlöchern in Schuppen und Zäunen; wenn Sie ein paar alte Holzbretter im Garten liegen haben, können Sie sie vielleicht auch am Nest beobachten. Im Juli ist der Nachwuchs schon kräftig am Wachsen. Das Weibchen sammelt den Pollen nicht an den Hinterbeinen, sondern am Hinterleib. Da das Eingangsloch des Nestes so klein ist, daß die Biene sich darin nicht umdrehen kann, schiebt sie ihren Hinterleib rückwärts in das Loch und kämmt den Pollen in die Nestkammern. Wenn sie dagegen Nektar nach Hause bringt, schlüpft sie vorwärts in das Loch, würgt den Nektar aus und krabbelt dann rückwärts wieder hinaus.

Wenn Sie die Blätter Ihrer Rosensträucher näher betrachten, können Sie eventuell das Werk einer anderen Biene bewundern. Aus den Blättern herausgeschnittene halbkreisförmige Segmente weisen auf die Blattschneider-Biene hin. Vielleicht würden sich viele Gärtner weniger ärgern, wenn sie einmal beobachteten, mit welcher Geschicklichkeit die Bienen die Blätter zerschneiden. Mit den Mundwerkzeugen schneiden sie einen perfekten Bogen heraus, falten den abgeschnittenen Teil ordentlich unter ihrem Körper zusammen und fliegen zum Nest, das sich meistens in einer großen Ritze, einem hohlen Stamm oder in einem Stapel alter Blumentöpfe befindet. Im Nest werden die Blattstücke sorgfältig so aneinandergeklebt, daß wurstförmige Zellen entstehen. Jede dieser Zellen enthält ein Ei sowie Pollen und Nektar, von denen sich die Larve ernähren kann. Wie die meisten solitären Bienen verläßt auch die Blattschneider-Biene das fertiggestellte Nest und kümmert sich nicht weiter um ihren Nachwuchs. Bevor Sie auf die Blattschneider-Biene schimpfen, sollten Sie bedenken, daß sie viele Blüten in Ihrem Garten bestäubt: Betrachten Sie nur die Pollenmengen, die an der Unterseite ihres Hinterleibes kleben! Sie zerschneidet bei Wildrosen übrigens oft nicht nur Blätter, sondern auch Blütenblätter.

## TRÜGERISCHE SCHWEBFLIEGEN

Wegen ihres schwarz-gelben, wespenähnlichen Äußeren begegnen viele Gärtner den Schwebfliegen mit Mißtrauen. Ihre erstaunliche Fähigkeit, an einer Stelle zu schweben und dann urplötzlich über den Blüten davonzuschießen, erhöht dieses Mißtrauen noch. Die Schwebfliegen sind aber völlig harmlos. Bei genauerer Betrachtung sieht man, daß sie nur zwei Flügel haben, Wespen dagegen haben vier; außerdem haben die Schwebfliegen auch keinen Stachel.

Sie sollten die Schwebfliegen als Verbündete im Kampf gegen Blattläuse willkommen heißen. Zwar leben die ausgewachsenen Tiere von Nektar und Pollen, ihre Larven fressen aber bis zu fünfzig Blattläuse pro Tag.

Es gibt Hunderte verschiedener Schwebfliegenarten, und Sie können sicherlich allein in Ihrem Garten etwa dreißig Arten finden. Sie sind allerdings nicht alle schwarz-gelb, viele erinnern eher an Hummeln oder an Grabwespen.

Die Ähnlichkeit der Schwebfliegen mit den stechenden Bienen und Wespen nennt man Mimikry. Durch diese Ähnlichkeit schützen sie sich vor dem Gefressenwerden. Junge insektenfressende Vögel fressen zunächst alles, was irgendwie nach Insekt aussieht. Bienen und Wespen sind aber für die meisten Vögel unbekömmlich. Insekten mit entsprechenden schwarz-gelben Farbmustern werden mit dem unerfreulichen Erlebnis assoziiert und daher in Ruhe gelassen. Die Ähnlichkeit braucht nicht perfekt zu sein, denn wenn der Vogel auch nur einen Moment zögert, haben die Insekten eine Chance zu entkommen. Allerdings sind einige Ähnlichkeiten entstanden, die wirklich verblüffend sind. Meistens sind Bienen und Wespen die Modelle, die von anderen Insekten nachgeahmt werden. Damit dieser Betrug erfolgreich ist, muß das Modell häufiger vorkommen als der harmlose und auch schmackhafte Nachahmer – zumindest während der Zeit, in der die jungen Vögel ihre Erfahrungen sammeln. Es ist daher auch verständlich, warum die Schwebfliegen eigentlich erst ab Sommermitte häufiger zu sehen sind, wenn die Jungvögel schon reichlich Gelegenheit hatten, mit Wespen unangenehme Erfahrungen zu sammeln.

Normalerweise sammeln die weiblichen Schwebfliegen mehr Pollen als die männlichen, da sie das darin enthaltene Protein für die Produktion der Eier benötigen. Der Pollen wird mit den fleischigen Lappen an der Spitze der Mundwerkzeuge gesammelt und gründlich mit Speichel vermischt, bevor die Pollenkörner aufgesaugt werden. Die meisten Schwebfliegen haben nur einen kurzen Rüssel und besuchen daher Blüten, bei denen Pollen und Nektar leicht zugänglich sind. Besonders Doldenblütler werden von ihnen häufig besucht. Oft findet man sie an den stechend riechenden Blüten von Bärenklau und Wiesenkümmel sowie im Garten an Fenchel und Petersilie. Sie holen sich aber auch Nektar an Margeriten und Pollen an Mohn und Rosen. Nach den Bienen sind sie die zweitwichtigsten Bestäuber unserer Gartenpflanzen, sie sind also in zweifacher Hinsicht nützlich: als Bestäuber und zur natürlichen Blattlausbekämpfung.

Schwebfliegen fressen sehr gerne den von Blattläusen ausgeschiedenen Honigtau. Manche Arten, wie *Epistrophe balteata,* sind recht gesellig, andere dagegen betrachten eine Blüte als ihr Territorium und verjagen alle anderen Schwebfliegen davon. Die Schlammfliege ist dafür ein Beispiel. Sie hat auch einen etwas längeren Rüssel und besucht daher gern Blüten mit tieferem Kelch.

**Das Nest der Blattschneiderbiene** Die Blattschneiderbienen verwenden gern Stückchen von Rosenblättern zum Auspolstern ihrer Zellen (oben). Die Fotografie zeigt ein freigelegtes Nest, in dem eine der mit Blättern ausgekleideten Zellen geöffnet wurde. Man kann die blasse Larve darin erkennen. Daneben ist eine ungeöffnete vollständige Zelle zu sehen.

Die Larven der Schwebfliegen erinnern an Maden oder Schnecken, sind aber erstaunlich beweglich, wenn sie sich ihren Weg durch eine Blattlauskolonie bahnen. In guten Blattlausjahren entstehen riesige Schwebfliegenschwärme. Vor allem *Epistrophe balteata* ist bekannt für ihre Wanderungen in riesigen Schwärmen. Es gibt allerdings auch Schwebfliegenlarven, die sich ganz anders ernähren: Die Larven der Schlammfliege etwa leben in schlammigen Gräben und anderen stehenden Gewässern einschließlich verstopfter Abflußrohre. An dem Atemröhrchen an ihrem Hinterende sind diese Larven gut zu erkennen.

Die Narzissenfliege ist eine der wenigen »schädlichen« Schwebfliegen. Wenn Ihre Narzissen und Osterglocken nicht auskeimen, ist sie oft der Übeltäter, denn wenn Sie die Zwiebeln ausgraben und untersuchen, finden Sie wahrscheinlich die weißen Larven der Narzissenfliege, die mitten in den Zwiebeln sitzen und sich vollfressen. Die befallenen Zwiebeln verfaulen gewöhnlich, nachdem die Larve aufgehört hat zu fressen. Die ausgewachsenen Narzissenfliegen sind ziemlich pelzig und ähneln oft den Arbeiterinnen verschiedener Hummelarten.

## UNERWÜNSCHTE GÄSTE IM BLUMENGARTEN

In den Blumengarten kommen nicht nur erwünschte, sondern auch einige unerwünschte Gäste, zu denen die »Schädlinge« gehören. Wer aber die Vielfalt der Lebewesen im Garten fördert, Mischkulturen anpflanzt und nur solche Blumen zieht, die mit dem örtlichen Klima und dem Boden gut zurechtkommen, bei dem werden dann »Schädlinge« nie zum Problem. Und da immer einige dieser vermeintlich »schädlichen« Tiere vorhanden sind, kann man das Leben dieser oft hochinteressanten Lebewesen in Ruhe studieren.

Die Grüne Blattlaus ist wohl der am wenigsten erwünschte Gast im Garten. Wie alle Blattläuse saugt auch sie Pflanzensäfte, indem sie die Blätter anbohrt. Den Rosen kann sie ziemlichen Schaden zufügen. Oft sieht man Hunder-

**Biene, Wespe oder Schwebfliege?**

Die Mimikry vieler Schwebfliegen im Garten ist so perfekt, daß die meisten Menschen darauf hereinfallen. Doch die Schwebfliegen sind völlig harmlos. Sie besitzen keinen Stachel, sondern verlassen sich auf ihre täuschende Zeichnung und ihre Schnelligkeit, um ihren Feinden zu entgehen. Viele von ihnen ahmen Bienen oder Wespen nach – hier sind drei erstaunlich gute Nachahmer zusammen mit den Insekten, die ihnen als Vorbild dienen, abgebildet.

Hummel

Schwebfliege

**Hummel und Nachahmer** Die Schwebfliege *Volucella bombylans* erinnert in Färbung und Behaarung an eine Hummel.

Wespe

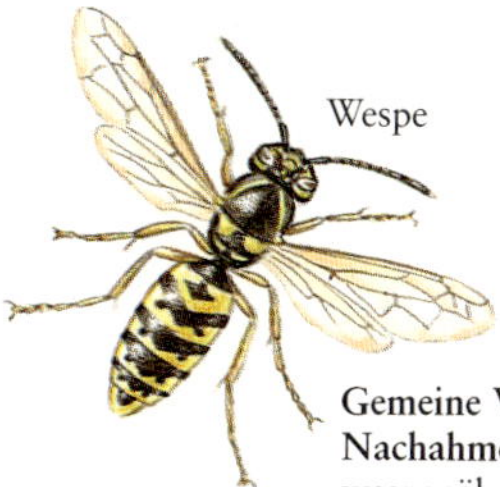

Schwebfliege

**Gemeine Wespe und Nachahmer** Durch ihre wespenähnliche Färbung ist die harmlose Schwebfliege *Syrphus ribesii* gut vor ihren Feinden geschützt.

Honigbiene

Schwebfliege

**Honigbiene und Nachahmer** Die Schwebfliege *Eristalis tenax* sieht der Honigbiene zum Verwechseln ähnlich.

**Blumen und Gräser als Raupenfutterpflanzen**

Schmetterlingsraupen sind Spezialisten und daher auf ganz bestimmte Futterpflanzen angewiesen. Leider ist noch lange nicht gesagt, daß die Raupen auch in Ihren Garten auftreten, wenn Sie die entsprechenden Blumen oder Gräser ausgesät haben. Viele der aufgeführten Schmetterlingsarten sind nicht nur in der Umgebung der Siedlungen selten geworden.

**Glatthafer** Waldportier, Braundickkopffalter

**Wiesenschaumkraut** Aurorafalter

**Krause Distel** Distelfalter

**Nickende Distel** Distelfalter

**Bunte Kronwicke** Bläulinge (versch. Arten), Widderchen (versch. Arten), Dunkler Dickkopffalter, Senfweißling

**Wilde Möhre** Schwalbenschwanz

**Rasenschmiele** Mohrenfalter, Gelbringfalter

**Echter Schafschwingel** Mohrenfalter, Rostbinde, Mauerfuchs

**Gemeines Sonnenröschen** Grünwidderchen

**Wiesenplatterbse** Senfweißling, Widderchen

**Gemeines Leinkraut** Perlmutterfalter, Scheckenfalter

**Gemeiner Hornklee** Bläulinge (zahlr. Arten), Widderchen (zahlr. Arten), Senfweißling

**Malven** Mohrenfalter, Dickkopffalter

**Wegerich** Scheckenfalter (zahlr. Arten)

**Einj. Rispengras** Mohrenfalter (versch. Arten), Ochsenauge, Waldbrettspiel

**Wiesenknöterich** Perlmutterfalter, Feuerfalter

**Brennessel** Kleiner Fuchs, Landkärtchen, Tagpfauenauge, C-Falter, Admiral, Distelfalter

te dieser Blattläuse an den zarten Knospen und Blütenstielen. Durch das Saugen des Pflanzensaftes schwächen sie die Pflanzen und können außerdem Viruskrankheiten übertragen. Der Pflanzensaft enthält vorwiegend Zucker und nur wenig Proteine und Mineralien, daher müssen die Blattläuse riesige Mengen des Pflanzensafts aufnehmen, um genügend Proteine und Nährsalze zu bekommen. Den überschüssigen Zucker pumpen sie durch ihren Körper hindurch und scheiden ihn als Honigtau wieder aus. Dadurch werden die Blätter sehr klebrig. Viele Bienen lecken diesen Honigtau gerne auf. Auch Ameisen werden von dem Honigtau angezogen, und man kann oft beobachten, wie sie die Blattläuse streicheln, um sie zur Abgabe von Honigtau anzuregen. Manche Ameisenarten halten sich sogar richtige Blattlausherden.

Auf den Rosenstöcken gibt es zwar verschiedene Blattlausarten; bei *Macrosiphum rosae* handelt es sich aber um die Rosenblattlaus schlechthin. Diese ziemlich plumpe, hellgrüne oder rosa Blattlaus hat zwei lange schwarze Hinterleibsanhängsel. Normalerweise überbrückt sie den Winter im Eistadium in kleinen Ritzen der Rosenstämme. Aus den Eiern schlüpfen im Frühjahr lauter ungeflügelte Weibchen, die jeden Tag wieder erneut mehrere junge Blattläuse in die Welt setzen. Da auch diese Blattläuse schon bald wieder Nachkommen produzieren, entsteht rasch eine riesige Blattlauskolonie, die rein parthenogenetisch (aus unbefruchteten Eiern) entstanden ist. Bei Überbevölkerung einer Kolonie entstehen geflügelte Individuen, die dann benachbarte Rosensträucher befallen. Im Sommer fliegen die Blattläuse schließlich auf Skabiosen und Karden und vermehren sich hier bis in den Herbst hinein weiter. Schließlich entstehen im Herbst auch Männchen, und alle Insekten kehren wieder auf die Rosenstöcke zurück. Nach der Begattung legen die Weibchen die Wintereier an den Rosen ab. In besonders milden Wintern kann die parthenogenetische Vermehrung sogar bis zum nächsten Frühjahr fortgesetzt werden.

Glücklicherweise haben wir viele Verbündete, die uns helfen, die Blattlauspopulation zu regulieren. Die Schwebfliegen haben wir schon kennengelernt, aber die bekanntesten Blattlausfresser sind die Marienkäfer, deren leuchtende Farbe vor ihrem üblen Geschmack warnt und sie dadurch vor Vögeln schützt.

Wenn Sie einmal einen Marienkäfer vorsichtig zwischen die Finger nehmen und ein wenig drücken, werden Sie die stinkende Flüssigkeit sehen und riechen, die er zur Abschreckung seiner Feinde abgibt. Es gibt verschiedene Marienkäferarten in unseren Gärten. Am bekanntesten sind sicher der Siebenpunkt und der Zweipunkt. Beide sind normalerweise rot mit schwarzen Punkten. Die Farbe des Zweipunkts kann jedoch sehr stark variieren: In manchen Gebieten mit hoher Luftverschmutzung ist er fast völlig schwarz. Es handelt sich dabei um eine ungewöhnliche Form des Industrie-Melanismus (siehe Seite 82). Die stahlblaue Marienkäferlarve klettert auf der Suche nach Blattläusen auf Pflanzen herum und frißt während ihrer dreiwöchigen Entwicklung einige hundert Blattläuse. Marienkäferlarven haben eine sehr effektive, aber einfache Methode entwickelt, um ihre Beute zu finden. Sie krabbeln an der Pflanze immer nach oben, und da die Blattläuse meistens oben an den Spitzen sitzen, ist die Wahrscheinlichkeit ziemlich groß, daß sie sie finden. Wenn sie bis zur Spitze geklettert sind, ohne auf Blattläuse zu stoßen, krabbeln die Larven einfach wieder ein Stück weiter hinunter und beginnen erneut mit der Suche. Finden sie wieder nichts, so gehen sie noch ein Stück tiefer, bevor sie erneut hochklettern. Da sie dabei durch Zufall immer wieder andere Zweigspitzen erklimmen, suchen sie »ganz automatisch« die ganze Pflanze gründlich ab. Wenn sie auf der gesamten Pflanze keine Blattläuse antreffen, begeben sie sich auf den Boden und wandern zur nächsten Pflanze.

Die Marienkäfer überwintern meistens in Gruppen und benutzen jedes Jahr möglichst dasselbe Winterquartier. Es sind natürlich jedes Jahr neue Marienkäfer, aber anscheinend strömen häufig benutzte und also sichere Winterquartiere einen starken Geruch nach Marienkäfern aus, so daß sie jedes Jahr wieder von Marienkäfern bezogen werden. Der Siebenpunkt kann im Unterschied zum Zweipunkt an sonnigen, warmen Wintertagen sogar aus seiner Starre erwachen.

Andere wichtige Blattlausfresser sind die Florfliegen und ihre Larven (siehe Seite 80) sowie natürlich Vögel, vor allem Meisen. Letztere fressen im Sommer Blattläuse und im Winter viele Blattlauseier. Auch das Rotkehlchen und der Zaunkönig vertilgen eine Menge Blattläuse im Garten.

**Raupen von Nachtfaltern und Sägewespen**

Im Ziergarten leben nicht nur die Raupen der Tagfalter. Auch die Raupen vieler Nachtfalter ernähren sich von Blättern und jungen Trieben, richten aber selten viel Schaden an. Hier sind drei bekanntere Arten abgebildet. Bei zweien handelt es sich um die Raupen von Nachtfaltern. Die dritte Art gehört nicht zu den Schmetterlingen, da es sich um die Larve einer Sägewespe handelt. Die Larve hat aber eine raupenähnliche Gestalt.

**Brauner Mönch** Diese sehr auffälligen, schwarz-gelb-weiß gezeichneten Raupen fressen tagsüber an Sommerflieder und Königskerze.

**Münzeneule** Ihre Raupen leben fast ausschließlich auf dem Rittersporn, den sie durch Abfressen der Blätter stark schädigen können.

**Rosen-Bürsthornwespe** Diese Larven sehen wie Raupen aus, haben aber sechs Beinpaare am Hinterende und nicht fünf, wie echte Raupen.

KAPITEL 3

# DER GEMÜSEGARTEN

Viele Gärtner sind heute sklavische Anhänger einer fast schon religiösen Trennung von Gemüsegarten und Ziergarten. Der Ziergarten mit leuchtend bunten Blumenrabatten, blühenden Rosen und farbenprächtigen Stauden befindet sich vor dem Haus oder in unmittelbarer Nähe der Terrasse oder des Sitzplatzes im Garten, während der Gemüsegarten bei der Küche oder sogar in der hintersten Ecke des Gartens neben dem Kompostplatz sein Schattendasein fristet. Die Schönheit eines Kohlkopfes gilt neben der blühenden Blumenrabatte nur wenig. Unsere zweckorientierte Trennung ist beim Gemüsegarten auf hohen Ertrag und nur beim Ziergarten auf Schönheit ausgerichtet. Aber eigentlich gibt es keinen vernünftigen Grund für diese strenge Trennung zwischen Gemüse- und Blumenbeeten. Es gibt sogar viele Hinweise darauf, daß ein gemischter Garten, in dem bestimmte Blumen zwischen den Gemüsereihen wachsen, bessere Ernten bringt.

Auch hinsichtlich der Naturnähe ist zu sagen, daß ein reiner Gemüsegarten einen ziemlich unnatürlichen Lebensraum darstellt. Er beherbergt etwa ein Dutzend verschiedener Kulturpflanzenarten, jede speziell hochgezüchtet zur Nahrungsproduktion, während alle anderen Pflanzen herausgerissen, gejätet oder gar mit »Unkraut«vernichtern bekämpft werden. Unter diesen Bedingungen können dort nicht viele Tierarten überleben. Aber gerade die unerwünschten »Schädlinge« gedeihen prächtig. Ihnen wird in Form der vielen Gemüsepflanzen Nahrung in Hülle und Fülle geboten, so daß sie sich schnell vermehren können. Die meisten »Schädlinge« versucht man daher durch Einsatz von chemischen Bekämpfungsmitteln zu beseitigen; dann sehen zwar die Gemüsepflanzen gesund aus und bringen hohe Erträge, aber auch die anderen Gartenbewohner, darunter viele »Nützlinge«, werden in Mitleidenschaft gezogen. Zudem läßt sich bei falschem Umgang mit den chemischen Mitteln eine Schädigung unserer Gesundheit auch nicht ausschließen. Anstelle des Einsatzes chemischer Bekämpfungsmittel kann man sein Gemüse auch anbauen, ohne das ökologische Gleichgewicht zwischen »Schädlingen« und ihren natürlichen Feinden zu stören. Wenn Sie nämlich mehr über den Lebensraum Gemüsegarten wissen, sind Sie auch in der Lage, die »Schädlinge« unter Kontrolle zu halten, ohne dabei andere Lebewesen zu schädigen.

Alles tierische Leben, auch das des Menschen, ist auf organische Nahrung in Form von Proteinen, Fetten und Kohlenhydraten angewiesen. Pflanzen sind die einzigen Organismen, die diese Nährstoffe aus anorganischem Material herstellen können. Daher leben alle Tiere entweder direkt oder indirekt von Pflanzen. Sie bilden die Grundlage aller Nahrungsketten in der lebenden Natur. Eine typische Nahrungskette im Gemüsegarten könnte zum Beispiel so aussehen: Puffbohne – Blattlaus – Blaumeise. Die Blattläuse ernähren sich von der Puffbohne und werden selbst wieder von den Blaumeisen gefressen. Man könnte zwischen Blattlaus und Blaumeise auch noch die Florfliege einfügen oder die Nahrungskette um die Hauskatze erweitern, die auch einmal eine Blaumeise frißt. Manche Nahrungsketten bestehen sogar aus sechs Gliedern. Nahrungsketten können auch als Nahrungspyramiden dargestellt werden. Diese Darstellungsform hat den Vorzug, daß Mengenverhältnisse berücksichtigt werden. Die Anzahl der jeweils betroffenen Organismen nimmt nämlich zur Pyramidenspitze hin ab, während die jeweilige Größe im allgemeinen zunimmt. In Form eines Gedankenspiels kann man einmal annehmen, daß eine Katze pro Tag drei Blaumeisen und jede Blaumeise täglich 200 Blattläuse frißt. Dann ist eine Unmenge an Blattläusen erforderlich, um eine einzige Katze zu ernähren. Solche Überlegungen haben mehr theoretischen Charakter und zeigen, wie unter natürlichen Bedingungen das Verhältnis zwischen Räuber und Beute bestimmt ist.

Wenn Sie in Ihrem Garten ähnliche Nahrungsketten aufstellen wollen, werden Sie bald erkennen, daß jede einzelne Tier- oder Pflanzenart Bestandteil ganz verschiedener Nahrungsketten ist, die auch untereinander in Beziehung stehen und dadurch ein sogenanntes Nahrungsnetz bilden.

Regenwürmer ernähren sich zum Beispiel von den zersetzten Resten fast aller Pflanzen und werden selbst von so verschiedenen Tieren wie Igel, Amsel, Kröte und einigen fleischfressenden Wegschnecken gefressen. Die Nahrungsketten sind untereinander zu einem komplexen Netz verwoben, wobei die Größe jeder beteiligten Tierpopulation sowohl durch das Nahrungsangebot als auch durch ihre natürlichen Feinde reguliert wird.

Die meisten Gemüsegärtner wollen hohe Erträge erzielen und versuchen daher, die Nahrungskette auf zwei Glieder zu reduzieren: Gemüse – Mensch. Alle anderen Lebewesen, die auch von dem Gemüse leben, werden als »Schädlinge« angesehen und müssen daher beseitigt werden – eine sehr teure und außerdem kaum durchführbare Aufgabe. Es ist viel einfacher, diese Arbeit den natürlichen Gliedern der Nahrungskette zu überlassen und nur dann einzugreifen, wenn die Dinge einmal außer Kontrolle zu geraten scheinen. Auf diese Weise kann man zwar einige Kohlblätter oder ein paar Kartoffeln verlieren, aber das ist billiger und für Mensch und Umwelt gesünder als der Kauf von Pestiziden! »Man sollte lieber den Blumenkohl essen, der gerade noch eine Raupe ernährt hat, als jenen Blumenkohl, der gerade eine Raupe getötet hat!«

## GEMÜSEPFLANZEN UND IHRE WILDEN VERWANDTEN

Genau wie unsere Zierpflanzen stammen auch unsere Gemüsepflanzen aus der ganzen Welt. Stangenbohnen und Kartoffeln sind ihrer Herkunft nach aus Südamerika, der Kürbis kommt aus Nordamerika, und die Heimat von Gurke und Rhabarber ist Zentralasien. Aber bei vielen Gemüsearten handelt es sich auch um widerstandsfähige Pflanzen europäischen Ursprungs, die schon seit langer Zeit angebaut werden.

Unter den Urahnen unserer Kulturpflanzen nimmt der wilde Kohl sicherlich eine wichtige Stellung ein. Keine andere Kulturpflanze hat eine so breite Palette verschiedener Sorten hervorgebracht. Wilder Kohl wächst an den Süd- und Westküsten Europas von England bis zur Adria, und schon die Griechen und Römer

**Wilder Kohl** Der Vorfahre all unserer Kohlsorten ist eine Pflanze mit holzigem Sproß und wenigen, großen Blättern. Unsere Zuchtkohlsorten haben meist mehr und größere Blätter, während Blumen- und Rosenkohl vergrößerte Blütenachsen oder verstärkt Seitentriebknospen bilden.

wußten seine großen, blaugrünen Blätter zu schätzen. Vor etwa 3000 Jahren begann man mit dem Anbau und der Zucht verschiedener Kohlsorten; zur Zeit der Römer gab es schon mindestens zwölf Sorten. Heute haben wir eine reiche Auswahl: Rosenkohl, Brokkoli, Blumenkohl, Kohlrabi und Grünkohl stammen ebenso vom wilden Kohl ab wie Weißkohl, Rotkohl und Wirsing. Trotz ihres unterschiedlichen Aussehens handelt es sich immer um Abkömmlinge des wilden Kohls. Spätestens wenn man die Pflanze einmal zur Blüte kommen läßt, erkennt man die identischen Blüten mit den vier kreuzförmig angeordneten, gelben Kronblättern. Aufgrund dieser Blütenform hat die ganze Familie den Namen Kreuzblütler *(Cruciferae)* erhalten. Auch viele andere Kreuzblütler werden bei uns als Gemüse angebaut, wie etwa Mairüben, Rettiche und Kohlrüben. Mairüben und Rettiche sind schon seit über 2000 Jahren bekannt. Die Kohlrübe ist dagegen relativ jung. Man nimmt an, daß es sich um eine Kreuzung aus Mairübe und wildem Kohl handelt. Alle diese Kreuzblütler enthalten Senföl, das ihnen ihren typischen Geschmack verleiht. Besonders deutlich bemerkt man ihn bei Rettichen sowie bei den Keimlingen von Senf und Kresse, die für Salate verwendet werden. Dieses Senföl lockt auch eine große Zahl ganz bestimmter Insekten an. Daher kann man dieselben Insekten an wildwachsenden und auch im Garten kultivierten Kreuzblütlern beobachten.

Eine andere Pflanzenfamilie, aus der viele Gemüsesorten stammen, ist die Familie der Doldengewächse *(Umbelliferae)*. Zu ihr gehören Möhren, Bleichsellerie, Knollensellerie und Pastinak, die alle von europäischen Wildformen abstammen. Außerdem zählen zu dieser Familie viele Küchenkräuter wie Petersilie, Dill, Koriander, Kerbel, Liebstöckel und Fenchel. Entweder werden die Samen oder Blätter als Gewürze verwendet oder im Falle des Knollenfenchels die verdickten Blattbasen als Gemüse gegessen.

Normalerweise lassen wir die Wurzelgemüse ja nicht zur Blüte kommen, aber die Kräuter dieser Pflanzenfamilie schmücken im Sommer in besonderer Weise den Garten mit ihren hübschen Blüten. Jede der kuppelförmigen Blüten (Doldenblüte) besteht aus vielen kleinen, meist weißen oder gelben Blütchen, die immer auf einem schlanken Blütenstiel stehen. Alle Blütenstiele entspringen an einem Punkt des Sprosses, doch oft verzweigen sie sich nochmals zu sekundären Döldchen, wobei die ältesten Blüten außen sitzen. Wer keine blühenden Doldengewächse im Garten hat, kann statt dessen auch den Wiesen-Bärenklau oder den Wiesenkümmel betrachten. Viele Insekten besuchen die Doldengewächse, weil der Nektar im Zentrum jeder Blüte auch ohne langen Rüssel gut zu erreichen ist. Besonders die Petersilie lockt im Garten kleine Fliegen an. So läßt sich an den Doldenblüten viel Interessantes beobachten.

**Wilde Runkelrübe** Wie der Wilde Kohl stammt auch diese Pflanze aus dem Küstenbereich. Wie viele andere Küstenpflanzen hat sie kräftige Sprosse und Blätter, die dem starken, austrocknenden Wind standhalten können. Die Kulturformen gedeihen auch in milderem Klima.

Einer anderen Pflanzenfamilie, den Gänsefußgewächsen *(Chenopodiaceae)*, gehören die süßen saftigen Roten Beten an, die wir meist als Salat zubereiten. Sie stammt von einem recht seltsamen Vorfahren ab – der Runkelrübe. Die Wildpflanze ist ausdauernd, hat eine kräftige, holzige Wurzel und rotgefärbte Stengel mit ziemlich ledrigen Blättern. Wahrscheinlich wurde die Runkelrübe zuerst der Blätter wegen angebaut, und die uns bekannte Rote Bete entstand vielleicht durch eine Mutation, die zur Verdickung der Wurzel führte. Heute werden ein- oder zweijährige Sorten angebaut. Die Rote Bete enthält vorwiegend Kohlenhydrate. Auch die Zuckerrübe sowie der Schnittmangold und der Rippenmangold stammen von diesem Vorfahr ab. Die beiden letzteren werden wegen ihrer nahrhaften Blätter und Blattstiele angebaut. Auch der Spinat gehört zu dieser Pflanzenfamilie, stammt aber aus Westasien. Als er im 16. Jahrhundert nach Europa kam, verdrängte er bald den verwandten Guten Heinrich, eine einheimische Pflanze, die lange Zeit als Blattgemüse angebaut wurde. Die Blüten der Gänsefußgewächse sind klein und grün. Sofern sie keine Selbstbestäuber sind, werden sie durch den Wind bestäubt. Deshalb findet man in ihrer Nähe selten Insekten, abgesehen von der Kohlfliege und einigen wenigen saftsaugenden Wanzen.

Die meisten Gemüse aus der Pflanzenordnung der Hülsenfrüchtler *(Leguminosen)* stammen aus wärmeren Klimazonen. Die Puffbohne dagegen, auch Dicke Bohne genannt, kommt wohl eher aus einer kühleren Gegend. Ihre genaue Herkunft ist jedoch unbekannt. Sie wird in Europa bereits seit einigen Jahrtausenden angebaut; in diesem Zeitraum nahm die Größe der ursprünglich erbsengroßen Samenkörner beträchtlich zu. Die duftenden Blüten, die bei großen Feldern die ganze Gegend parfümieren, locken viele Bienen an. Nach der Bestäubung entwickeln sich dann die Hülsenfrüchte, die für alle Gemüsesorten dieser Pflanzenfamilie charakteristisch sind. Die Hülsen öffnen sich an beiden Seiten und setzen die reifen Samen frei – aber wir ernten sie ja schon, bevor sie dieses Stadium erreichen.

Die Gartenerbse stammt aus dem Mittelmeerraum und wurde schon im alten Ägypten wegen ihrer nahrhaften, eiweißreichen Samenkörner angebaut. In Südeuropa findet man noch die Wildform, die sich oft um benachbarte Pflanzen rankt und deren wunderschöne, violetten und rosa Blüten in der Sonne leuchten. Es ist sehr schade, daß die prachtvollen Farben bei der Zucht verlorengingen. Die Blüten der Kulturform haben auch ihre Anziehungskraft für Insekten verloren und sind selbstbestäubend.

Zwei weitere Pflanzenfamilien spielen beim Gemüse noch eine wichtige Rolle. Der Lauch, die Küchenzwiebel und der Knoblauch gehören zu den Liliengewächsen *(Liliaceae)*. Die Haferwurz, eine sehr alte Kulturpflanze, und ihre weit widerstandsfähigere Verwandte, die Schwarzwurzel, sowie die verschiedenen Sorten des Salats und der Chicorée gehören zu der großen Pflanzenfamilie der Korbblütler *(Compositae, Asteraceae)*. Die an Margeriten erinnernden Blüten können Sie betrachten, wenn Sie den Salat einmal zur Blüte kommen lassen.

## WO PFLANZEN NÄHRSTOFFE SPEICHERN

Pflanzen bilden ihre Nährstoffe vorwiegend in den Blättern, in denen man ja auch den höchsten Chlorophyllanteil findet, und transportieren sie dann zur Speicherung in andere Pflanzenteile. Die Blätter enthalten also meist wenig Nährstoffe, dafür aber mehr Mineralien, Vitamine und Proteine, was sie für die menschliche Nahrung so wertvoll macht.

Bei den Blattkohl- und Salatsorten werden die Nährstoffe in den dicht gepackten Herzblättern im Innern der Köpfe gespeichert, während beim Bleichsellerie die Blattstiele als Speicher dienen. Die Blattstiele können allerdings sehr faserig sein, weshalb der Sellerie traditionell durch Anhäufeln von Erde rings um die Blattstiele oder neuerdings mit Hilfe von Manschetten aus schwarzem Papier gebleicht wird, um die Faserbildung möglichst gering zu halten. Auch beim Rhabarber enthalten die Blattstiele viele Nährstoffe und werden deshalb gegessen. Der Zucker wird zwar in den Blattstielen nicht gespeichert, aber infolge der Größe der Blätter wird ständig viel Zucker produziert und durch den Stengel in die Wurzeln transportiert. Am stärksten ist dieser Transport abends nach einem besonders schönen Tag. Deshalb sollten Sie Ihren Rhabarber auch immer abends ernten, niemals frühmorgens, da dann der Zuckertransport gerade erst wieder in Gang kommt.

Ebenso wie die Zwiebeln von Wildpflanzen speichert auch die Küchenzwiebel die Kohlenhydrate in speziellen Schuppenblättern, die

## Hochgezüchtete Natur

Wildpflanzen lagern ihre Nährstoffreserven an recht unterschiedlichen Stellen ein. Unsere Gartengemüse zeigen eine ähnliche Vielfalt hinsichtlich ihrer Nährstoffspeicher. Allerdings wurden hier die Speicherorgane über Jahrhunderte hinweg durch unbewußte Selektion oder gezielte Zucht beträchtlich vergrößert.

**Mairübe, Weiße Rübe** Viele zweijährige Pflanzen speichern Nährstoffe für das nächste Jahr in den Wurzeln. Bei der Mairübe wurde dieses Speicherorgan enorm vergrößert.

**Artischocke** Die eßbaren Schuppen dieser Pflanze sind in Wirklichkeit vergrößerte Deckblätter – abgewandelte Blätter, die die Knospe schützen.

**Stangenbohne** Die Kerne der Bohnen enthalten die Nährstoffe, die später vom Keimling benötigt werden. Die Hülsen der Stangenbohne sind sehr stark verlängert.

**Kartoffel** Die Kartoffelknolle ist keine Wurzelknolle, sondern ein vergrößerter unterirdischer Sproß. Wilde Kartoffeln aus Südamerika haben viel kleinere Knollen.

**Salat** Bei dieser Pflanze befinden sich die Nährstoffreserven in den Blattstielen. Wenn man den Salat sich selbst überläßt, werden die Reservestoffe zur Bildung von Blüten und Samen genutzt.

aus einem scheibenförmigen Sproß entspringen und den Sproß des nächsten Jahres umgeben. Wenn im Frühjahr das Wachstum beginnt, werden die Nährstoffe aus den Schuppenblättern in den jungen Sproß transportiert, damit er Blätter und Blüten ausbilden kann. Zwiebeln muß man daher am Ende des ersten Jahres ernten und über den Winter verbrauchen, wenn man nicht gerade ihre Samen sammeln will.

Andere Gemüsesorten, die die Nährstoffe im Sproß speichern, sind die Kartoffel, der Topinambur und der Kohlrabi. Beim Kohlrabi schwillt der Sproß zu einem runden Gebilde von etwa 10 cm Durchmesser an, besondere Zuchtsorten bringen es auf weitaus größere Durchmesser. Mit seinem hohen Gehalt an Zucker, Stärke und Proteinen ist der Kohlrabi ein sehr schmackhaftes Gemüse.

Das wohl wichtigste Vorratslager der meisten Pflanzen befindet sich in den Wurzeln. Es ist daher nicht verwunderlich, daß die Wurzelgemüse einen breiten Raum unter den Gemüsen einnehmen. Zu ihnen gehören Möhre, Pastinake, Mairübe, Kohlrübe und Rote Bete. Es handelt sich hierbei um zweijährige Pflanzen. Wenn man sie ganz normal wachsen läßt, speichern sie im ersten Jahr Kohlenhydrate und andere Nährstoffe in einer großen Hauptwurzel und verwenden sie dann im zweiten Jahr zur Produktion von Blüten und Samen. Im Gemüsegarten haben sie allerdings meist keine Gelegenheit zu blühen, da man sie vorher erntet. Einige dieser Pflanzen, vor allem Rote Bete, Mairübe und Kohlrübe, haben eine Tendenz, schon im ersten Jahr Blüten zu bilden, sie »schießen«. Am häufigsten beobachtet man diesen Vorgang, der übrigens auch beim Kohl auftreten kann, nach einem Kälteeinbruch oder einer kühlen Schlechtwetterperiode. Wenn das Wetter dann wieder wärmer wird, reagieren die Pflanzen fälschlicherweise so, als sei der Winter gekommen und wieder vorüber. Dementsprechend beginnen sie die Blüten auszubilden. Auch Zwiebeln können schießen, wenn man im Frühjahr Steckzwiebeln ausbringt, die schon zu groß sind und daher zu viele Nahrungsreserven enthalten.

Stangenbohnen und Kürbisse speichern ihre Nährstoffe in den Früchten, ebenso wie Buschbohnen, Gurken und Tomaten. Die

**Verbotene Blüten** Die Möhre bekommt nur selten Gelegenheit, ihre schirmförmigen Blüten auszubilden – sie wird immer schon vorher herausgezogen.

Nährstoffe werden in der Bohnenfrucht nur kurze Zeit gespeichert und dann an die Samen weitergegeben. Der Gärtner greift aber normalerweise schon vorher ein und erntet die unreifen Früchte. Ähnliches widerfährt auch den Gurken und Kürbissen. Während Bohnen einen hohen Proteinanteil haben, speichern Kürbisse und Gurken überwiegend Kohlenhydrate und Vitamine. Tomaten essen wir dagegen erst, wenn sie reif sind. Ihre leuchtende Farbe und ihr schmackhaftes Fruchtfleisch locken auch manche Vögel an, die das Fruchtfleisch mit den Samen fressen und später die unverdaulichen Samen wieder ausscheiden.

Zum Abschluß dieser kleinen Gemüsebotanik kommen wir noch zu den eßbaren Samen, repräsentiert durch die Erbsen und Puffbohnen. Hier warten wir mit der Ernte, bis ein Großteil der Nährstoffe in die Samen gelangt ist. Meistens wird geerntet, bevor die Samen ausgereift sind, weil sie dann süßer sind und zarter schmecken, aber auch ausgereifte Erbsen und Puffbohnen sind lecker.

## »MITESSER« AN KOHLPFLANZEN

Wenn man Gemüsepflanzen gewissermaßen als Monokultur in dicht bepflanzten Beeten anbaut, werden die »Schädlinge« durch den konzentrierten Geruch der Pflanzen angelockt und finden einen reich gedeckten Tisch vor. Vor allem im Kohlbeet wird dies besonders offensichtlich. Dort sieht man im Sommer den ganzen Tag die Kohlweißlinge herumtanzen. Bei genauer Beobachtung kann man sehen, wie sie sich ab und zu kurz an einem Blatt niederlassen und dort ihre Eier ablegen. Genau genommen gibt es zwei Arten von Kohlweißlingen – den Großen und den Kleinen Kohlweißling. Eine dritte Art, der Rapsweißling, der an den grünen Flügeladern auf der Unterseite der Hinterflügel zu erkennen ist, ernährt sich von Zierpflanzen und befällt normalerweise keine Kohlpflanzen. Er legt seine Eier an Senf und anderen Kreuzblütlern ab. Die beiden anderen Arten haben ihre Wildpflanzennahrung zugunsten der saftigeren Kultursorten des Kohls fast völlig aufgegeben.

Die Raupe des Großen Kohlweißlings kann im Gemüsegarten wohl den größten Schaden anrichten. Sie frißt sich durch alle Arten von Kohlblättern und läßt nur noch das Blattgerippe stehen, wenn man nicht aufpaßt. Im Mai schlüpfen die ersten Schmetterlinge aus den Puppen. Sie legen ihre hellgelben, kegelförmigen Eier in Gruppen an der Blattunterseite des Kohls ab. Jetzt ist die beste Zeit zur Bekämpfung dieses Schädlings: Halten Sie nach den recht auffälligen Eierklumpen Ausschau, und zerquetschen Sie sie einfach! So können Sie Geldausgaben und die gefährlichen Pestizidprobleme vermeiden. Wenn die Raupen dann aus den Eiern schlüpfen – leider werden immer einige überleben –, fressen sie zunächst an den Blattunterseiten, später jedoch auch ganz offen an der Oberseite. Ihre auffallende schwarz-gelbe Färbung warnt Vögel vor ihrem fauligen Geschmack – wieder ein gutes Beispiel für Warnfarben. Da sich die Raupen dank dieser Warnfarbe offen zeigen, können Sie sie leicht aufsammeln und zerquetschen. Bei dieser Gelegenheit lernen Sie auch gleich ihren stechenden, unerfreulichen Geruch kennen. Wenn sehr viele Raupen vorhanden sind, kann man sie oft schon von weitem riechen. Sie brauchen beim Kohlweißling wirklich keine Schuldgefühle zu haben, wenn Sie seine Eier und Raupen vernichten: Dank des ausgedehnten Kohlanbaus wird es ihm auch in Zukunft sehr gut gehen; der Kleine Kohlweißling

**Spuren der Zerstörung** Dieser Schaden an Kohlblättern ist die Spätfolge eines nur Sekunden dauernden Besuchs durch einen eierlegenden Kleinen Kohlweißling.

gehört sogar zu den häufigsten Schmetterlingen der Welt!

Wenn die Raupen des Großen Kohlweißlings ausgewachsen sind, verpuppen sie sich an einer senkrechten Fläche, häufig an Gartenzäunen oder an den Innen- und Außenwänden eines Geräteschuppens. Die Puppe ist normalerweise cremefarben mit schwarzen Flecken. Sie kann sich aber sehr gut an ihre Umgebung anpassen. Wenn sie an einem dunklen Ort hängt, ist sie oft dunkel gefärbt, zwischen Blättern ist sie grün. Sie ist mit einem seidenen Polster an der Unterlage verankert und wird durch einen feinen »Sicherheitsgurt« aufrecht gehalten. Die nächste Schmetterlingsgeneration schlüpft dann im Juli. Die Sommer-Kohlweißlinge haben dunklere Flügelspitzen, aber hellere, weniger gefleckte Unterseiten an den Hinterflügeln als die Frühjahrs-Schmetterlinge. Sie saugen Nektar an verschiedenen Gartenpflanzen wie Lavendel und Flieder, aber ihr Hauptziel zur Eiablage ist das Kohlbeet. Deshalb sollten Sie im August und September die Augen offen halten, wenn Sie Ihre Kohlpflanzen schützen wollen. Das Zerquetschen der Eier und Raupen ist auch jetzt die sicherste Methode. Warten Sie aber nicht, bis die Raupen auf der Blattoberseite erscheinen, denn dann ist der größte Schaden schon geschehen. Im Herbst, nachdem sich die Raupen vollgefres-

**Aufgefressen bei lebendigem Leib** Die Raupe dieses Großen Kohlweißlings (oben) ist von den Kokons der parasitischen Weißlingsbrackwespe umgeben. Das Weibchen der Weißlingsbrackwespe legt in jede Raupe des Kohlweißlings einige Eier ab.

**Die Plage des Kohlbeets** Ein Kleiner Kohlweißling (links) sucht an einem Blumenkohl nach einem Platz zur Eiablage. Er wird vom Geruch der Pflanze angelockt und legt dann seine Eier ab.

sen haben, beginnen sie noch mit der Verpuppung. Aber nur wenige entwickeln sich zu fertigen Puppen: Wenn Sie eingeschrumpelte Raupen an Wänden und Zäunen sehen, die von Massen kleiner, gelber Kokons umgeben sind, sollten Sie sich bei der Weißlingsbrackwespe bedanken! Diese kleine, dunkle Brackwespe ist eine Verwandte der Schlupfwespe. Das Weibchen der Weißlingsbrackwespe ortet die Raupen mit ihren beweglichen Antennen und legt in jede Raupe einige Eier. Die Larven der Weißlingsbrackwespe fressen die Kohlweißlingsraupen innen aus, wobei sie ihre lebenswichtigen Organe erst angreifen, wenn sie selbst ausgewachsen sind. Sie verlassen dann die toten Raupen und verpuppen sich rund um die leere Raupenhaut. Sie sollten die gelben Kokons auf keinen Fall entfernen, denn die Weißlingsbrackwespe ist Ihr bester Verbündeter im Kampf gegen den Kohlweißling!

Aber selbst jene Larven, die der Aufmerksamkeit der Weißlingsbrackwespe entgangen sind, befinden sich noch nicht in Sicherheit. Ein noch kleinerer Parasit legt bevorzugt seine Eier in frisch gebildeten Puppen des Kohlweißlings ab. *Pteromalus puparum* kann seine Eier nur ablegen, wenn die Puppenhülle noch ganz weich ist. Manchmal kann man sogar ein Weibchen von *Pteromalus puparum* regelrecht auf einer Raupe reiten sehen: sie wartet auf die Verpuppung! Die Larven fressen dann die Wirtspuppe aus und schlüpfen als grüne, glänzende Insekten, gerade rechtzeitig zum Angriff auf die nächste Generation von Kohlweißlingspuppen. Doch trotz der natürlichen Feinde gibt es immer noch sehr viele Kohlweißlinge. Sie sollten daher so gut wie möglich die Kohlweißlingsraupen und -eier sammeln und zerquetschen, um keine empfindlichen Ernteeinbußen hinnehmen zu müssen. Sie können natürlich auch auf den Anbau von Kohl verzichten.

Der Lebenslauf des Kleinen Kohlweißlings gleicht dem des Großen Kohlweißlings, mit einem Unterschied: er legt seine Eier einzeln ab. Wenn Sie einen weiblichen Kleinen Kohlweißling über Ihrem Kohlbeet tanzen sehen, werden Sie bemerken, daß er sich immer wieder kurz auf einem Blatt niederläßt. Wenn man diese Blätter sorgfältig untersucht, findet man jeweils ein blasses Ei, das meist an die Blattoberseite geklebt ist. Der Raupe fehlt der faulige Geschmack ihres größeren Verwandten, sie verläßt sich ganz auf ihre Tarnfarbe. Wenn sie auf der Mittelrippe eines Blattes sitzt, ist sie aufgrund ihrer blaßgrünen Farbe kaum zu

**Biologische Schädlingsbekämpfung** Dieser Marienkäfer (oben) macht sich gerade über eine Kolonie Blattläuse her. Grüne und Schwarze Blattläuse sind völlig schutzlos, sie verlassen sich bei der Erhaltung ihrer Art einfach auf ihre große Zahl.

**Flüssige Nahrung** Blattläuse wie diese Schwarze Bohnenblattlaus (rechts) müssen den Pflanzensaft nicht heraussaugen. Die Flüssigkeit wird durch Druck herausgepreßt, wie Wasser aus einem durchlöcherten Schlauch.

sehen. Im Gegensatz zur Raupe des Großen Kohlweißlings bevorzugt sie die jungen Herzen der Kohlköpfe und frißt sich auch in die Blumenkohlköpfe hinein. Sie hat dieselben natürlichen Feinde, wird aber aufgrund ihres einzelgängerischen, verborgenen Lebensstils weniger oft befallen. Auch für den Gärtner ist die Bekämpfung dieses »Schädlings« schwieriger. Man hat gute Erfahrungen mit dem Pflanzen von Knollensellerie zwischen die Kohlreihen gemacht. Der Selleriegeruch schreckt anscheinend die eierlegenden Schmetterlinge ab. Neben dem Zerquetschen der Eier und Larven sollten Sie also noch Knollensellerie zwischen den Kohl pflanzen. Bleichsellerie hat in etwas geringerem Maße die gleiche Wirkung.

## DIE BLATTLAUS-KOLONIEN

Wir haben die Grüne Blattlaus bereits auf Seite 47 kennengelernt. Aber Blattläuse sind nicht auf den Ziergarten beschränkt. Im Gemüsegarten findet man sogar wesentlich mehr Blattläuse, die oft auch Schaden anrichten können. Die bekannteste ist die Schwarze Bohnenblattlaus, die nicht nur alle Bohnenarten, sondern auch Rüben befällt. Im Ziergarten findet man sie auf Kapuzinerkresse, Wermut, Mohn und allen Ampferarten. Die Blattläuse sammeln sich vorwiegend an den zarten Sproßspitzen und saugen dort Saft, was zu Wachstumsstörungen führt. Oft entwickeln befallene Pflanzen auch Deformationen oder infizieren sich mit einem Virus, der von Blattläusen übertragen wird. Wie die meisten Blattläuse hat auch die Schwarze Bohnenblattlaus einen sehr komplizierten Lebenslauf. Man kann ihn am besten verfolgen, wenn man mit den überwinternden Eiern beginnt, die an den Zweigen von Spindelstrauch und Schneeball in Hecken sowie am einzeln stehenden Pfeifenstrauch im Garten abgelegt werden. Wenn im Frühjahr die Blattknospen zu schwellen beginnen, schlüpfen die Nymphen. Sie stechen die Knospen an und saugen den nahrhaften Saft aus. Dann verwandeln sie sich rasch in flügellose, erwachsene Blattläuse, die sogenannten Stamm-Mütter. Jede Stamm-Mutter bringt eine große Anzahl weiblicher Nachkommen hervor. Diese Nachkommen produzieren wiederum neue Blattläuse – und zwar parthenogenetisch, das heißt ohne begattet zu werden, denn zu dieser Zeit gibt es keine männlichen Blattläuse. Gegen Ende April sind die Zweige und jungen Blätter voll von Blattläusen. Die ersten Individuen sind flügellos, aber wenn die Populationsdichte zunimmt, entstehen immer häufiger geflügelte Exemplare. Diese fliegen fort und lassen sich auf ihren Sommer-Wirtspflanzen nieder, zum Beispiel auf Bohnen und anderem Gemüse. Auf dem neuen Wirt kommt es zu einer erneuten Vermehrung, wobei wiederum zuerst flügellose, dann zunehmend auch geflügelte Exemplare entstehen. Diese breiten sich oft über Kilometer hinweg auf andere Wirtspflanzen aus. Dieser Zyklus wiederholt sich den ganzen Sommer über. Erst im Herbst, wenn nur noch wenig frisches Grün zu finden ist, entstehen geflügelte Weibchen, die zum Spindelstrauch und anderen Winter-Wirtspflanzen zurückfliegen. Dort bringen sie eine Generation ungeflügelter Weibchen hervor. Inzwischen entstehen in den absterbenden Kolonien auf den Bohnen und anderen krautigen Wirtspflanzen geflügelte Männchen – die einzigen Männchen, die in diesem komplexen Zyklus auftreten! Diese Männchen fliegen zu den Winter-Wirtspflanzen und begatten dort die Weibchen, die dann die sogenannten Wintereier legen, die das Fortbestehen der Art über den Winter hinweg sichern.

## METHODEN ZUR BLATTLAUSBEKÄMPFUNG

Die Schwarze Bohnenblattlaus und andere Blattläuse kann man chemisch oder biologisch bekämpfen. Weil Blattläuse sich so unglaublich schnell vermehren, kommt man leicht in Versuchung, Chemie einzusetzen. Ich möchte davon aber dringend abraten.

Man kann die zahlreichen Insektizide, die für den Gemüsegarten im Handel sind, in zwei große Gruppen einteilen: die Kontaktgifte und die systemischen Insektizide.

Die systemischen Insektizide werden von den Pflanzen aufgenommen. Sie töten deshalb nur diejenigen Insekten, die an der Pflanze saugen oder fressen. Das wird oft als großer Vorteil herausgestellt, weil ja überwiegend nur »Schädlinge« an den Pflanzen fressen und saugen. Aber es gibt auch einige allgemein als »Nützlinge« betrachtete Arten, deren Raupen an den Pflanzen fressen. Und es kommt oft vor, daß Vögel sterben, weil sie vergiftete Insekten gefressen haben. Vor allem Jungvögel sterben alljährlich in großen Zahlen an Insektengift. Die Anwendung systemischer Insektizide hat an Gemüsepflanzen außerdem den Nachteil, daß man das behandelte Gemüse erst nach einer bestimmten Wartezeit nach der Anwendung des Giftes essen darf. Dabei werden häufig Fehler gemacht. Sei es, daß das Gemüse doch zu früh geerntet und gegessen oder das Insektizid zu spät ausgebracht wird.

Kontaktinsektizide töten alle Insekten, die mit ihnen in direkten Kontakt geraten. Zwischen »Nützling« und »Schädling« machen sie keinen Unterschied. Das gilt auch für Pyrethrum, das oft als »gutes« Insektizid dargestellt wird, weil es sich um einen natürlichen Stoff handelt. Es wird zwar leichter abbaubar sein als künstlich hergestellte Gifte, und dieser Vorteil ist – soweit er zutrifft – nicht von der Hand zu weisen. Dem Marienkäfer und anderen gern gesehenen Garteninsekten ist es aber letzten Endes egal, ob sie an einem natürlichen oder an einem künstlichen Gift sterben. Ein weiterer Nachteil von Pyrethrum besteht übrigens darin, daß ihm in manchen Fällen Lindan beigemischt sein soll, ohne daß dies auf der Packung extra vermerkt ist.

Man sollte also die Blattläuse lieber ohne Chemikalien bekämpfen, indem man beispielsweise die Spitzen der Puffbohnenpflanzen auszwickt, sobald sich weiter unten die Hülsenfrüchte gebildet haben. Wenn die zarten, jungen Sproßspitzen fehlen, setzen sich seltener Blattläuse fest. Mann kann auch verstärkt Schwebfliegen anlocken, indem man verschiedene Ringelblumenarten zwischen die Bohnen pflanzt. Die Blüten locken die Schwebfliegen an. Wenn an den benachbarten Pflanzen Blattläuse saugen, legen die Schwebfliegen ihre Eier bevorzugt dort ab, damit sich die Larven von den Blattläusen ernähren können. Zusätzlich vertreiben die Ringelblumen noch zahlreiche im Boden lebende Nematoden, bei denen es sich oft um Wurzel»schädlinge« handelt. Auch bei Tomatenpflanzen können *Tagetes* oder *Calendula* (Ringelblume) einige Tomaten»schädlinge« fernhalten. Eine oft empfohlene, aber unwirksame Methode der Blattlausbekämpfung besteht darin, die Winter-Wirtspflanzen wie Spindelstrauch und Pfeifenstrauch aus

**Der Lebenszyklus der Blattlaus**

Von einigen Parasiten abgesehen, gibt es nur wenige Insekten, die einen so komplizierten Lebenszyklus haben. Fast alle Blattläuse sind Weibchen, die sich parthenogenetisch vermehren. Diese Vermehrungsart hat zur Folge, daß die geflügelten Weibchen innerhalb weniger Tage an einer Futterpflanze viele Nachkommen bilden. Wenn die Wirtspflanze nur noch wenig Nahrung bietet, entstehen geflügelte Blattläuse, die zu anderen Pflanzen überwechseln. Männchen erscheinen nur im Herbst. Sie begatten die Weibchen, die dann überwinternde Eier ausbilden.

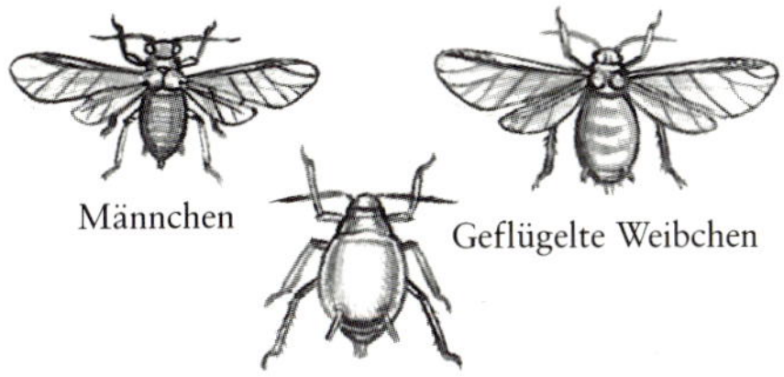


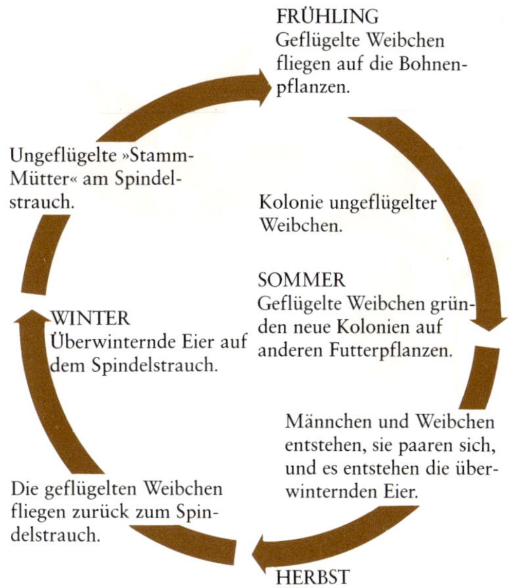


dem Garten zu verbannen. Da die Sommer-Generation der Blattläuse mit dem Wind kilometerweit wandern kann, ist ihr Auftreten im Sommer relativ unabhängig von der Nähe zu den winterlichen Wirtspflanzen.

Wenn auf Kohlblättern einige Wochen nach dem Pflanzen blasse, schrumpelige Flecken auftreten, weist das meistens auf Kohlblattläuse hin. Diese Blattläuse sind graugrün und mit einem wachsartigen, weißen Puder überzogen. Im Sommer können auf den Blättern dichte Kolonien auftreten; größere Pflanzen werden im Wachstum gehemmt, kleinere können sogar daran zugrunde gehen. In den ersten Wochen treten nur flügellose Blattläuse auf, aber bald entwickeln sich auch geflügelte Exemplare, die dann weitere Pflanzen befallen. Im Gegensatz zur Schwarzen Bohnenblattlaus verbringt die Kohlblattlaus ihr ganzes Leben auf Kohl und verwandten Pflanzen. Im Herbst werden Wintereier gelegt, und wenn alte Kohlpflanzen nicht rechtzeitig entfernt werden, bringen diese Eier im Frühjahr eine neue Blattlausgeneration hervor. In milden Jahren können sich die Blattläuse parthenogenetisch den ganzen Winter über fortpflanzen. Da sie auch auf Hirtentäschel und anderen Kreuzblütlern leben können, besteht irgendwo in der Umgebung Ihres Gartens immer eine Keimzelle für eine neue Frühjahrsgeneration. Beim Kohl hat das Dazwischenpflanzen von Ringelblumen leider wenig Sinn: Sie vertreiben zwar einige Blattläuse, locken dafür aber die Kohlweißlinge an! Wenn man aber einige Tomaten zwischen den Kohl pflanzt, wird das Wachstum der Kohlpflanzen stimuliert. Dadurch werden viele »Schädlinge« ferngehalten. Überhaupt handelt es sich bei Tomaten um gute Begleitpflanzen für fast alle anderen Gemüsepflanzen mit Ausnahme der Roten Bete. Durch ihre Wurzelausscheidungen verhindern die Tomaten unter anderem auch die Ansiedlung der Quecke.

Die Kohlmottenschildlaus, auch Weiße Fliege genannt, wird oft mit der Kohlblattlaus verwechselt, obwohl sie zwei Paar weiße Flügel besitzt und auch viel aktiver ist. Sie sammelt sich unter den Kohlblättern an, jedoch nur selten in dichten Populationen, und saugt ebenfalls Pflanzensaft. Wie die Blattläuse und andere saugende Insekten scheidet sie Honigtau aus, der aber mit einer Wachsschicht überzogen ist, damit die Insekten nicht klebrig werden. Wenn die Tropfen auf tiefergelegene Blätter fallen, zerplatzt die Wachsschicht, und der klebrige Honigtau verschmiert die Blätter. Die Kohlmottenschildlaus findet man das ganze Jahr über; oft stört man sie mitten im Winter auf, zum Beispiel beim Ernten von Rosenkohl. Normalerweise ist der Befall nicht sehr schlimm, aber wenn man alte Kohlpflanzen den Winter über im Garten läßt, können große Populationen entstehen; man sollte deshalb abgeerntete Kohlpflanzen immer gleich entfernen.

## DAS TIERLEBEN RUND UM DIE ERBSE

Die Gartenerbse ist vom Moment der Aussaat bis zur Ernte und selbst noch danach ein beliebtes Ziel ganz verschiedener Tiere, die alle in irgendeiner Weise von der Erbse leben wollen. Die frisch gesäten Samen werden gern von Mäusen gefressen, und Vögel finden die jungen Keimlinge geradezu unwiderstehlich. Bald stellen sich auch Insekten an der gedeckten »Erbsen-Tafel« ein und fressen an den jungen Blättern. Wenn viele Erbsenblätter am Rand wie eine Briefmarke perforiert sind, so ist dies das Werk des Gestreiften Blattrandkäfers. Er befällt nicht nur Erbsen, sondern auch Puffbohnen und Rotklee, den man oft an Straßenrändern findet. Die erwachsenen Käfer überwintern unter verrottendem Laub und kommen beim ersten Frühjahrssonnenschein zum Vorschein. Zu dieser Jahreszeit kann man sie oft beim Sonnenbad auf Mauern und Steinwegen beobachten. Seine Eier legt der Gestreifte Blattrandkäfer im Boden ab, und die Larven ernähren sich dann von den Wurzelknöllchen der Bohnen, Erbsen und anderer Leguminosen (siehe Seite 54). Mitten im Sommer tritt dann eine neue Käfergeneration auf, die sich von vielen verschiedenen Pflanzen ernährt und daher selten große Schäden an Bohnen oder Erbsen anrichtet. Wenn der Boden gut gelockert und nährstoffreich ist, werden die Pflanzen auch im kommenden Frühjahr kaum unter diesem Insekt leiden.

Jeder kennt die »Maden« in den Erbsen, die man oft findet, wenn man die Hülsen in der Küche öffnet, aber nur wenige Menschen betrachten diese Maden lange genug, um festzustellen, daß es mindestens drei verschiedene Arten gibt. Diese drei sind: Erbsenwicklerlarve, Erbsenkäferlarve und Erbsengallmückenlarve. Der Erbsenwickler ist ein ziemlich glänzender, aber unauffälliger, dunkelbrauner Schmetterling mit etwa 12 mm Flügelspann-

**Leben auf der Erbse**

Die Erbse wird im Garten von vielen Tieren befallen. Manche fressen die Erbsen, andere konzentrieren sich dagegen auf die Blätter, Blüten oder Hülsen. In der Natur werden auch Verwandte der Erbse von diesen Tieren befallen, wenn auch meist in geringerem Ausmaß.

**Gestreifter Erbsenblattrandkäfer** Frißt die Blattränder an.

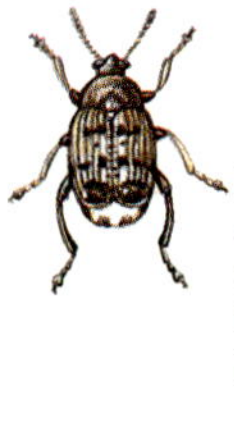

**Erbsenkäfer** Er wächst auf der Pflanze vom Ei bis zum ausgewachsenen Tier heran und frißt die Früchte.

**Erbsenwickler** Einer der vielen samen- und früchtefressenden Nachtfalter im Garten.

**Ringeltaube** Frißt alle Teile der Erbsenpflanze.

**Waldmaus** Kann hervorragend frisch gesäte Erbsen riechen und wegschleppen.

weite. Er ist eng verwandt mit dem Apfelwickler, der an unseren Apfelbäumen und Äpfeln lebt (siehe Seite 84). Er fliegt von Juni bis August, und das Weibchen legt die Eier einzeln oder in kleinen Gruppen auf den Blättern oder auf den Kelchblättern, die die jungen Hülsen umgeben, ab. Die Larven bohren sich durch die Hülsen in die Samen, wo sie etwa drei Wochen lang fressen. Man findet selten mehr als zwei dieser kleinen Raupen in einer Erbse, oft sogar nur zwei in der ganzen Hülse. Sie sind blaßgelb mit braunen Pünktchen. Kopf und Beine sind schwarz. Die ausgewachsenen Raupen fressen ein Loch in die Hülse und verlassen die Erbse in Richtung Boden, wo sie überwintern. Erst im Mai verpuppen sie sich, ohne zuvor nochmals gefressen zu haben. Im Juni und Juli schlüpfen dann die neuen Schmetterlinge. Am besten »bekämpft« man diesen kleinen Schmetterling, indem man die Aussaattermine so wählt, daß in der Zeit möglichst keine jungen Hülsen an den Pflanzen sind, wenn die Raupen aus den Eiern schlüpfen, also in der Zeit von Juni bis August. Der exakte Aussaattermin hängt natürlich von der Erbsenrasse und ihrer Wachstumsgeschwindigkeit ab. Nach der Ernte sollte man den Boden gründlich lockern und etwa eine Woche lang brach liegen lassen, damit Vögel die eingegrabenen Larven herauspicken können.

Der Erbsenkäfer legt seine Eier auf die jungen Hülsen, und wie beim Erbsenwickler bohren sich die Larven hinein, um an die Samen zu gelangen. Da die Larven zu dieser Zeit noch sehr klein sind, kann man das winzige Loch nicht erkennen. Deshalb kann man auch nicht einfach durch Betrachten der Hülsen feststellen, ob sie befallen sind oder nicht. Die plumpen, beinlosen Larven sind gut von denen des Erbsenwicklers zu unterscheiden. Jede Larve befällt eine Erbse, und wenn die Larve ausgewachsen ist, ist von der Erbse nicht mehr viel übrig. Die Larven verpuppen sich in der Erbse. Wenn die Hülsen nicht geerntet werden, überwintern die ausgewachsenen Erbsenkäfer bis zum nächsten Frühjahr darin. Meistens überleben einige Käfer den Winter in Erbsen, die im Boden oder auf dem Komposthaufen liegen. Am häufigsten wird aber ein starker Befall mit Käfern beginnen, die in Platterbsen überwintert haben. Die gefleckten braunen Käfer, deren Flügeldecken etwas kürzer als der Körper sind, kann man oft im Frühjahr auf sonnigen Mauern beobachten, wo sie Sonne tanken, bevor sie sich auf den Weg zu ihren Futterpflanzen machen. Einige dem Erbsenkäfer ähnliche Arten befallen Bohnen. Zum Beispiel befällt der Ackerbohnenkäfer Puffbohnen, richtet aber in den viel größeren Samen nicht sehr viel Schaden an.

Die Erbsengallmücke, ein winziges, gelbliches Insekt, legt ihre Eier im Frühling und Sommer in die Blüten der Erbse oder auf die jungen Hülsen. Die befallenen Blüten schwellen an und sind oft deformiert, aber uns fallen meist nur die befallenen Hülsen auf. Manchmal findet man bis zu hundert der dünnen, beinlosen Larven in einer Hülse. Sie ernähren sich von der inneren Schicht der Hülse und von den Erbsen. Wenn die Erbsen nicht geerntet werden, wandern die Larven aus der Hülse in den Boden, wo sie sich verpuppen und den Winter überdauern. Auch hier gibt es eine einfache Bekämpfungsmethode: Man lockert nach der Ernte den Boden gründlich, so daß die Vögel die Puppen fressen können.

**Wilderbse** Wenngleich der Urahn der Gartenerbse auch keine eßbaren Früchte trägt, lohnt es sich doch, diese Pflanze wegen ihrer hübschen Blüten im Garten anzupflanzen.

Zu kleine, silbrig gefleckte Hülsen weisen auf den Erbsenblasenfuß oder Thrips hin, eines von vielen kleinen Insekten, die oft als Gewitterfliegen bezeichnet werden, weil sie vor allem in der stillen, feuchten Luft fliegen, die oft einem Gewitter vorausgeht. Es sind meist dunkle Insekten mit schmalem Körper und winzigen, fedrigen Flügeln. Fast alle sind Pflanzensaftsauger. Die Defekte an den befallenen Zellen lassen die Oberfläche der Hülsen silbrig erscheinen. Der wirkliche Schaden tritt aber auf, wenn die Blasenfußweibchen ihre Eier in die Blüten legen und die Larven in dem Moment schlüpfen, wenn die Hülsen sich zu entwickeln beginnen. Die gelblichen Larven saugen Saft aus den Zellen der Hülsen, was zu Mißbildungen und Wachstumsstörungen der Hülsen führt. Die ausgewachsenen Larven überwintern im Boden, verpuppen sich im folgenden Frühjahr und bringen im Mai neue Blasenfüße hervor, die dann wieder die Erbsenblüten befallen. Im Sommer gibt es nur wenige Gartenpflanzen, die nicht von irgendeiner Art von Blasenfuß befallen sind. Da sie vorwiegend Blütengewebe fressen, muß man sie als »Schädlinge« bezeichnen. Durch das Herumkrabbeln in den Blüten können sie sicher auch zur Bestäubung beitragen und können so auch als »Nützling« betrachtet werden. Auf dem Lande begegnet man im Juli und August oft riesigen Schwärmen dieser Insekten, die einem dann unerfreulicherweise auch noch im Gesicht herumkrabbeln. Einige dieser Blasenfüße stammen sicherlich aus den Gärten, aber die meisten kommen von den Getreidefeldern; dort leben ihre Larven in den jungen Ähren. Die bekannteste Art ist die Gewitterfliege *Limothrips cerealium*, deren Weibchen oft auf der Suche nach einem Winterquartier in großen Schwärmen auch ins Haus kommen.

**Rötelmaus** Diese Wühlmaus bevorzugt dichte Vegetation, aber die Samen im Gemüsegarten locken sie manchmal ins Freie. An ihrem kurzen Schwanz und dem stumpfschnauzigen Kopf, ihrem oben braunrotem und unten weißem Pelz ist sie gut zu erkennen.

## GRÖSSERE TIERE IM GEMÜSEGARTEN

Manchmal kommen Hasen oder häufiger noch Kaninchen in den Gemüsegarten, um sich am Kohl und an anderem Gemüse gütlich zu tun. Solche ungebetenen Gäste stellen sich wohl vorwiegend in Gärten auf dem Lande ein, und dann kann auch schon mal ein Reh dabei sein. Im allgemeinen sind die meisten Säugetiere im Garten aber viel kleiner. Wirkliche Probleme verursachen im Gemüsegarten im allgemeinen nur Mäuse und Wühlmäuse. Relativ verbreitet ist im Garten die Waldmaus, eine sogenannte Langschwanzmaus. Wenn ihr die Hausmaus keine Konkurrenz macht, nistet sie auch im Haus oder im Schuppen, aber lieber baut sie ihr Nest aus Grashalmen direkt unter einer Hecke oder am Fuß einer alten Mauer. Sie ist überwiegend nachts aktiv und nimmt pflanzliche und tierische Nahrung zu sich, am liebsten jedoch Samen. Sie ist auch die Ursache dafür, wenn Ihre frisch ausgesäten Erbsen und Bohnen spurlos verschwinden! Systematisch läuft sie die Reihen entlang, frißt soviel sie kann und bringt den Rest zu einem Vorratslager im oder beim Nest. Im Herbst klettern die Waldmäuse in den Hecken herum, um Hagebutten und andere Früchte für ihr Wintervorratslager zu sammeln.

Die Wühlmaus lebt großenteils unterirdisch und ist kurzschwänzig. Sie kann in Zier- und Nutzgärten beträchtlichen Schaden anrichten. Oft werden dann Gifte gegen Mäuse und Ratten, sogenannte Rodentizide, ausgebracht. Leider deutet alles daraufhin, daß selbst bei ordnungsgemäßer Anwendung der Gifte immer wieder andere Tiere in Mitleidenschaft gezogen werden. Dies gilt vor allem für Beutegreifer wie Wiesel, Marder, Greifvögel und Eulen, wenn sie vergiftete Mäuse fressen. Man sollte also auf alte Hausmittel zurückgreifen, um einer Mäuseplage Herr zu werden. Ein absolut sicheres Mittel gibt es da allerdings nicht. Am wirkungsvollsten ist immer noch die Wühlmausfalle. Auch der Geruch von Wolfsmilch und Kaiserkrone mißfällt den Wühlmäusen, so daß sich Randbepflanzungen mit diesen Pflanzen im Garten bewährt haben. Vergrämt werden die Wühlmäuse meist auch, wenn man Fischköpfe in ihre Gänge legt.

Bis an den Rand eingegrabene, offene Flaschen, die bei etwas Wind singende Geräusche erzeugen, treiben manchmal die Wühlmäuse ebenfalls in die Flucht. Auch kann man dem Mauswiesel den Aufenthalt im Garten schmackhaft machen, indem zum Beispiel größere Steinhaufen angelegt werden. Das Wiesel würde relativ rasch für eine Verminderung der Zahl der Wühlmäuse sorgen.

Mancherorts werden auch Sperlinge im Gemüsegarten lästig. Oft entdeckt man dann eine Vielzahl von Meisenkästen mit viel zu großen Einschlupflöchern in der Umgebung, die allesamt in der Brutzeit durch Spatzen besetzt sind. Dem Überhandnehmen der Spatzen können Sie etwas gegensteuern, indem Sie nur Nistkästen für Kleinmeisen aufhängen, mit Einschlupflöchern von 28 mm. Unter dem Dach meines Hauses brüten ebenfalls mehrere Sperlingspaare. Die meisten Jungvögel und manchmal sogar ausgewachsene Spatzen erbeutet aber der Steinkauz, der seinen Nachwuchs in einem alten Apfelbaum großzieht. In einer halbwegs intakten Landschaft lösen sich eben viele Probleme von selbst.

Manche Gärtner versuchen, ihre Kulturen durch Vogelnetze zu schützen. Leider sind viele Netze nicht sehr gut geeignet, und durch unsachgemäßen Umgang kommen jedes Jahr viele Igel, Vögel und Schmetterlinge zu Tode. Acrylfasergespinste sind denkbar ungeeignet. Benutzt werden sollten nur Kunststoffnetze mit maximal 30 mm Maschenweite. Orange, rote oder gelbe Netze werden von den Vögeln besser wahrgenommen als grüne. Ebenfalls wegen der besseren Sichtbarkeit sollte die Fadendicke mindestens einen Millimeter betragen. Die Netze müssen straff und windsicher gespannt werden. Sie dürfen nicht auf dem Boden aufliegen, sonst bilden sie tödliche Fallen für Säugetiere und Vögel. Täglich sollte man die Netze mehrmals kontrollieren. Außerdem versteht es sich von selbst, daß Netze nur eingesetzt werden, wenn tatsächlich eine starke Ertragsminderung droht. Unbenutzte Netze läßt man nicht offen herumliegen, sondern packt sie im Keller sorgfältig weg.

**Der Haussperling** Wenn es gerade keine Samen gibt, wenden sich die Sperlinge Blättern und jungen Pflanzen zu – oft mit beträchtlicher Schadwirkung. Sie zupfen dann die Spitzen von kleinen Setzlingen ab, so daß die Pflanzen oft nicht mehr weiter wachsen.

## WILDKRÄUTER IM GEMÜSEGARTEN

Wer sich an das traditionelle System des Gemüsebaus im Garten hält, hat zwischen Herbst und Frühjahr eine beträchtliche Bodenfläche im Garten, die umgegraben oder nicht umgegraben ist, auf der aber in jedem Fall nichts wächst. Meistens gibt es auch im Frühjahr und Sommer einige nackte Bodenflächen zwischen den Gemüsereihen. Wenn Sie im Interesse eines naturgemäßen Gartens auf Herbizide verzichten, werden sich mit Sicherheit einige Wildkräuter ansiedeln. Man kann sie durch Hacken und Jäten ganz gut unter Kontrolle halten, aber wenn Sie nach dem

Ernten nicht ständig weiterhacken oder die Fläche sofort neu bepflanzen, hat sich das Kraut schnell festgesetzt.

Die Rote Taubnessel ist eine hübsche, einjährige Pflanze, die fast das ganze Jahr über blüht, wobei die zarten Blüten eigentlich hauptsächlich im Frühjahr auffallen. Ich lasse gern ein paar davon im Garten stehen, um den Hummeln und Bienen schon früh Pollen und Nektar zu bieten, aber dafür habe ich später um so mehr Arbeit, weil ich die jungen Sämlinge entfernen muß, die sonst bald alles mit einem dichten Teppich bedecken. Die Verbreitung der Pflanze wird noch durch Vögel und Ameisen unterstützt. Die Samen der Roten Taubnessel enthalten Öle, die zum Beispiel die Ameisen gern fressen. Deshalb sammeln sie Unmengen von Samen und transportieren sie zum Ameisenhaufen. Oft reißen aber die Samen unterwegs schon von den Ölbehältern ab und bleiben in der ganzen Gegend verstreut liegen. Ameisen entfernen sich bei der Nahrungssuche etwa 50 m von ihrem Nest. Das ist zwar wenig im Vergleich zu den Entfernungen, die Vögel beim ungewollten Transport von Samen zurücklegen, es reicht aber aus, um die Wildkräuter gleichmäßig in Ihrem Garten zu verteilen – oder auch in dem des Nachbarn.

Die Samen keimen nicht alle zur gleichen Zeit, so daß immer einige Samen keimungsfähig sind, gleichgültig, wann Sie den Boden in Ihrem Garten bearbeiten. Manche Samen keimen sogar noch im Winter. Vorausgesetzt, es ist nicht allzu kalt.

Die Weiße Taubnessel wird ebenfalls durch Ameisen verbreitet, ist aber im Gegensatz zur Roten Taubnessel ausdauernd und wächst in dichten Beständen. Die meisten Gärtner reißen sie als »Unkraut« heraus, aber es gibt Hinweise, daß ihre Wurzelausscheidungen einen fördernden Einfluß auf das Wachstum der Kartoffeln haben. Wenn Ihnen diese Pflanze zu langweilig ist, können Sie auch die Gefleckte Taubnessel zwischen den Kartoffeln wachsen lassen. Trotz ihrer hübsch gefleckten Blätter und der attraktiven rosa Blüten wird sie von vielen im Garten als »Unkraut« behandelt – im Blumentopf auf der Fensterbank würde man sie bewundern.

Auch die Gefleckte Taubnessel kann ganz nützlich sein: Abgesehen von ihrem möglicherweise vorteilhaften Einfluß auf das Wachstum von Kartoffeln, eignet sie sich hervorragend als Bodendecker unter Beerensträuchern.

Da die meisten einjährigen Wildkräuter oft ganz schwach im Boden verankert sind, gibt es eigentlich keine Entschuldigung dafür, daß man sie nicht durch altmodisches Jäten unter Kontrolle halten kann. Ausgerüstet mit Hand und Hacke, kann man sie leicht beseitigen, ohne die Gemüsepflanzen oder die Gartenfauna zu beeinträchtigen. Wir wollen diesen Rundgang durch den Gemüsegarten mit einem kurzen Blick auf die hartnäckigsten Wildkräuter beenden, die alle eines gemeinsam haben: Sie breiten sich unglaublich schnell aus!

Am dichtesten wächst in Gemüsegärten meistens die Vogelmiere. Jede Pflanze kann mit ihren kriechenden Zweigen innerhalb weniger Wochen einen Quadratmeter Erde bedecken, und auf guter Gartenerde etabliert sich rasch ein 15 cm hoher, leuchtend grüner Teppich aus Vogelmiere. Das Jäten und Hacken der Vogelmiere ist manchmal recht mühsam, so daß man es zu einer starken Vermehrung gar

**Verbreitung durch Ameisen** Eine Ameise kehrt mit dem Samen der Wolfsmilch zwischen den Kiefern ins Nest zurück (oben). Oft lassen die Ameisen unterwegs Samen fallen, so daß neue Pflanzen an neuen Standorten keimen können.

**Gemüse und Blumen** In diesem Garten (rechts) bilden Gemüsepflanzen und Blumen zusammen einen vielseitigen Lebensraum für viele Tiere.

nicht erst kommen lassen sollte. Achten Sie vor allem darauf, daß sich die Vogelmiere nicht zwischen den Erbsen ansiedelt. Erbsen sind sehr anfällig für Störungen im Wurzelbereich, und wenn sich die Vogelmiere einmal dort angesiedelt hat, sollten Sie sie lieber nur abschneiden, anstatt sie herauszureißen. Die kleinen, weißen Blüten der Vogelmiere blühen meist nur einen Tag lang. Eine Blüte bringt etwa zehn Samen hervor, die schnell reifen und oft schon verbreitet werden, wenn die Elternpflanze erst fünf Wochen alt ist. Die Pflanzen leben aber einige Monate lang und bilden in dieser Zeit jeweils etwa 250 Blüten und dementsprechend etwa 2500 Samen aus. Vögel picken gern an den Blättern, Blüten und Samen der Vogelmiere und tragen daher viel zu ihrer Verbreitung bei: Die Samen kleben an ihren Füßen und passieren oft auch den Darm unbeschädigt. Der wichtigste Verbreiter ist aber häufig der Gärtner selbst, der die Samen über einen schlecht verrotteten Kompost im ganzen Garten verteilt oder sie an seinen Stiefeln herumträgt. Da die Vogelmiere zu jeder Zeit keimen und blühen kann, wird man sie meistens auch bei noch so häufigem Jäten nie vollständig los. Wenn Sie sich gar nicht mehr zu helfen wissen, können Sie die Vogelmiere auch wie Spinat in Butter kochen und essen! Achten Sie aber darauf, daß Sie kein giftiges Kreuzkraut oder Garten-Wolfsmilch mitpflücken!

Die hellgrünen Blätter der Garten-Wolfsmilch kann man leicht mit denen der Vogelmiere verwechseln, sie ist aber an dem weißen Milchsaft, der aus den abgebrochenen Stengeln austritt, gut zu erkennen. Auch die zwischen Juni und November erscheinenden Blüten sehen ganz anders aus. Sie haben keine Kronblätter und stehen in dichten Gruppen, umgeben von gelblichen Blättern. Der Nektar lockt kleine Insekten an, die für die Bestäubung wichtig sind; Ameisen, die von den ölhaltigen Samen angelockt werden, sorgen für die Verbreitung.

Das Kreuzkraut bringt jährlich mehrere Samengenerationen hervor. Man kann die Blüten und die flaumigen Fruchtstände zu

fast jeder Jahreszeit im Garten oder in der Landschaft betrachten. Kreuzkraut kommt vor allem auf schweren Böden vor. Bei trockenem Wetter verbreiten sich die Samen durch den Wind mit Hilfe ihrer kleinen »Fallschirme«, aber die Pflanze ist auch für Regenwetter ausgerüstet: In der Feuchtigkeit werden die Samen klebrig und haften gut an den Schnäbeln und Beinen von Vögeln – und natürlich auch an Schuhen und Gartenwerkzeugen! Im Winter sollten Sie die Blätter des Kreuzkrauts gründlich untersuchen – wenn Sie orange Rostpilzflecken oder grauen Mehltau entdekken, müssen Sie die Pflanzen vernichten, damit nicht im Frühjahr das Gemüse mit diesen Pilzen infiziert wird.

Ein weiterer verbreiteter Vorbote für unliebsame »Schädlinge« und Pflanzenkrankheiten, die vor allem Kohl befallen, ist das Hirtentäschel. Im Winter ist es meistens von Blattläusen (siehe Seite 61) befallen. Zusätzlich ist es noch eine Wirtspflanze für Kohlhernie und verschiedene Mehltau-Arten. Da schon vor dem Öffnen der kleinen, weißen Blüten eine Selbstbestäubung stattfindet, ist die Samenproduktion unabhängig vom Wetter und von Insekten. Das Hirtentäschel hat seinen Namen von den samengefüllten Früchten, die an einen Beutel voller Münzen erinnern. Jede Pflanze kann etwa 2000 Samen hervorbringen, die bei Feuchtigkeit klebrig werden und sich deshalb leicht verbreiten.

Vorsicht ist geboten bei der Hundspetersilie, einem zartblättrigen, giftigen Doldenblütler, der sich oft unbemerkt zwischen Möhren und Petersilie einschleicht. Früher führte er durch Verwechslung mit der ursprünglichen Petersilie leicht zu Todesfällen, aber die meisten heutigen Petersilie-Züchtungen haben viel stärker gekräuselte, kräftigere Blätter als die Hundspetersilie. Verwechslungen sind deshalb nur bei Glatter Petersilie möglich. Die jungen Blätter und Stengel der Hundspetersilie sind hellgrün, bekommen aber später einen leichten Grauschimmer. Die blühende Pflanze kann anhand ihrer bartähnlich unter den Blütenständen hängenden Deckblätter gut von anderen Doldenblütlern unterschieden werden.

Für die meisten Gartenbesitzer ist die Kleine Brennessel wahrscheinlich »einfach eine weitere Brennessel«, aber eigentlich kann man diese einjährige Pflanze recht leicht von der ausdauernden Großen Brennessel unterscheiden. Ihre Blätter sind rundlicher und glatter, und die unteren Blätter sind immer kürzer als die Blattstiele, während sie bei der Großen Brennnessel länger sind. Die Kleine Brennessel ist außerdem einhäusig und – wie ihr Name schon sagt – viel kleiner als die Große Brennnessel. Oft wird behauptet, daß sie weniger stark brenne als ihre große Verwandte, aber ich glaube das nicht so ganz: Es gibt verschiedene Varietäten der Kleinen Brennessel, die möglicherweise verschieden stark brennen. Zusätzlich könnte auch die Umgebung der Pflanze, zum Beispiel die Bodenbeschaffenheit, die Brennkraft beeinflussen. Man findet die Kleine Brennessel vorwiegend auf leichteren Böden, allerdings nicht auf Kalkboden. Sie wird etwa 60 cm groß, aber im Garten reißt man sie gewöhnlich schon vorher heraus.

Ausdauernde Wildkräuter haben wegen der alljährlichen Bodenbearbeitung im Gemüsegarten keine gute Chance, aber manche schaffen es trotzdem, sich zwischen langlebigen Gemüsen wie Kohl und Spinat anzusiedeln. Es ist immer wieder überraschend, wieviel Breitwegerich man zum Beispiel unter Brokkoli findet. Auch Ampfer und Brennesseln siedeln sich oft im Herbst an diesen Stellen an, wenn das Gemüse groß ist und man gewöhnlich nicht mehr hackt und jätet. Wenn dann im Frühjahr das Gemüse entfernt wird, kommen die Wildkräuter zum Vorschein. Der Breitwegerich entwickelt im Gemüsebeet viel größere, aufrecht stehende Blätter als auf dem Rasen.

## SCHLAFENDE SAMEN

Ein altes Gärtnersprichwort heißt: »Ein Jahr Unkraut-Saat bringt sieben Jahre Unkraut-Plag.« Wegen der enormen Samenproduktion vieler Wildkräuter und der Langlebigkeit der Samen ist viel Wahres an diesem Spruch, aber man könnte statt sieben Jahre ruhig siebzig Jahre sagen, denn viele Samen können Jahrzehnte, vielleicht sogar Jahrhunderte in Samenruhe den richtigen Moment für die Keimung abwarten. Das beste Beispiel für Samenruhe findet man beim Mohn. Während des Ersten Weltkrieges färbten sich die Felder

Flanderns rot mit Mohnblüten, weil überall die Wiesen durch Bomben und Schützengräben aufgerissen worden waren. Dadurch wurden Mohnsamen freigelegt, die in tieferen Bodenschichten jahrzehntelang geruht hatten. Ähnliche rote Bänder erstreckten sich über viele Äcker, als in den letzten Jahren Öl- und Gas-Pipelines durch die Landschaft gelegt wurden, und auch viele Gartenneuanlagen sind mit Mohn bedeckt, weil die lange vergrabenen Samen wieder an die Oberfläche gebracht werden. Auch an neuangelegten Autobahnen sieht man häufig riesige Mohnflächen. Viele Samen brauchen eine kurze Zeit der Samenruhe, bevor sie selbst unter idealen Bedingungen wieder auskeimen können. Oft keimen sie erst nach einer Frostperiode. Infolgedessen ist dafür gesorgt, daß die Samen erst im Frühjahr keimen, wenn anhaltend bessere Wachstumsbedingungen herrschen. Deshalb sollten Sie die Anweisungen auf den Samenpackungen gründlich lesen: Wenn die Samen eine solche Frostperiode benötigen, muß man sie einfach vor der Aussaat eine Zeitlang in das Gefrierfach legen. Andere Samen brauchen ergiebige Regenfälle, die die Samenschale aufweichen oder die Keimungshemmstoffe auswaschen, bevor die Saat keimen kann. Zur Keimung sind immer Wärme, Feuchtigkeit und Sauerstoff erforderlich; wenn einer dieser Faktoren fehlt, können die Samen nicht keimen. Das ist auch der Grund, warum sie in den Samenpackungen nicht keimen können. Trokken aufbewahrt, können sie einige Jahre überleben, aber sie sind nicht unsterblich. Mit der Zeit sinkt der Anteil keimungsfähiger Samen in der Packung. Erstaunlicherweise überleben manche Samen länger, wenn man sie tief in der Erde vergräbt. In einem Experiment mit Breitwegerichsamen beispielsweise, die man etwa einen Meter tief vergrub, erwiesen sich nach 21 Jahren noch 84 Prozent der Samen als keimfähig. Stumpfblättriger Ampfer wies unter den gleichen Bedingungen eine Keimfähigkeit von 83 Prozent auf, und beim Schwarzen Nachtschatten keimten sogar nach 39 Jahren unter der Erde noch 83 Prozent der Samen! Konstant niedrige Temperaturen sowie ein niedriger Sauerstoffgehalt, der mit einem hohen Kohlendioxidgehalt kombiniert ist, tragen zur Verlängerung der Samenruhe bei. Samen, die weniger tief vergraben werden, bleiben bei weitem nicht so lange keimfähig – vielleicht eine Bestätigung für diejenigen, die eine flachgründige Bodenbearbeitung dem tiefen Umgraben vorziehen.

### Der Braune Bär

Der Braune Bär, dessen Raupe genauso auffällig ist wie der erwachsene Schmetterling, gehört zu den schönsten Tieren auf Wildkräutern. Er fliegt im Juli und August und legt seine Eier auf einer Vielzahl von Wildpflanzen ab.

**1. Eier** Sie werden in Häufchen an verschiedenen Kräutern wie Vogelmiere, Ampfer und Löwenzahn abgelegt.

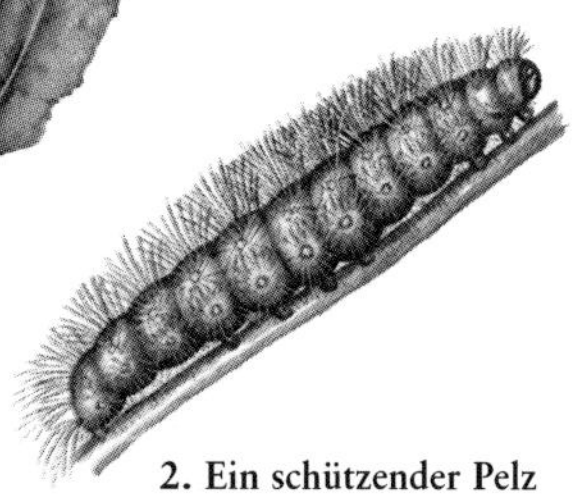

**2. Ein schützender Pelz** Die wollige Bärenspinnerraupe ist mit schillernden Haaren bedeckt, die der Verteidigung dienen.

**3. Puppe** Die Puppe liegt, in einen lose gesponnenen Kokon gehüllt, zwischen Pflanzen verborgen auf dem Boden.

**4. Schmetterling** Jedes Individuum des Braunen Bärs zeigt eine andere Flügelzeichnung in Orange, Beige und Braun.

KAPITEL 4

# BÄUME, STRÄUCHER UND HECKEN

Es gibt nur wenige Gärten, in denen man nicht einige Bäume oder Sträucher findet. Oft haben sogar Obstbäume, Hecken oder Ziersträucher die Blumenbeete verdrängt, weil sie weniger Pflege brauchen und bei richtiger Artenauswahl das ganze Jahr über für Farbe im Garten sorgen, besonders, wenn zusätzlich passende Bodendecker gepflanzt werden. Einzeln stehende Bäume und Sträucher bilden im Garten einen interessanten Blickfang. So kann selbst ein kleiner Garten abwechslungsreich wirken. Dabei muß man allerdings berücksichtigen, daß Bäume große Schatten werfen und sich deshalb in kleinen Gärten schlecht mit Gemüsebeeten vereinbaren lassen. Schon wenn das Gemüse pro Tag nur drei Stunden durch Bäume beschattet wird, sind geringere Erträge das Ergebnis. Gehölzanpflanzungen können auch Bewässerungsprobleme verursachen, da sie mit ihrem ausgedehnten Wurzelwerk dem Boden auf einer erstaunlich großen Fläche Wasser entziehen. Dennoch verbessern Bäume und Sträucher das Gesamtbild Ihres Gartens beträchtlich. Wenn Sie die verschiedenen Pflanzen sorgfältig auswählen, können Sie sich an ihrer Schönheit und an ihren Früchten erfreuen und bieten gleichzeitig sehr vielen Tieren einen attraktiven Lebensraum.

Wenn in Ihrem Garten Platz für einen oder mehrere Bäume ist, sollten Sie solche einheimische Arten vorziehen, die sich durch ein reiches Tierleben auszeichnen. Exotische Baumarten mögen zwar in der Blütezeit oder mit ihrem bunten Herbstlaub sehr hübsch aussehen, locken im allgemeinen aber keine Insekten an und bieten daher auch Vögeln keine Nahrung. Für Insekten ist die Eiche der beste Baum, da sie über 300 verschiedenen Insektenarten Nahrung und Unterschlupf bietet. Selbstverständlich ist nicht in jedem Garten ein ausreichender Platz für eine majestätische Eiche vorhanden. Auch die Gewißheit, daß Sie selbst den voll ausgewachsenen Baum nicht mehr erleben werden, sollte Sie nicht abhalten, einen Eichensetzling zu pflanzen. Wenn Sie ihn nämlich regelmäßig zurückschneiden, haben Sie nach etwa zehn Jahren einen ansehnlichen Eichenbusch. Sollte Ihnen ein solcher Zeitraum noch zu lange sein, können Sie eine raschwüchsigere Baumart wählen, vielleicht eine Weidenart. Die Weiden locken fast genauso viele Insekten an wie die Eiche und wachsen bis zu drei Metern im Jahr. Wer viel Platz im Garten hat, sollte am besten eine Salweide pflanzen. Aber einige Zwergformen der Weide haben vergleichbar hübsche Kätzchen. Auf der Birke kann man etwa 200 Insektenarten finden. Sie hat eine graziöse Form und ist schnellwüchsig. Andere einheimische Bäume mit einer reichen Insektenfauna sind Weißdorn, Holzapfel, Erle (vor allem an feuchten Standorten), Linde, Hainbuche, Eberesche und Feldahorn. Am anderen Ende der Skala finden wir die fremdländische Platane mit nur einer und die Roßkastanie mit vier Insektenarten.

Wenn Sie von der Idee, durch das Anpflanzen von Bäumen Hunderte von Insektenarten in Ihren Garten zu locken, anfangs nicht sehr begeistert sind, sollten Sie einmal bedenken, was

**Bäume für Tiere**

Alle hier aufgelisteten Bäume beherbergen zahlreiche Insekten und locken dadurch auch viele insektenfressende Vögel an. Die meisten von ihnen eignen sich gut als einzelne, freistehende Bäume. Heckensträucher, siehe Seite 85.

**Birke**
Futterpflanze der Raupen des Birkenspinners. 230 Insektenarten.

**Eberesche**
Die Blüten locken viele Bienen an. 30 Insektenarten.

**Eiche**
Besonders interessant wegen der vielen Gallwespen, die sie beherbergt. 300 Insektenarten.

**Esche**
Eine der Raupenfutterpflanzen des Ligusterschwärmers. Beherbergt auch den in aufgerollten Blättchen lebenden, gallenbildenden Eschenblattfloh. 40 Insektenarten.

**Hainbuche**
Raupenfutterpflanze der Haseleulen. 30 Insektenarten.

**Holunder**
Raupenfutterpflanze des Holunderspanners. Stark riechende Blüten, die Fliegen anlocken.

**Kiefer**
Raupenfutterpflanze des Kiefernschwärmers. 90 Insektenarten.

**Linde**
Raupenfutterpflanze des Lindenschwärmers; die Blüten werden gern von Bienen besucht. 30 Insektenarten.

**Rotbuche**
Raupenfutterpflanze des Rotschwanzes. 60 Insektenarten.

**Schwarzerle**
Raupenfutterpflanze des Sichelspinners. 90 Insektenarten.

**Ulmen**
Raupenfutterpflanze des Ulmenzipfelfalters (Bergulme) und des Großen Fuchses (Feldulme). 80 Insektenarten.

**Weide**
Raupenfutterpflanze des Großen Gabelschwanzes. 260 Insektenarten.

**Zitterpappel**
Raupenfutterpflanze des Pappelschwärmers. 100 Insektenarten.

das für das Vogelleben in Ihrem Garten bedeutet. Es sind in erster Linie die Insekten, deretwegen die Vögel kommen, aber auch die Früchte und Samen spielen zu bestimmten Jahreszeiten eine wichtige Rolle. Wer sich vor allem für Vögel interessiert, sollte unbedingt eine Stechpalme in seinen Garten pflanzen. Da bei der wilden Stechpalme die männlichen und weiblichen Blüten auf getrennten Pflanzen stehen, kann man leider nie sicher sein, ob aus einer aus dem Samen gezogenen Pflanze eine weibliche Stechpalme heranwächst. Denn nur die Beeren sind es ja, die die Vögel anlocken. Zusätzlich brauchen Sie einige Jahre Geduld, bis eine aus dem Samen gezogene Stechpalme Früchte trägt. Vielleicht erhalten Sie ja irgendwo Stecklinge von einer weiblichen Stechpalme. Am bequemsten ist es aber, wenn Sie die neuen Zuchtsorten der Stechpalme kaufen, bei denen jede Pflanze sowohl männliche als auch weibliche Blüten trägt. Weitere Bäume, die Vögel anlocken, sind Vogelkirsche, andere Wildkirschen, Mehlbeere und Holunder.
Weißdorn und Weide lassen sich leicht aus Stecklingen ziehen, aber bei den anderen Bäumen sollte man lieber Setzlinge kaufen. Als Pflanzzeit eignet sich der Herbst am besten. Sie können natürlich alle Bäume auch aus Samen heranziehen; dazu braucht man wenig Geld, aber sehr viel Geduld!
Sobald sie einmal etwas herangewachsen sind, bieten die Bäume den Vögeln nicht nur Nahrung, sondern auch Nistplätze. Sie können diesen Vorgang beschleunigen, indem Sie die jungen Bäume und Sträucher vorsichtig stutzen. Die Pflanzen bilden dann nämlich ein dichteres Laubwerk aus und eignen sich schon früh als Nistplätze.

## APFELBÄUME IM GARTEN

Der wichtigste und häufigste Obstbaum ist bei uns der Apfelbaum. Er ist ein wichtiger Bestandteil eines naturnahen Gartens. Man findet an ihm viele Insekten und Spinnen – von denen wir gleich einige kennenlernen werden – sowie einige Vögel, die wiederum von diesen

Tieren leben. Ein Grund für diese Vielfalt ist darin zu suchen, daß der Apfelbaum bei uns schon sehr lange heimisch ist. Alle Apfelsorten stammen von dem bitter schmeckenden Holzapfel ab, von dem es bei uns mehrere Sorten gibt. Dabei wurden zum Teil wilde Apfelsorten aus Asien und Nordamerika eingekreuzt.
Eine ganze Anzahl Apfelsorten ist selbststeril, das heißt sie können keine Samen oder Früchte ausbilden, wenn sie nicht durch den Pollen einer anderen Sorte, des sogenannten Pollenspenders, bestäubt werden. Die Cox Orange Renette ist wohl die bekannteste selbststerile Apfelsorte. Viele Gärtner blickten schon voller Enttäuschung in jedem Herbst auf ihren einzeln stehenden Baum, weil er wieder keine Früchte trug. Es gibt im Obstbau zahlreiche Listen, in denen aufgeführt ist, welche Sorten sich als Pollenspender für andere Sorten eignen. Dann brauchen Sie daraus nur noch die richtigen Apfelsorten auszuwählen. Ein guter Tafelapfel, der sich als Pollenspender für die Cox Orange Renette eignet, ist die Goldparmäne. Man kann natürlich darauf hoffen, daß der eigene Apfelbaum durch den in Nachbars Garten bestäubt wird, aber es ist immer besser, wenn die beiden verträglichen Sorten relativ dicht beieinander stehen. Bienen und Fliegen, die für die Bestäubung erforderlich sind, fliegen oft nicht sehr weit. Man kann daher manchmal sogar feststellen, daß der Apfelbaum auf der Seite, die der Pollenspendersorte zugewandt ist, mehr Früchte trägt. Wenn Sie aber wirklich nicht genug Platz haben, um einen entsprechenden Pollenspender neben Ihren Apfelbaum zu pflanzen, müssen Sie zu anderen Maßnahmen greifen, um dennoch Früchte zu ernten! Sie können zum Beispiel

**Leben auf dem Apfelbaum**

In Jahrhunderten der Selektion und Verbesserung durch Apfelzüchter entstanden aus dem wilden Holzapfel unsere heutigen Apfelsorten. Aber auf unseren heutigen Apfelbäumen leben immer noch all jene Tiere, die auch auf Stamm, Blättern, Blüten und Früchten des Holzapfels leben.

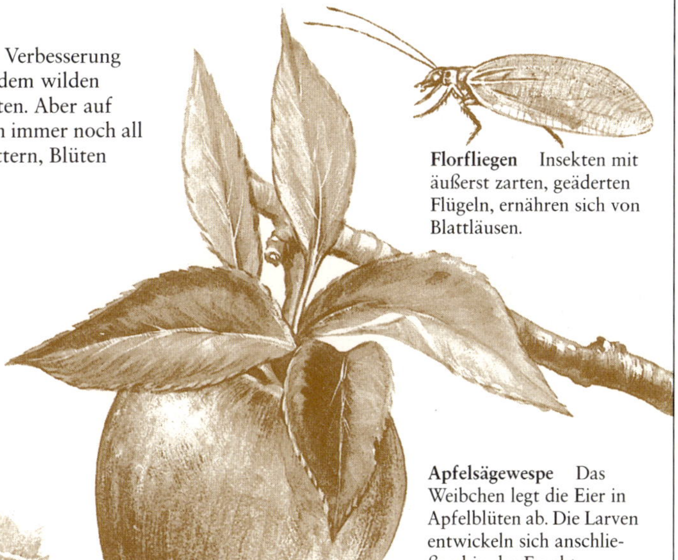

**Florfliegen** Insekten mit äußerst zarten, geäderten Flügeln, ernähren sich von Blattläusen.

**Apfelwickler** Die Raupen fressen im Innern des reifenden Apfels.

**Apfelsägewespe** Das Weibchen legt die Eier in Apfelblüten ab. Die Larven entwickeln sich anschließend in der Frucht.

**Abendpfauenauge** Bei einer Gefahr zeigt dieser Nachtfalter plötzlich die Augenflecken auf seinen Hinterflügeln.

**Märzmücke** Schwärme dieser dunklen Mücke bestäuben die Apfelblüten.

den Zweig eines geeigneten Pollenspenders auf einen Ast Ihres Baumes aufpfropfen, oder aber einfach ein paar blühende Zweige des Pollenspenders in Ihren Apfelbaum hängen. Wenn Sie die Zweigenden in ein feuchtes Tuch einwickeln und eine Plastiktüte darumbinden, bleiben sie einen Tag lang frisch – mit etwas Glück stellen sich in dieser Zeit genügend Blütenbesucher ein und bestäuben die Blüten Ihres Apfelbaums. Bei alledem brauchen Sie sich keine Sorgen zu machen, daß der Pollen einer anderen Sorte den Geschmack Ihrer Äpfel beeinträchtigen könnte: Die genetische Veranlagung des Pollenspenders wird nur an die Samen weitergegeben, die Fruchtbildung wird einzig und allein von dem bestäubten Baum gesteuert.

Die züchterischen Erfolge und die geschmacklichen und ästhetischen Anforderungen an die Äpfel haben in den vergangenen Jahren zu einer starken Verringerung im Sortenangebot geführt. Während in einem Handbuch aus dem Jahre 1839 noch 878 verschiedene Apfelsorten, mit zum Teil ganz kleinen Verbreitungsgebieten aufgeführt waren, findet man heute nur noch etwa dreißig bis vierzig gängige Marktsorten, die sich durch hohen Ertrag, gute Früchte und eine geringe Krankheitsanfälligkeit auszeichnen. Gleichzeitig mit der Verringerung der Sorten ging ein Prozeß einher, der zum Anpflanzen kleiner Spindelbüsche und Buschbäume führte, so daß heute nur noch in Ausnahmefällen hochstämmige Bäume in Gärten neu angepflanzt werden. Zweifellos hat diese Entwicklung ihre positiven, leider jedoch auch ihre negativen Seiten. Die Insektenwelt eines hochstämmigen Apfelbaums läßt sich mit der eines kleinen Buschbäumchens nicht vergleichen und dementsprechend sieht man Kleiber oder Specht auch viel eher in den Hochstämmen nach Nahrung suchen als, zudem noch ziemlich bodennah, im Buschbäumchen. Zusätzlich bietet der hohe Apfelbaum den Vögeln ganz andere Nistmöglichkeiten, der morsche alte Stamm gibt später Höhlenbrütern und Fledermäusen Unterschlupf.

Wenn man verschiedene Obstsorten in seinem Garten anpflanzen will, ergeben sich insbesondere in kleinen Gärten schnell Platzprobleme. Sie können sich dann dadurch helfen, daß Sie einen starkwüchsigen Hochstamm-Apfelbaum jeweils mit mehreren Spindelbüschen kombinieren. Ihre Obstbaumecke im Garten sieht dann wie ein kleines Feldgehölz aus.

## BIRNEN, PFLAUMEN, KIRSCHEN

Ebenso wie der Apfelbaum haben auch Kirsch-, Pflaumen- und Birnbaum einen komplexen Stammbaum. Auch bei ihnen gibt es viele selbststerile Sorten. Sowohl die Wildformen als auch die Zuchtsorten bieten vielen Tieren Nahrung und Lebensraum, wie sicher jeder bestätigen kann, dessen Kirschbaum vorwiegend von Vögeln abgeerntet wird!

Der Vorfahre aller Birnensorten ist die Wilde Birne, die in den meisten Teilen Europas wild wächst. Früher pfropfte man die Zuchtsorten auf Wildbirnen-Unterlagen. Dies führte aber zu sehr großen Bäumen, die erst spät Früchte tragen, so daß man heute meistens die eng verwandte Quitte als Pfropfunterlage wählt. Sie bildet kleinere Bäume, die nicht soviel Platz beanspruchen.

Unsere europäischen Pflaumensorten stammen von einer Kreuzung aus Schlehe und Kirschpflaume ab; letztere wächst wild in Südeuropa und Westasien. Obwohl sich manche Sorten auch ganz gut aus Samen ziehen lassen, werden Pflaumen vorwiegend über Pfropfung vermehrt. Es gibt keine echten Zwergformen als Unterlagen, aber die heute verwendeten Wurzelstöcke bilden meistens keine allzu großen Bäume aus. Die Kirschen sind mit der Pflaume und auch mit dem Pfirsich eng verwandt. Es gibt zwei Gruppen von Kirschen – die Süßkirschen, die von der Vogelkirsche abstammen, und die Sauerkirschen mit der Morelle als typischem Vertreter, die aus einer Zwergkirschenart gezüchtet wurden. Es gibt auch Kreuzungen zwischen beiden Gruppen, die sehr schmackhafte rote oder schwarze Kirschen hervorbringen. Manche unserer heutigen Kirschensorten werden schon seit Jahrhunderten angebaut, erst in den letzten Jahrzehnten kamen einige gute Neuzüchtungen hinzu. Leider gibt es aber noch immer keine brauchbaren, zwergwüchsigen Unterlagen für Süßkirschen. Deshalb werden die Süßkirschbäume für einen durchschnittlichen Garten oft zu groß – vor allem wenn man bedenkt, daß die Selbststerilität der Süßkirschensorten es erforderlich macht, mindestens zwei Sorten dicht nebeneinander zu pflanzen.

## BEERENSTRÄUCHER IM WALD UND IN HECKEN

Himbeeren, Brombeeren, Johannisbeeren und Stachelbeeren gehören in den meisten Teilen Europas zu den einheimischen Pflanzen und werden schon seit sehr langer Zeit als Beerensträucher angebaut. Es gibt heute viele Zuchtsorten, die mehr und größere Beeren tragen als die Wildformen, sich ansonsten jedoch kaum von ihnen unterscheiden. Sie sind nicht unbedingt süßer als die Beeren ihrer wilden Vorfahren, ja oft haben sie sogar weniger Aroma, da bei der Zucht das Erzielen hoher Erträge an erster Stelle steht. All diese Sträucher stammen eigentlich aus dem Wald und können mit Ausnahme der sonnenliebenden Brombeere gut unter anderen Obstbäumen im Garten gezogen werden. Stachelbeer- und Johannisbeersträucher bilden schon sehr früh im Jahr Blätter und Blüten aus und locken einige solitäre Bienen an, vor allem die Sandbienen. Himbeer- und Brombeersträucher, die als Wildpflanzen eher am Waldrand wachsen, blühen später und locken Hummeln an. Auch viele Schmetterlinge besuchen die Brombeerblüten.

**Brombeervielfalt** Von Natur aus gibt es viele Brombeerarten, allein in Schleswig-Holstein etwa 100.

Rote Johannisbeeren bevorzugen feuchte Standorte, aber Schwarze Johannisbeeren und Stachelbeeren kann man auch an trockeneren Plätzen und in Hecken gut anbauen. Himbeeren findet man oft in etwas trockeneren, offenen Waldgebieten, vor allem in hügeligen Gegenden, aber auch in Heidelandschaften. Die Früchte aller vier Arten sind bei Amseln und auch anderen Vögeln sehr beliebt, wobei die Vögel keinen Unterschied zwischen Wild- und Zuchtsorte machen. Da die Samen durch den Vogelkot über weite Strecken verbreitet werden, braucht man sich nicht zu wundern, wenn man zum Beispiel am Waldrand eine Zuchtsorte direkt neben einer Wildform findet. Wahrscheinlich stammen sogar die meisten Beerensträucher in Wäldern und an Hecken aus einem Garten. Genausogut kann es natürlich geschehen, daß sich in Ihrem Garten eine Wildform ansiedelt.

Trotz ihres ganz anderen Aussehens sind die Erdbeeren mit den Himbeeren und Brombeeren verwandt. Unsere wilde Walderdbeere findet man in lichten Wäldern und an Hecken, und ihre kleinen, aber sehr aromatischen Früchte sind äußerst geschätzt. Die meisten heutigen Erdbeersorten stammen allerdings von einer amerikanischen Erdbeersorte ab.

## INSEKTEN UND OBST

Viele unserer Obstbäume und Sträucher blühen sehr früh im Jahr. Daher zählen verschiedene Arten solitärer Bienen (siehe Seite 45) zu den wichtigsten Bestäubern. Wenn bei Ihnen Stachelbeer- oder Brombeersträucher im Garten stehen, haben Sie vielleicht das Weibchen der braungelben Sandbiene schon mal gesehen. Man kann sie leicht an ihrer kastanienbraunen Farbe erkennen. Sie sucht in den Blüten nach Nektar und führt dabei die Bestäubung durch. Sie sollten einmal beobachten, wohin sie anschließend fliegt. Sicher fliegt sie zu einem Gartenweg oder einem stark begangenen Rasenstück, wo sie in ihrem selbstgebauten kleinen »Vulkan« verschwindet. Dieser kleine Hügel entsteht beim Graben ihres einige Zentimeter tiefen Nestes, in dem mehrere Brutkammern vom Zentralgang abzweigen. In jede Kammer wird ein Ei gelegt und mit einem »Vorratskuchen« aus Nektar und Pollen versehen. Dieser Vorrat reicht den jungen Larven für die ganze Entwicklung bis zur fertigen Biene. Wenn die Biene alle Eier gelegt und mit Proviant versorgt hat, verschließt sie das Nest und läßt es allein. Ihre Nachkommen verlassen das Nest als fertige Sandbienen erst im nächsten Frühjahr. Die dunklen und weniger stark behaarten Männchen fallen zwischen den Sträuchern viel weniger auf.

Da nur die Weibchen Nester anlegen und die Eier mit Vorratskuchen versorgen, kommt auch nur ihnen eine Bedeutung bei der Bestäubung zu. Insgesamt haben sie aber keinen so großen Anteil an der Bestäubung wie die Honigbienen und die Hummeln. Die Bedeutung der solitären Bienen für die Bestäubung liegt in ihrer großen Anzahl. Noch 1955 betrug ihr Anteil an der Bestäubung von Obstbäumen im »Alten Land« etwa 50 Prozent. Seitdem sind sie allerdings viel seltener geworden. Honigbienen und Hummeln spielen, besonders auch bei kühlerem Wetter, wenn die solitären Bienen selten fliegen, eine wichtige Rolle bei der Bestäubung. Viele Bienenhalter bringen daher im Frühjahr während der Baumblüte ihre Bienenstöcke zum Nutzen der Obstbäume und der Bienen in Obstgärten.

Im Frühjahr besuchen viele Wespenköniginnen die Obstblüten. Wenn die Blüte noch nicht geöffnet ist, beißen sie sich einfach einen Weg durch die Blütenblätter bis zum Nektar. In Jahren, in denen sich infolge kühler Witterung die Blüten erst spät öffnen, können sie manchmal mehr Schaden anrichten, als sie durch die Bestäubung wieder wettmachen.

Viele Fliegen betätigen sich ebenfalls als Bestäuber. Das gilt auch für die Stubenfliege und die Schmeißfliege. Das wohl auffälligste Tier aber, vor allem an Apfelblüten, ist die Märzmücke. Diese relativ großen, schwarzen Insekten fliegen mit lang herunterbaumelnden Beinen gemächlich von einer Blüte zur nächsten. Manchmal sammeln sich dichte Mückenwol-

ken im Obstgarten – ein seltsamer, aber erfreulicher Anblick. Ihren Namen tragen sie, da sie im allgemeinen ab März im Garten zu sehen sind.
Natürlich sind noch Hunderte anderer Insekten an der Bestäubung beteiligt, aber sie alle sind auf gutes Wetter angewiesen. Oft bilden die Obstbäume selbst nach reicher Blüte keine Früchte, wenn die Insekten wegen des schlechten Wetters nicht fliegen konnten.

## DAS FAMILIENLEBEN DER WESPEN

Die Insekten bemerken sofort, wenn das Obst gegen Ende des Sommers reif wird – und wer könnte ihnen das vorwerfen? Ohne ihre Hilfe im Frühjahr gäbe es keine Früchte, wir sollten ihnen also ruhig eine Belohnung dafür gönnen. Mit am auffälligsten sind die sozialen Wespen. Fast jeder von uns hat schon einmal nach einem rosigen Apfel oder einer saftigen Pflaume gegriffen, nur um festzustellen, daß die andere Seite der Frucht von Wespen weggefressen war. Die Wespen fressen auch am Fallobst, wobei ihnen oft der wunderschöne Admiral Gesellschaft leistet. Ich lasse immer ein paar überreife Früchte am Boden liegen, um diesen Schmetterling anzulocken.
Um die verschiedenen Arten sozialer Wespen in Ihrem Garten, die sich alle sehr ähneln, zu unterscheiden, müssen Sie sie im wahrsten Sinne des Wortes von Angesicht zu Angesicht betrachten, denn anhand der Gesichtsmuster kann man sie am besten identifizieren. Sie aus der Nähe zu betrachten, ist nicht so schwierig oder gefährlich, wie es scheinen mag, denn die Wespen sind ausschließlich mit ihrer Mahlzeit beschäftigt. Wenn Sie sich vorsichtig verhalten und die Wespe nicht berühren, können Sie sie aus nächster Nähe betrachten. Beobachten Sie einmal, wie sie sich mit ihren gezähnten Kiefern durch das weiche Fruchtfleisch frißt. Die bekanntesten Arten, vor allem in stadtnahen Gärten, sind die Gemeine Wespe und die Deutsche Wespe.
Um die Rolle der Wespen im Garten – und auch ihre »Nützlichkeit« – wirklich zu verstehen, muß man im Frühjahr beginnen, wenn die jungen Wespenköniginnen aus der Winterstarre erwachen. Die jungen Königinnen sind die einzigen Mitglieder des Staates, die den Winter überstehen. Sie verbringen ihn an einer geschützten Stelle, etwa in hohlen Bäumen, Schuppen, auf Dachböden oder in relativ kühlen Speicherräumen. Besonders gerne schlafen sie in Vorhangfalten. Viele Menschen töten diese Wespen in dem Glauben, daß dadurch die Wespenanzahl im nächsten Jahr verringert wird. Diese Wirkung tritt allerdings nicht ein, und wie wir gleich sehen werden, gibt es gute Gründe, die Wespen in Ruhe zu lassen.
Im Frühjahr erwachen die Wespenköniginnen und machen sich auf die Suche nach Nektar, wobei sie viele Blüten besuchen. Sobald sie ihre Energiereserven wieder aufgefüllt haben, suchen sie nach geeigneten Plätzen für ein Nest. Die Gemeine Wespe und die Deutsche Wespe bauen ihre Nester im allgemeinen in der Erde – oft unter Hecken. Sie krabbeln auch gerne unter Ziegeln und Schindeln oder in Rolladenkästen und bauen dann dort ihr Nest. Die eng verwandte Waldwespe baut ihr Nest lieber an Zweigen in Hecken oder Büschen; im Garten bevorzugt sie Stachelbeer-

**Ein Winterquartier** Junge Wespenköniginnen (oben) sind die einzigen Individuen eines Wespenvolkes, die den Winter überleben. Viele verbergen sich in Rindenritzen und kommen beim Erblühen der ersten Frühlingspflanzen wieder heraus.

**Fruchtfresser im Garten** Im Frühjahr und Frühsommer leben die Wespenarbeiterinnen (links) von den süßen Sekrettropfen, die die Wespenlarven abgeben, um sie zum Füttern anzuregen. Wenn die Königin aufhört, Eier zu legen, decken sie ihren Zuckerbedarf an Früchten. Dann finden wir sie an vielen Stellen im Garten, wo sie am Fallobst fressen.

**Das Innenleben eines Wespennestes**

Viele Gärtner zerstören Wespennester aus Prinzip. Das ist sehr bedauerlich, denn die Wespen sind zu den »nützlichen« Tieren zu zählen. Wenn Sie ein Bodennest im Garten haben, sollten Sie versuchen, es in Ruhe zu lassen. Im Spätherbst können Sie es vorsichtig ausgraben und die faszinierende Struktur des Nestes bewundern.

**Arbeiterin** Diese sterilen Weibchen bauen das Nest fertig und sammeln Futter. Im Unterschied zu den Drohnen haben sie Stachel.

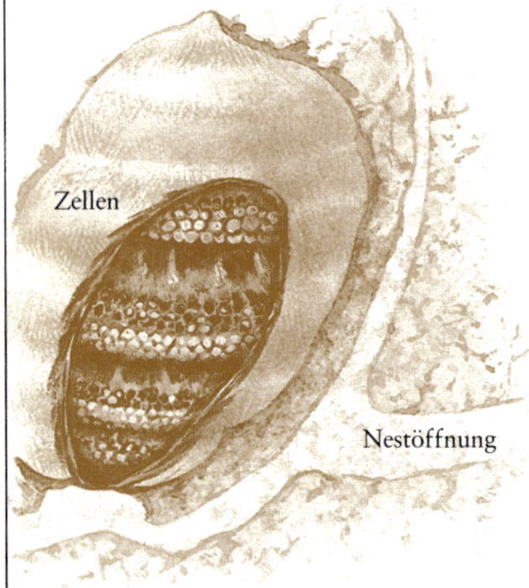

**Königin** Wenn die Königin die ersten Eier gelegt hat, verläßt sie das Nest nie mehr. Mit sehr viel Glück kann man überwinternde Königinnen auch im Haus finden.

**Drohnen** Männchen, die die jungen Königinnen begatten und gegen Ende des Nestlebens entstehen.

sträucher. Die Verfügbarkeit geeigneter Nistplätze ist ein wichtiges Kriterium für die Größe der Wespenpopulation. Viele Königinnen gehen zugrunde, bevor sie dazu kommen, ein Nest zu bauen. Wenn man im Winter einige Wespenköniginnen tötet, steigen nur die Chancen der restlichen Königinnen, einen geeigneten Platz für ihr Nest zu finden. Auch die Witterung hat einen Einfluß. Wenn es zur Zeit des Nestbaues lange regnet, werden viele unterirdische Nester überschwemmt und die Wespenpopulation verringert.

Alle unsere sozialen Wespen bauen ihre Nester aus Papier, das sie aus einem Holzbrei herstellen. Man kann im Frühjahr oft beobachten, wie die Königinnen das Rohmaterial an alten Zaunpfosten und an Holzschuppen abnagen. Auch alte Stengel von Astern oder anderen Stauden eignen sich als Baumaterial. Das Schabegeräusch der Wespen ist manchmal sogar in einiger Entfernung gut zu hören. Die Holzfasern werden von den Wespen gründlich zerkaut und mit Speichel vermischt, dann zu dünnen Blättern geformt und am passenden Platz befestigt. Am Anfang besteht das Nest nur aus einem kleinen »Schirm«, an dessen Unterseite einige sechsseitige Waben angebracht sind. Mit einem schlanken Stiel, der ebenfalls aus Papier gemacht ist, wird das Nest an einer geeigneten Unterlage befestigt. Genau wie die Hummelkönigin (siehe Seite 41) zieht die Wespenkönigin zuerst einige Arbeiterinnen auf, die allerdings im Gegensatz zu den Hummellarven nicht mit Pollen und Nektar, sondern mit Insekten und anderem Fleisch gefüttert werden. Dabei verzehren die Wespen natürlich auch viele »Schadinsekten«. Später übernehmen die Arbeiterinnen die Aufgabe des Nestbaus und der Ernährung der Larven, während die Königin sich nur noch auf die Eiablage konzentriert. Im Laufe des Sommers kann das Wespennest die Größe eines Fußballs erreichen und insgesamt bis zu 25 000 Wespen hervorbringen. Die meisten Staaten werden allerdings nicht so groß, und da die Arbeiterinnen nur eine Lebensspanne von etwa einem Monat haben, leben in einem Staat selten mehr als 8000 Wespen gleichzeitig. Aber in jedem Falle erbeuten die Wespen eine Unmenge Raupen und andere Insekten im Garten. Da sich darunter sehr viele »Schädlinge« befinden, sind die Wespen sehr nützlich. Ihre Nester sollte man deshalb nur beseitigen, wenn sie an wirklich ungünstigen Orten gebaut sind. Nester in der Nähe des Hauses können dann zum Problem werden, wenn Sie bei jedem Gang in den Garten die Flugbahn der Wespen kreuzen. Wespen sind eigentlich nicht aggressiv, stechen aber in der Nähe des Nestes im allgemeinen eher.

Wenn der Sommer in den Herbst übergeht, hört die Königin auf, Eier zu legen, und die Arbeiterinnen haben immer mehr »Freizeit«. Nun können sie sich »vergnügen«: Sie müssen nicht mehr ständig nach Raupen und anderer tierischer Nahrung für die Larven jagen, sondern können sich am Obst gütlich tun. Jetzt können die Wespen ausgesprochen lästig werden, ohne aber großen Schaden anzurichten. Es ist nicht leicht, ruhig zu bleiben, wenn die Wespen einem um den Kopf und den Kuchen schwirren, aber es ist das Beste, was Sie tun können. Die Insekten verschwinden zwar nicht, wenn man sie ignoriert, aber sie stechen auch nicht. Wenn man dagegen aufgeregt mit den Armen herumfuchtelt, wird man eher gestochen. Gönnen Sie den Wespen ihren wohlverdienten Ruhestand, der ohnehin nicht lange währt, da sie mit Beginn des kalten Wetters sterben. Manchmal kann man auch männliche Wespen mit ihren längeren Antennen am Obst beobachten. Aber die meisten sind zu diesem Zeitpunkt schon tot, nachdem sie zuvor die jungen Königinnen begattet haben. Die Königinnen fressen sich an Efeublüten und dem Nektar anderer Blüten einen Vorrat für die Überwinterung an. Im Herbst kann man dann gefahrlos die verlassenen Nester besichtigen. Sie bestehen aus einigen waagerechten Gängen mit mehreren hundert Waben, und das ganze Gebilde ist von einer zarten, mehrschichtigen Hülle umgeben. Bei der Gemeinen Wespe und der Deutschen Wespe besteht diese Hülle aus zahlreichen, muschelförmigen, überlappenden Blättern. Vielleicht finden Sie noch eine schläfrige Königin, die im Nest überwintert, aber ansonsten werden Sie nur ein Heer von Käfern und Fliegenlarven finden, die jeden Rest tierischen Materials fressen und das Nest innerhalb einiger Monate in ein Häufchen Staub verwandeln.

**Vorbereitung auf den Winter** Nach dem Verlassen des Nestes müssen die jungen Wespenköniginnen viel Nektar aufnehmen, um den Winter überleben zu können. Hier trinkt eine Königin an einer Efeublüte, die zu den wichtigsten Nektarquellen im Spätsommer zählt. Pflanzen Sie daher auch in Ihrem Garten ein paar dieser Pflanzen.

## SAFTSAUGER AN BÄUMEN

Es ist sicher keine Übertreibung, wenn man behauptet, daß normalerweise jeder Baum und jeder Strauch im Garten von Blattläusen oder ähnlichen Insekten befallen ist, aber man wird nie dieselben Blattlausarten auf jeder Pflanze finden. Jede Blattlausart hat ihre spezielle Futterpflanze und beginnt erst dann Pflanzensaft zu saugen, wenn ihr Geschmackssinn ihr sagt, daß es der Saft der richtigen Pflanze ist. Die meisten Blattläuse saugen an Blättern. Bergahorn, Linde, Birke und Eiche sind besonders häufig befallen. Selbst ein ganz kleiner Baum beherbergt oft schon über eine Million Blattläuse, so daß ständig Honigtau (siehe Seite 48) auf die unteren Blätter herabregnet.

Viel davon wird von Bienen und anderen Insekten aufgenommen. Auf den Resten siedelt sich ein schwarzer Pilz an. Den auf den Boden tropfenden Honigtau nehmen zum Teil Ameisen auf, aber selbst wenn er mit dem Regen in den Boden gewaschen wird, ist er nicht verschwendet. Neuere Forschungen weisen darauf hin, daß ein erhöhter Zuckergehalt im Boden die Bakterien veranlaßt, mehr Stickstoff in Nitrat umzuwandeln (siehe Seite 154). Infolgedessen steht den Pflanzenwurzeln dann mehr Nitrat zur Verfügung, und sie können besser wachsen.

Wer alte Apfelbäume im Garten stehen hat, kann von Glück sagen, wenn sie der Aufmerksamkeit der Blutlaus entgehen. Das erste Anzeichen dieses unwillkommenen Gastes sind weiße Flöckchen an Rindenrissen und jungen Zweigen im Frühjahr und im Sommer. Wenn Sie die wolligen Wachsausscheidungen wegkratzen, finden Sie massenhaft rotbraune Blattläuse darunter, die fleißig Pflanzensaft saugen.

Sofern man sich nicht darum kümmert, führt der Blutlausbefall zu häßlichen Schwellungen an der Pflanze, die später aufplatzen und so das Eindringen von Pilzsporen und Bakterien ermöglichen, was oft zur Entstehung ernstzunehmender Krebsgeschwulste führt. Wie bei anderen »Schädlingen« ist auch in diesem Fall das Zerdrücken der Blutläuse mit den Fingern und anschließendes Abbürsten der befallenen Stelle mit einer harten Bürste die beste und ökologisch verträglichste Lösung des Problems. Im Gegensatz zu den meisten anderen Blattläusen bringt die Blutlaus keine Männchen hervor, sondern vermehrt sich rein parthenogenetisch. Junge Blutläuse verbringen den Winter in Rindenritzen, und wenn sie nicht von Blaumeisen oder anderen Insektenfressern entdeckt werden, wachsen sie heran und bringen im Frühjahr große Familien hervor. Da fast alle Individuen flügellos sind, ist der Befall meistens örtlich begrenzt.

Wenn man einen laubtragenden Apfelbaum schüttelt, fallen ganze Wolken von Apfelblattsaugern herunter. Sie sind zwar mit den Blattläusen entfernt verwandt, führen aber ein wesentlich aktiveres Leben. Sie können gut fliegen und bemerkenswert weit springen. Wenn es Ihnen gelingt, eines dieser kleinen Insekten zu fangen und in ein Marmeladenglas zu setzen, werden Sie sehen, daß sie auch recht schnell krabbeln können. Sie ähneln eigentlich mehr den Zikaden, denen man im Gemüse- oder Blumengarten begegnet. Anhand ihrer langen Antennen lassen sie sich aber gut von den Zikaden unterscheiden. Die recht langlebigen Apfelblattsauger sind im Sommer hellgrün gefärbt, im Herbst sind sie dagegen eher bronzefarben.

## ZARTE FLORFLIEGEN

Die zartgrünen Florfliegen schreckt man gewöhnlich nicht nur an Bäumen und Sträuchern, sondern auch von Blumenbeeten auf. Sie sind keine exzellenten Flieger und lassen sich daher bald wieder nieder. Wenn Sie sie aus der Nähe betrachten, erkennen Sie die zarten durchsichtigen Flügel, und Sie verstehen plötzlich auch, warum man diese Tiere auch Goldaugen nennt. Es gibt verschiedene Florfliegen, die sich allesamt sehr ähneln. Eine Florfliegenart fällt besonders auf: *Chrysopa carnea* färbt sich im Herbst fleischfarben und überwintert im Haus. Die meisten anderen Florfliegen verbringen den Winter im Larvenstadium. Einige kleinere, braune Florfliegen sieht man sehr selten, da sie sich vorwiegend in den Gipfeln der Bäume aufhalten. Alle Florfliegen werden oft nachts von erleuchteten Fenstern angelockt.

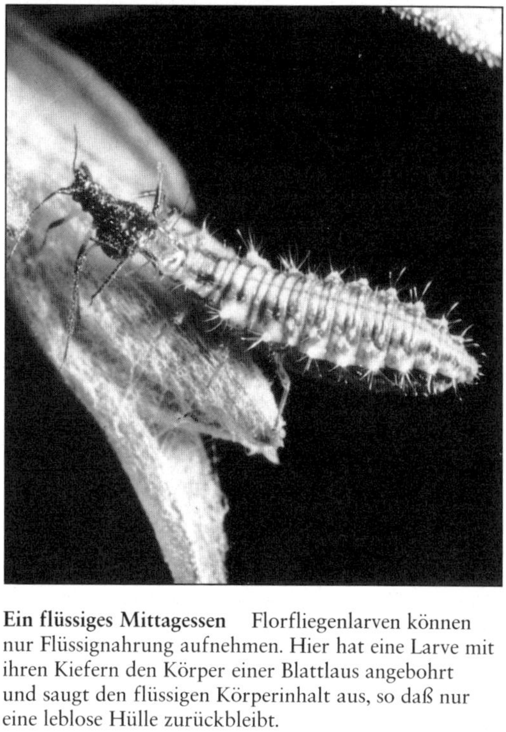

**Ein flüssiges Mittagessen** Florfliegenlarven können nur Flüssignahrung aufnehmen. Hier hat eine Larve mit ihren Kiefern den Körper einer Blattlaus angebohrt und saugt den flüssigen Körperinhalt aus, so daß nur eine leblose Hülle zurückbleibt.

Florfliegen spielen im Garten eine wichtige Rolle. Obwohl sie so zart und zerbrechlich aussehen, handelt es sich um Räuber mit großem Appetit auf Blattläuse und andere Insekten. Da sich ihre weberschiffchenförmigen Larven von denselben Tierarten ernähren, vertilgt jede Florfliege in ihrem Leben über tausend Blattläuse. Die Larven sind mit einem Paar hohler Kiefer ausgerüstet, mit denen sie die Beute packen, aufspießen und dann aussaugen. Es bleibt nur eine leere Hülle zurück, die von den Larven mancher Florfliegenarten sogar als Tarnung auf dem Rücken getragen wird. Wenn Sie also einmal ein Häufchen leerer Insektenlarvenhüllen über ein Blatt wandern sehen, sollten Sie genauer hinschauen: darunter verbirgt sich eine Florfliegenlarve. Wer nachts mit einer Taschenlampe die Sträucher absucht, findet vielleicht zufällig eine Florfliege bei der Eiablage. Es ist faszinierend zu beobachten, wie das Weibchen feine Fäden schnelltrocknenden Drüsensekrets an den Blättern befestigt, deren Spitze jeweils ein Ei trägt. Je nach Florfliegenart sind die verschiedenen Fäden voneinander getrennt oder verklumpt.

## DER WELTENBÜRGER OHRWURM

Den Ohrwurm trifft man überall im Garten und oft auch im Haus an. Er ist ein nachtaktiver Allesfresser, den man aber häufig auch am Tage aufstöbert. Er schläft am liebsten an einem Platz, wo er mit Rücken und Bauch Kontakt zu etwas hat, beispielsweise in den röhrenförmigen Blüten von Dahlien und Chrysanthemen, in den Samenkapseln der Akelei oder in den umgedrehten, mit Stroh oder Papier ausgestopften und mit engmaschigem Draht abgeschlossenen Blumentöpfen, die viele Gärtner als Schlafplätze und zum Vermehren der Ohrwürmer benutzen. Die Ohrwürmer sind nämlich als eifrige Räuber sehr vieler Schadinsekten gern gesehene Gäste in jedem Garten. In der Erntezeit findet man Ohrwürmer oft zusammengerollt in der kleinen Mulde unten am Stielansatz der Äpfel. Manchmal knabbern sie an der Schale und beeinträchtigen dadurch die Haltbarkeit des Obstes, aber meistens betrachten sie die Äpfel einfach als sicheren Zufluchtsort. Auch unter losen Rindenstücken findet man sie häufig, und wenn man einen Lappen oder ein Stück Gummischlauch auf einen Ast oder um einen Stamm legt, findet man nach einiger Zeit oft ganze Gruppen von Ohrwürmern darunter oder darin, denn Ohrwürmer leben gern gesellig.

Die weiblichen Ohrwürmer, die man an ihren wesentlich geraderen und schlankeren Zangen erkennt, legen im Spätherbst, wenn sie sich ihr Winterquartier suchen, ihre Eier ab – häufig im Boden. Den Winter über kümmern sie sich um die Eier, indem sie sie sauber lecken und dadurch den Befall mit Schimmel vermeiden. Im Frühjahr versorgen sie dann die geschlüpften Larven mit Nahrung. Die Mutter bleibt mehrere Monate lang mit den Jungtieren zusammen und lebt oft sogar in einer Gemeinschaft mit anderen Familien, sofern genug Futter und Unterschlupfmöglichkeiten vorhanden sind.

Viele Leute mögen Ohrwürmer nicht, ja fürchten sie sogar, obwohl sie wirklich harmlos sind. Ihre furchteinflößenden Zangen dienen nur der Selbstverteidigung und sind für den Menschen völlig ungefährlich. Wenn Sie

**Ein blühendes Versteck** Tagsüber halten sich die überwiegend nachtaktiven Ohrwürmer gern in Verstecken auf – hier in den röhrenförmigen Blüten einer Dahlie. Sie können zwar fliegen, entfalten aber ihre fest zusammengefalteten Flügel nur ganz selten.

einen Ohrwurm vorsichtig am Vorderende aufheben, versucht er mit Sicherheit, Sie zu zwicken: Sie fühlen zwar den Druck der Zangen, aber sie sind nicht stark genug, um die Haut zu durchdringen.

Bei fast jedem Ohrwurm in unseren Gärten handelt es sich um den Gemeinen Ohrwurm. Achten Sie auf die dreieckigen Spitzen der Hinterflügel, die unter den ledrigen Flügeldekken herausragen. Die dünnen Hinterflügel sind auf komplizierte Art zusammengefaltet, denn der Ohrwurm fliegt nur, wenn es unbedingt nötig ist. Der Kleine Ohrwurm ist wesentlich seltener als sein großer Vetter. Am ehesten findet man ihn im und um den Komposthaufen. Mit seinen nur 7 mm Länge fliegt er häufiger als der Gemeine Ohrwurm.

## NACHTFALTER AN BÄUMEN UND STRÄUCHERN

Gewöhnlich fliegen die Nachtfalter, wie schon ihr Name sagt, bei Nacht, und man findet sie daher tagsüber schlafend an Bäumen und Sträuchern. Viele Nachtfalter sind zum Schutz vor den Vögeln hervorragend getarnt, und man muß sehr genau hinsehen, wenn man sie auf Blättern oder Baumrinde entdecken will. Ihr Muster läßt sie oft so gut mit dem Untergrund verschmelzen, daß man sie selbst aus nur wenigen Zentimetern Entfernung übersieht! Eine ausgezeichnete Tarnung hat beispielsweise der Birkenspanner, der in den letzten 130 Jahren eine hochinteressante Entwicklung durchlaufen hat. Bis 1850 kannte man nur die normale, schwarz-weiß gefleckte Form des Birkenspanners, die auf flechtenbewachsenen Baumstämmen hervorragend getarnt war. Dann wurde in Manchester eine sogenannte melanistische, vollkommen schwarze Form entdeckt, die bald recht häufig wurde. Im Laufe der nächsten hundert Jahre verdrängte diese melanistische Form in Industriegebieten, in denen die Baumstämme aufgrund der Luftverschmutzung schwarz gefärbt waren, die Normalform fast völlig. Aber die Luftverschmutzung hat natürlich nicht die melanistische Form des Birkenspanners ge-

**Wie man Nachtfalter bei Tag findet** Schlafende Nachtfalter sind so gut getarnt, daß man sie tagsüber meist nur durch Zufall entdeckt. Wenn man jedoch weiß, wo sie sich am liebsten aufhalten, sind sie recht leicht zu entdecken.

Die Achateule (links) sieht aus wie ein verschrumpeltes Blatt und ruht gern auf lebenden oder toten Blättern.

Beide Formen des Birkenspanners (oben) bevorzugen flechtenbewachsene Baumstämme, die auch die Kohleule (rechts) gern aufsucht. Wenn man an der Rinde der Bäume sorgfältig sucht, kann man noch viele andere Tiere entdecken, die sich auf diesen Lebensraum spezialisiert haben.

schaffen: Die veränderte Umwelt verschaffte nur der schwarzen Form einen Überlebensvorteil. Während in früheren Zeiten gelegentlich auftretende schwarze Birkenspanner schnell von Vögeln gesehen und gefressen wurden, waren diese melanistischen Formen jetzt besser getarnt als die gefleckte Normalform. Dies bedeutete, daß sie länger überleben und sich erfolgreich fortpflanzen konnten, während die ursprüngliche Form des gefleckten Birkenspanners auf dem dunklen Hintergrund auffiel und von Vögeln gefressen wurde, bevor sie sich fortpflanzen konnte. Heute ist die melanistische Form des Birkenspanners selbst in ländlichen Gebieten ohne große Luftverschmutzung häufig. Dieser Sachverhalt ließ sich zunächst nicht erklären, bis man herausfand, daß die Larven dieser Form widerstandsfähiger sind als die Larven der Normalform. Die Larven zeigen keinen Industrie-Melanismus, sind aber durch ihre grünen oder braunen Körper, die einem kleinen Zweig ähneln, im Gebüsch gut getarnt. Sie fressen an vielen verschiedenen Bäumen und Sträuchern, wobei sie im Garten Himbeerblätter bevorzugen und dort auch oft gefunden werden können.

Es gibt noch viele andere Nachtfalter, die man im Garten finden kann. Der Mondvogel ruht oft am Boden und ähnelt einem kleinen, abgebrochenen Stöckchen. Die Achateule sieht wie ein verschrumpeltes Blatt aus. Eine interessante Tarnung hat auch der Glanzspinner, er ähnelt in seinem Aussehen Vogelkot; wie könnte man die Aufmerksamkeit der Vögel besser vermeiden! Im Sommer kann man manchmal das Abendpfauenauge beobachten, ein hübsches Insekt mit zwei Verteidigungsstrategien. Es sitzt oft auf Apfelbäumen, wo es durch seine gefleckten, braunen Vorderflügel gut getarnt ist. Wenn es jedoch aufgestört wird, hebt es die Vorderflügel an und legt dadurch die beiden großen Augenflecken auf den Hinterflügeln frei. Gleichzeitig hüpft das Abendpfauenauge hin und her und fällt manchmal sogar zu Boden, wobei es ständig die Augenflecken zeigt. Die Wirkung auf kleine Vögel ist erstaunlich: Sie ziehen sich sofort zurück, weil sie meinen, daß sie eine Eule oder Katze vor sich hätten. Wenn Sie nach der Raupe des Abendpfauenauges suchen, werden Sie meistens zuerst die angeknabberten Äpfel oder Blätter finden, bevor Sie die Raupe bemerken. Sie hängt oft mit dem Kopf nach unten und sieht mit ihren Streifen und Schattierungen einem zusammengerollten Blatt täuschend ähnlich.

Natürlich benutzen nicht alle Nachtfalter und Raupen Tarnfarben, um sich zu schützen. Manche haben einen unangenehmen Geschmack oder Haare, die Reizungen hervorrufen. Sie kündigen diese Merkmale durch leuchtende Warnfarben an, wie wir es schon bei der Raupe des Kohlweißlings gesehen haben (siehe Seite 58). Gute Beispiele für Warnfarben sind auch der Bärenspinner und die Raupe des Mondvogels, die an den Blättern fast jeden Laubbaums zu finden sind. Die Raupen leben in Gruppen und sind durch ihre schwarz-gelbe Färbung gut vor Vögeln geschützt – allerdings nicht vor Schlupfwespen und anderen Parasiten. Wer Stachelbeersträucher im Garten hat, kennt sicher den hübschen kleinen Stachelbeerspanner und seine ebenso hübschen Raupen, die die Blätter der Stachelbeersträucher und anderer Sträucher fressen.

Sie werden von Vögeln und selbst von Spinnen verschmäht. Gerät die Raupe eines Stachelbeerspanners in ein Spinnennetz, so wird sie gewöhnlich genauso von der Spinne gebissen wie jedes andere Opfer. Aber wegen des widerlichen Geschmacks bemerkt die Spinne rasch ihren Fehler und schneidet die Raupe frei. Der Raupe scheint das alles nichts auszumachen; entweder ist sie immun gegen das Spinnengift, oder sie bekommt wegen ihres abstoßenden Geschmackes gar kein Gift injiziert.

Die Raupe des Stachelbeerspanners wird häufig mit der Larve der Stachelbeerblattwespe verwechselt. Letztere schädigt die Stachelbeersträucher weit mehr, da sie oft in Massen auftritt und die Zweige im Handumdrehen kahlfrißt, aber an ihrer dunkleren Farbe und den vielen Stummelbeinen kann man die Raupe gut erkennen. Die Raupe des Stachelbeerspanners ist eine typische Spannerraupe: sie hat nur zwei Beinpaare am Hinterende und bewegt sich vorwärts, indem sie das Vorderende nach vorn streckt und dann einen Bogen bildet, wobei sie die Hinterbeine dann nachzieht.

Jeder Apfelbaumbesitzer kennt den kleinen Apfelwickler. Auch bekannt ist wohl seine Raupe – sie ist nämlich eine der »Maden«, die wir so oft im Apfel finden. Die erwachsenen Apfelwickler schlüpfen kontinuierlich vom Ende der Blütezeit bis in den Juli hinein aus ihren Puppenhüllen. Die Eier werden auf jungen Blättern und unreifen Früchten abgelegt. Wenn die Raupen durch die »Blüte« in den Apfel hineinkriechen, hinterlassen sie oft keine Spuren. Sie wandern bis ins Kerngehäuse und bleiben dort einen Monat oder länger, bevor sie den Apfel, diesmal unter Hinterlassung eines großen Loches, wieder verlassen. Die befallenen Äpfel verrotten rasch. Nach dem Verlassen der Frucht spinnen die Raupen sich in Rindenritzen in Kokons ein. Manche entwickeln sich schnell und bringen bereits im Spätsommer eine zweite Generation hervor, doch die meisten verbringen den Winter im Puppenstadium und schlüpfen erst im folgenden Frühjahr. Manchmal kommen die Apfelwickler auch ins Haus, angezogen durch das Licht in der Nacht. Aber meistens stammen

**Tarnung und Verteidigung bei Raupen**

Für Vögel bedeuten Raupen eine ständig erreichbare, bequeme Nahrung. Die Raupen haben drei unterschiedliche Verteidigungsstrategien verwirklicht, mit denen sie ihre Überlebenschance vergrößern. Die erste besteht darin, aufgrund bestimmter chemischer Stoffe schlecht zu schmecken, so daß die Vögel sie nicht gern fressen. Die zweite Strategie besteht aus guter Tarnung. Die dritte Strategie, die oft mit der ersten kombiniert wird, beruht auf einem Bluff: Durch Form und Färbung der Raupen werden die Vögel abgeschreckt.

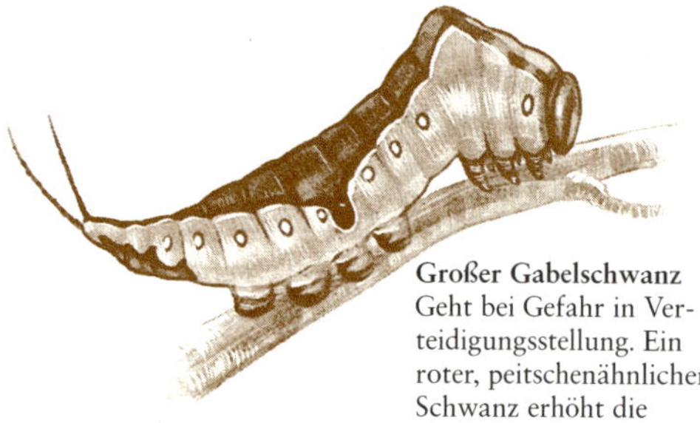

**Großer Gabelschwanz** Geht bei Gefahr in Verteidigungsstellung. Ein roter, peitschenähnlicher Schwanz erhöht die abschreckende Wirkung.

**Stachelbeerspanner** Die haarige Raupe mit schwarz-gelber Warnzeichnung hat für Vögel einen üblen Geschmack.

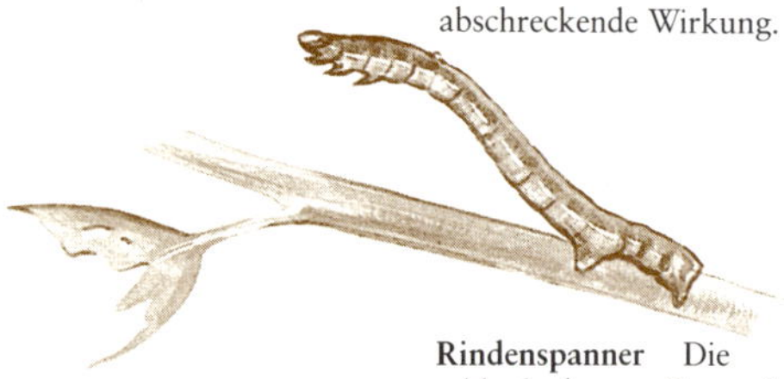

**Rindenspanner** Die schlanke braune Raupe ist gut getarnt – sie gleicht dem Ast, auf dem sie sitzt.

**Abendpfauenauge** In Ruhestellung ähnelt die große grüne Raupe einem zusammengerollten Blatt (Schmetterling, siehe Seite 73).

### Heckensträucher

Die hier aufgelisteten Sträucher und kleinen Bäume eignen sich besonders gut für eine naturnahe, freiwachsende Hecke. Alle genannten Arten vertragen auch starken Rückschnitt und können »auf den Stock gesetzt« werden.

**Faulbaum**
Gedeiht auf armen, alkalischen Böden. Futterpflanze des Zitronenfalters. Früchte sind giftig.

**Feldahorn**
Ein kleiner Baum, der zu den Futterpflanzen des Großen Nachtpfauenauges zählt.

**Gewöhnlicher Schneeball**
Ein kompakter Strauch mit leuchtend roten Beeren, die für den Menschen giftig sind, aber gern von Vögeln gefressen werden.

**Hartriegel**
Ein Strauch mit rötlichen Ästen. Die schwarzen Beeren werden gern von Vögeln gefressen.

**Hasel**
Ein kleiner Baum, der eßbare Nüsse hervorbringt. Beherbergt 70 Insektenarten, einschließlich des Haselblattrollers.

**Heckenrose oder Hundsrose**
Aus den Blüten entstehen Hagebutten, die im Winter zu den Lieblingsspeisen der Grünfinken zählen.

**Holzapfel**
Urahn der Apfelbäume. Futterpflanze für 90 Insektenarten einschließlich des Abendpfauenauges.

**Liguster**
Ein niedriger Strauch mit schwarzen Beeren. Futterpflanze des Ligusterschwärmers. Beeren sind für den Menschen giftig.

**Schwarzdorn oder Schlehe**
Im Frühjahr voll von weißen Blüten. Eine der Futterpflanzen des Kleinen Nachtpfauenauges und eine leicht zugängliche Nektarquelle für Hummeln.

**Weißdorn**
Futterpflanze der hübschen Larve des Gelbspanners. Die Blüten locken oft farbenprächtige Fliegen an. 150 Insektenarten.

**Wolliger Schneeball**
Ein Verwandter des Gewöhnlichen Schneeballs. Trägt schwarze Beeren, die bei Vögeln beliebt, für den Menschen aber giftig sind.

die Apfelwickler, die man im Haus findet, von eingesammeltem Fallobst, das im Obstkorb liegt. Die Raupen verpuppen sich in einer geeigneten Ecke, und in der Wärme des Hauses schlüpfen schon bald neue Apfelwickler.
Aber nicht alle Maden im Apfel sind Nachtfalterraupen. Ein anderes Insekt ist die Apfelsägewespe, die ihre Eier direkt in den Apfelblüten ablegt. Die Larven bohren sich dann in den jungen Apfel und zerstören oft das ganze Innere, bevor sie sich dem nächsten Apfel zuwenden. Während ihrer monatelangen Entwicklung befällt jede Larve drei bis vier Äpfel. Die meisten befallenen Äpfel fallen im Frühsommer ab. Wenn aber der Schaden am befallenen Apfel nicht allzu groß ist, können die Früchte auch noch voll ausreifen, allerdings haben sie immer deutliche Narben an den Stellen, an denen die Larven am Werk waren.

## DAS PFLANZEN EINER NATURNAHEN HECKE

Für uns stellen Hecken, bewachsene Mauern und Zäune rings um den Garten Begrenzungen dar, aber für die Wildtiere im Garten sind

**Weißdornblüte** Der Weißdorn liefert in zweifacher Hinsicht Nahrung für die Tiere im Garten. Die Blüten werden wegen ihres Nektars gern von Insekten besucht, während die Beeren Vögel wie etwa die Wacholderdrossel anlocken.

sie ein wichtiger Lebensraum. Selbst auf einem einfachen Holzzaun findet man erstaunlich viele Tiere, aber die Vielfalt des Pflanzen- und Tierlebens in einer großen Hecke ist kaum noch zu überbieten. Wenn Sie irgendeine Begrenzung anlegen wollen, sollten Sie eine gemischte Hecke aus verschiedenen einheimischen Sträuchern wählen – einheimische Pflanzen bieten nämlich einer wesentlich größeren Zahl von Tieren einen Lebensraum als eine Hecke aus exotischen Büschen. Dabei müssen Sie keineswegs auf Farbigkeit verzichten, denn viele einheimischen Sträucher haben schöne Blüten, wunderbar gefärbtes Herbstlaub und hübsche Früchte. Natürlich braucht eine Hecke jedes Jahr etwas Pflege, aber wenn man bedenkt, daß sie sich dafür auch sehr leicht anlegen läßt und durch ihre Blüten und ihre tierischen Bewohner viel Freude bereitet, werden Sie verstehen, warum ich sie empfehle. Die meisten auf Seite 72 erwähnten Bäume eignen sich als Grundstock für eine naturnahe Hecke, wobei nur Birke, Holunder und Salweide wegen ihres relativ offenen Wuchses nicht ganz so ideal sind. Weißdorn ist in jeder Hinsicht ausgezeichnet geeignet – er läßt sich leicht aus Stecklingen ziehen, wächst schnell und bildet rasch eine dichte, dornige Hecke, die den Vögeln ideale Nistplätze bietet. Er beherbergt über 150 verschiedene Insektenarten, und selbst wenn man ihn ein wenig beschneidet, trägt er im Winter immer noch genug Beeren für die Vögel. Feldahorn und Hainbuche bilden sehr dichte Hecken, wenn man sie

**Bäume für den naturnahen Garten**

Selbst wenn man nur einen einzelnen Baum pflanzen kann, lohnt sich das, da er viele Tiere anlockt. Bei der Auswahl der Bäume sollte man allerdings ihre spätere Größe berücksichtigen, sofern man sie nicht ständig zurückschneiden möchte. Die hier aufgeführten Arten sind alle klein genug für einen durchschnittlich großen Garten.

regelmäßig schneidet. Leider produzieren sie dann aber kaum Samen für die Vögel. Schneeball, Wolliger Schneeball, Hartriegel, Spindelstrauch und Liguster tragen viele Beeren, wenn man ein wenig vorsichtig mit der Heckenschere umgeht. Außerdem dient der Liguster noch der hübschen Raupe des Ligusterschwärmers als Nahrungspflanze. Die Schlehe oder der Schwarzdorn ist eine weitere ausgezeichnete Heckenpflanze, die mit ihren frühen weißen Blüten hübsch aussieht und außerdem vielen Vögeln und Insekten Nahrung und Unterschlupf bietet. Wenn möglich, sollte man auch einige Kreuzdornsträucher pflanzen. Wenn die Sträucher schön buschig gewachsen sind, nisten die Vögel gern darin und fressen die schwarzen Beeren im Herbst.

Sie können auch einige Feldulmen in die Hekke pflanzen, vor allem, um diesem Baum nach dem schrecklichen Ulmensterben der letzten Jahre erneut eine Chance zu geben. Natürlich ist das Tragische am Ulmensterben, daß die großen, alten Ulmen eingegangen sind. Die Ulmen in Ihrer Hecke werden kaum jemals zu dieser Größe heranwachsen, aber zumindest bieten sie den Insekten, die auf der Ulme leben, eine Zuflucht. Ihre Hecke lockt sicherlich C-Falter an – dies gilt eher für Süddeutschland. In ländlichen Gegenden kommt vielleicht sogar der immer seltener werdende Ulmenzipfelfalter, vor allem, wenn den ausgewachsenen Schmetterlingen einige Brombeersträucher zur Verfügung stehen. Auch die Raupen des Großen Fuchses und des Trauermantels fres-

**Sträucher für die Gartenhecke**

Eine freiwachsende Hecke im Garten ist einer der interessantesten Lebensräume für viele Tiere. Dabei sollte man einheimische Sträucher auswählen, und exotische, immergrüne Arten vermeiden. Die Sträucher wachsen unterschiedlich schnell, aber die unten genannten Arten können auch zu einer gleichmäßigen Hecke geschnitten werden.

sen Ulmenblätter. Beide Arten sind allerdings inzwischen sehr selten geworden.
Nach Möglichkeit sollte man auch einige immergrüne Sträucher in der Hecke pflanzen, da sie besonders den früh nistenden Vögeln guten Schutz gewähren. Dafür bietet sich natürlich die Stechpalme an, aber auch der Japanische Liguster kann in einigen Exemplaren sehr nützlich sein. Er behält seine Blätter viel länger als der einheimische Liguster und beherbergt so ziemlich die gleichen Insekten. Wenn man ihn zur Blüte kommen läßt, locken seine kleinen weißen Blüten viele Nachtfalter und Fliegen an.
Die meisten dieser Heckenpflanzen können aus gesammelten Samen gezogen werden, aber wie bei den Bäumen ist es ratsam und geht schneller, wenn Sie sich beim Nachbarn oder in einer Baumschule Stecklinge oder Jungpflanzen holen.

## KLETTERNDE HECKENPFLANZEN

Wenn Sie Ihre Hecke erst einmal gepflanzt haben, wird sie im Laufe der Zeit durch viele niedrige holzige und krautige Pflanzen, die sich von selbst ansiedeln, zu einer komplexen Lebensgemeinschaft. Die auffälligsten Pflanzen sind oft die Kletterpflanzen – Arten mit schwachen Stengeln, die ihre Nachbarpflanzen als Stützen benutzen. Brombeeren und Wildrosen verhaken sich mit ihren gebogenen Stacheln in den Zweigen anderer Sträucher und klettern hoch empor, damit ihre Blüten genug Sonne bekommen. Wenn Sie nicht vorher die Heckenschere benutzen, können Sie die herrlichen Früchte im Herbst genießen. Während man die Brombeeren ruhig essen sollte, überläßt man die Hagebutten der Wildrosen am besten den Vögeln. Die Früchte sind sehr hartschalig, und auch die Vögel fressen sie meistens erst im Winter, wenn sie durch den Frost etwas weicher geworden sind. Andere bekannte Kletterpflanzen sind das Geißblatt, der Bittersüße Nachtschatten und das Klettenlabkraut, das wir bereits im Ziergarten kennengelernt haben. Auch Schmerwurz und Zaunrübe gedeihen in Hecken, allerdings bemerkt man sie meistens erst im Herbst, wenn ihre glänzenden roten Früchte heranreifen. Die Früchte der Schmerwurz – sie gedeiht bei uns allerdings nur im südlichen Rhein-, im Mosel- und Saartal – gehören mit zu den letzten, die die Vögel im Winter fressen, da sie Bitterstoffe enthalten, die erst durch die Winterfröste abgebaut werden.
Die Zaunwinde ist eine sehr hübsche Kletterpflanze, die man in Gartenhecken und anderen vom Menschen angelegten Pflanzungen recht häufig antrifft. Sie ähnelt sehr stark der Ackerwinde (siehe Seite 28), und ihr Wachstum kann sich ebenso nachhaltig auf die Nachbarpflanzen auswirken.
Efeu ist wahrscheinlich die verbreitetste Kletterpflanze überhaupt, und Sie werden sie daher auch nach einer gewissen Zeit in Ihrer Hecke antreffen. Wie Sie oft beobachten können, gedeiht Efeu auch an alten Mauern. Damit läßt sich leicht die weitverbreitete Meinung widerlegen, daß Efeu ein Schmarotzer sei: Die Pflanze stellt ihre Nährstoffe ganz normal über die Photosynthese her. Allerdings besteht zwischen dem Efeu und den anderen Sträuchern ein harter Konkurrenzkampf um Wasser und Mineralien im Boden und, was bedeutender ist, um das Licht. Das dichte, immergrüne Blattwerk des Efeus kann verhindern, daß die Sträucher, an denen es hochrankt, genug Licht bekommen, und hemmt so das Wachstum dieser Pflanzen. Wenn Sie die Efeuranken genauer betrachten, können Sie sehen, wie die Pflanze klettert. Aus den Ranken wachsen Gruppen kleiner Haftwurzeln, mit denen sich die Efeupflanze an Ästen oder anderen Oberflächen festklammert. Bemerkenswert ist auch, wie unterschiedlich die Blätter beim Efeu geformt sein können. Zunächst sind alle Blätter sternförmig und dunkelgrün. Wenn die Pflanze Blüten bildet, entstehen auch ovale oder rautenförmige Blätter, die oft heller gefärbt sind.
Obwohl Efeu in Hecken oder an alten, ohnehin bröckeligen Mauern Schäden anrichten kann, wenn es zu dicht wächst, sollten Sie es sich zweimal überlegen, bevor sie die Ranken durchschneiden. Das Efeu gewährt vielen Vögeln und Insekten Schutz und bietet ihnen Nahrung. Im Spätherbst summen tagsüber Wespen und Fliegen um die nektarreichen Blüten, und nachts tun sich viele Nachtfalter gütlich daran. Von den Blütenknospen ernährt

sich auch die Herbstgeneration der Raupen des Faulbaum-Bläulings, und die Blätter sind die Hauptnahrung der Raupen des Holunderspanners. Diese Raupen sehen kleinen Zweigen verblüffend ähnlich und sind kaum auszumachen, wenn sie sich tagsüber im Efeu versteckt halten. Die schwarzen, glänzenden Beeren des Efeus sind im Frühjahr eine willkommene Abwechslung für die Amseln und Drosseln, die der Schnecken und Würmer allmählich überdrüssig sind. Auch bietet das dichte Blattwerk einen wasserdichten Schutz für ihre Nester. Wenn Sie ein Haus mit intaktem Mauerwerk mit Efeu begrünen, hält der Putz übrigens viel länger. Gleichzeitig sparen Sie Energie für die Heizung und halten das Haus im Sommer kühl. Außerdem verbessern begrünte Wände das Stadtklima, indem die Luft befeuchtet, gekühlt und von Staub befreit wird.

## INSEKTEN IN DER HECKE

Die Artenvielfalt der Insekten in einer Hecke hängt zwar von den Pflanzen ab, aus denen sich die Hecke zusammensetzt, aber sie umfaßt immer viele Arten. Wenn Sie ein großes Blatt Papier oder weißes Laken unter die Hekke legen und dann gegen die Zweige klopfen, bekommen Sie rasch eine Vorstellung davon, wie viele Insekten dort leben. Viele Raupen findet man im Sommer; aber auch im Frühling, im Herbst und sogar im Winter gibt es Raupen in der Hecke. Viele dieser Raupen sind gut getarnt, wie etwa die des Ligusterschwärmers, während andere auffällige Warnfarben haben. Diese Warnfarben erinnern die Vögel daran, daß diese Raupen schlecht schmecken oder infolge ihrer Behaarung Reizungen hervorrufen. Auf diese Weise sind die Raupen davor geschützt, gefressen zu werden. Beispiele dafür sind die bereits auf Seite 83 beschriebene Raupe des Stachelbeerspanners und die Raupe des Schlehenspinners. Auch die Raupen des Wollafters leben in der Hecke. Die jungen Raupen sind sehr gefräßig und überhaupt nicht wählerisch, was die Art ihres Futters anbelangt. Die Eier werden im Herbst an Zweigen abgelegt und verbleiben dort den Winter über; im Frühjahr schlüpfen die Raupen. Die jungen Raupen bleiben dicht zusammen, nehmen gemeinsame Sonnenbäder auf den Zweigen und spinnen bald ein Zelt aus Seidenfäden über die Blätter, in dem sie dann schlafen. Sie verlassen es aber tags und nachts, um zu fressen, wobei sie die näherliegenden Zweige oft völlig kahlfressen. Während die Raupen heranwachsen, wird das Zelt ständig erweitert. Bald ist es voll von Kot und

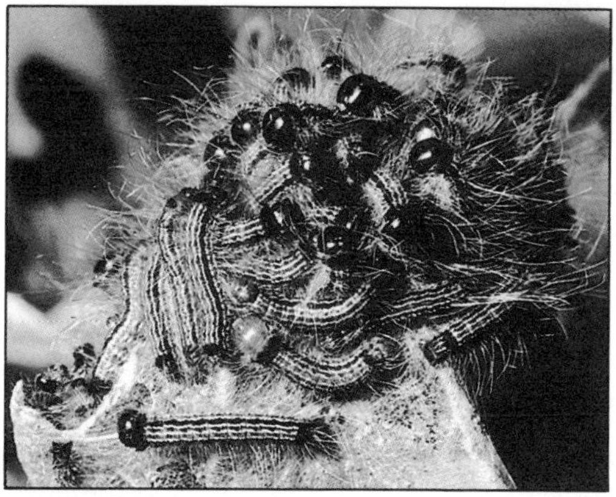

**Schützendes Haarkleid** Haare halten sowohl Vögel als auch Parasiten von den weichen Raupenkörpern fern.

Mondvogelraupen (oben) bilden gemeinsam einen haarigen Klumpen, während die interessante Raupe des Schlehenspinners (rechts) lange Haare und rasierpinselartige gelbe Stachelbüschel aufweist, die beim Menschen Hautrötungen hervorrufen können.

alten Häuten. Die Raupen kann man oft scharenweise beim Sonnenbad vor dem Zelt beobachten. Ihr Tagesablauf wird je nach Standort des Zeltes geregelt: Wenn das Zelt Morgensonne bekommt, nehmen sie morgens ein Sonnenbad und fressen anschließend; fällt die Nachmittagssonne auf das Zelt, verhalten sich die Raupen genau umgekehrt. Später gehen die Raupen getrennte Wege und verpuppen sich allein in einem silbrigen, mit gelbem Staub bedeckten Kokon. Man findet diese Raupen nicht nur in Hecken, sondern auch in Obstgärten, wo sie mitunter beträchtlichen Schaden anrichten können.

Auch einige andere Raupen bauen seidene Zelte im Blattwerk. Dazu gehören verschiedene Arten von Gespinstmotten. Alle ausgewachsenen Gespinstmotten haben weiße Vorderflügel mit schwarzen Flecken darauf. Die Seidenzelte der Gespinstmottenraupen sind sehr groß, und im Gegensatz zu den oben beschriebenen Raupen verlassen die Tiere ihre Zelte nicht, wenn sie nach Nahrung suchen.

Bei der Suche nach Raupen stört man oft eine schlafende Hausmutter auf. Sie flattert davon, wobei man immer wieder die gelben Hinterflügel aufblitzen sieht, und ist dann urplötzlich verschwunden: Sie läßt sich zu Boden sinken und verbirgt ihre auffälligen Hinterflügel. Dieses Verhalten schützt die Hausmutter vor dem Gefressenwerden durch Vögel.

In der Weißdornhecke finden Sie im Sommer die plumpen Larven der Weißdornsägewespe. Die blaßgrünen Larven mit glänzendbraunen Köpfen werden nur etwa 3 cm groß und sind nicht leicht zu finden. Dagegen entdecken Sie die braunen, wurstförmigen Kokons nach dem Laubabwurf ganz leicht. Bis in den Mai hinein bleiben die Kokons an den Zweigen kleben, erst dann schlüpfen die jungen Sägewespen. Mit ihren kräftigen Mundwerkzeugen schneiden sie die Kokonspitze auf und lassen nur einen kleinen Rest übrig, der wie ein Scharnier die Puppenhülle mit dem Zweig verbindet. Da sie dabei ziemlich viel Lärm machen, sollte man hin und wieder im Mai auf solche Geräusche achten – vielleicht kann man zufällig beobachten, wie die erwachsene Sägewespe den Deckel anhebt und sich langsam aus dem Kokon herauswindet. Die Sägewespen sind mit den Bienen und Wespen verwandt, haben jedoch keinen Stachel und auch keine »Wespentaille«. Ihr Name entstand, weil die Weibchen vieler Sägewespenarten einen Legesäbel haben, der wie eine kleine Säge gezähnt ist. Damit schneiden sie Schlitze in die Pflanzen, um ihre Eier hineinzulegen. Es gibt noch viele andere Arten von Sägewespen im Garten, darunter auch einige unerwünschte Gäste, wie zum Beispiel die Stachelbeerblattwespe.

Wie die Skorpionsfliegen zu ihrem Namen kamen, liegt wirklich auf der Hand, wenn Sie sich einmal das Männchen betrachten: Die Spitze seines Hinterleibs ist nach vorn gerollt und sieht dem Stachel eines Skorpions verblüffend ähnlich. Die Skorpionsfliegen sind allerdings völlig harmlos. Der Hinterleib des Weibchens ist gerade und spitz. In schattigen Hecken kann man drei verschiedene Arten finden, alle mit gefleckten Flügeln. Eine genaue Bestimmung der Art ist nur durch genaues Betrachten der Hinterleibsspitze möglich. Da sie ungern fliegen, krabbeln sie meist einfach zwischen den Blättern davon, wenn man sie aufstört. Die Larven, die an Nachtfalterraupen erinnern, ernähren sich ebenso wie die erwachsenen Skorpionsfliegen von kleinen Insekten.

**Auffallende Flügel** Skorpionsfliegen fallen durch ihre Flügel auf. Im Unterschied zum abgebildeten Weibchen sieht das Männchen mit dem skorpionsähnlichen Schwanz furchterregend aus.

Auf dem Lande und auch in Stadtrandgebieten trifft man im Garten oft die Gewöhnliche Strauchschrecke an. Sie lebt in Blumenbeeten und Hecken. Meistens sieht man sie jedoch nicht, sondern hört sie nur. Durch Aneinanderreiben der Flügel produziert das Männchen ein Zirpen – pssst – pssst – pssst – fast, als wollte jemand hinter der Hecke Ihre Aufmerksamkeit auf sich ziehen. Das Männchen will natürlich eigentlich ein Weibchen anlokken. Wenn Sie geduldig genug warten, sehen Sie vielleicht das Männchen und, mit großem Glück, auch das Weibchen. Das Weibchen erkennt man an der säbelförmigen Legeröhre, mit der es seine Eier in Rindenritzen oder verrottendem Holz ablegt. Wenn man sie aufstört, hüpfen die Insekten tiefer ins Gebüsch hinein.

Ab Ende April kann man ihre Nymphenstadien in den Hecken finden. Wie viele andere Schrecken, frißt auch die Gewöhnliche Strauchschrecke pflanzliche und tierische Nahrung, einschließlich vieler Blattläuse.

Die Zartschrecke lebt ebenfalls oft in Hecken, wird jedoch seltener bemerkt, da sie ausgezeichnet getarnt ist und das Männchen so leise zirpt, daß man es aus einer Entfernung von mehr als einem Meter fast nicht mehr hören kann. Im Unterschied zur Feldgrille ist sie tagsüber aktiver und nimmt gern ein Sonnenbad auf einem Blatt. Eine dritte Art, das Große Heupferd, lebt auf Sträuchern und im Gras und klettert nachts auf Bäume. Es ist blaßgrün gefärbt und mit seinen schönen Flügeln durchaus flugfähig. Manchmal fliegt es nachts gegen erleuchtete Fenster.

Eine schön geschnittene und gepflegte Zierhecke ist für Schmetterlinge ziemlich uninteressant, sofern sie nicht mit Efeu durchwachsen ist, welches den Faulbaumbläuling anlockt (siehe Seite 36). Andere Gartenschmetterlinge suchen nach Nektar und kommen daher nur an eine Hecke, die eine vielfältige Pflanzenzusammensetzung hat und eine Zeitlang wild wuchern konnte. Im Frühjahr besucht der Große Fuchs gern Schlehenblüten, und die Kleinen Feuerfalter haben eine Vorliebe für Weißdornnektar, aber für einen richtigen Schmetterlingsreigen braucht man Brombeerblüten. Selbst in städtischen Gebieten locken sie das Große Ochsenauge, den C-Falter und den Braunen Waldvogel an, während man auf dem Lande noch das Kleine Ochsenauge, den Großen Fuchs und manchmal sogar auch den Kaisermantel an den Brombeerblüten sieht.

**Asymmetrische Sänger** Das charakteristische Zirpen der Strauchschrecken wird durch Zähnchen auf dem linken Flügel produziert, die über den rechten Flügel gerieben werden.

## SPINNEN IN DER HECKE

Jeder kennt die kreisförmigen Spinnennetze, die im Herbst Hecken und Zäune verzieren. Dabei handelt es sich um die ausgeklügelten Fallen der Radnetzspinnen, mit denen sie fliegende Insekten fangen. Man findet sie eigentlich das ganze Jahr über, mit Ausnahme des Winters. Im Herbst sind die Netze jedoch besonders auffällig, da sie zu dieser Jahreszeit recht groß sind und oft am Morgen voller glitzernder Tautropfen hängen. Schauen Sie sich einmal solch ein Netz genau an. Das Netz wird von äußeren Fäden begrenzt, deren Abstand voneinander vor allem durch die verfügbaren Aufhängungspunkte bestimmt wird. Von diesem Rahmen gehen die Speichen aus, die die klebrige Spirale – die eigentliche Falle – abstützen. Manchmal befindet sich im Zentrum eine nichtklebrige Plattform, auf der die Spinne sitzt. Aber selbst wenn solch eine Plattform vorhanden ist, sitzt die Spinne oft unter einem Blatt oder in einer Rindenritze in der Nähe und hält durch einen sogenannten Signalfaden Kontakt zum Netz. Wenn ein Beutetier das Netz berührt, eilt die Spinne aus ihrem Versteck und stürzt sich, geleitet von den Vibrationen des Netzes, auf die Beute. Was dann passiert, hängt bis zu einem gewissen Grad von der Größe der Spinne und der Größe der Beute ab. Die Spinne hat dabei das Ziel, einen lähmenden Biß direkt hinter dem Kopf des Beutetieres anzubringen, da dort die Hauptnerven zusammenlaufen. Manchmal wird das Opfer noch durch ein paar Spinnfäden gefesselt, bevor die Spinne zubeißt. Andere Spinnen wickeln ihre Opfer völlig in Spinnfäden ein, bevor sie mit der Mahlzeit beginnen. Beobachten Sie einmal, wie geschickt und schnell die Spinne mit den Spinnfäden die Beute einwickelt. Bei der großen Schnelligkeit, mit der dieser Vorgang abläuft, ist es sicherlich für das Verständnis hilfreich, wenn Sie der Spinne mehrfach zuschauen.

Suchen Sie auch nach einer Spinne, die gerade ein Netz baut oder ausbessert – ein faszinierender Vorgang! Wenn man einmal mit dem Beobachten begonnen hat, fällt es schwer, aufzuhören; man ist wie hypnotisiert von der Geschicklichkeit, mit der die Spinne die klebrigen Fäden zieht und sie genau an der richtigen Stelle an den radiären Speichen befestigt. Ein Netz ist in einer Stunde fertiggestellt und in wesentlich kürzerer Zeit repariert. Man sagt zwar, daß die Radnetze meistens rund sind, in Wirklichkeit sind sie aber häufig asymmetrisch: Die Nabe liegt etwas nach oben hin verschoben. Der untere Teil des Netzes besteht dann aus einigen zusätzlichen getrennten Bögen, die den fortlaufenden Spiralfaden ergänzen.

Im Garten ist die bekannteste Radnetzspinne die Kreuzspinne – so benannt wegen des weißen Kreuzzeichens auf dem Hinterleib. Die Körperfarbe kann von Schwarz bis leuchtend Orange variieren. Die Netze werden meistens weitgehend senkrecht angebracht und selten höher als 2,5 m über dem Boden angelegt. Sie können bis zu 40 cm Durchmesser aufweisen. Für das Männchen, das beträchtlich kleiner ist als das Weibchen, ist die Begattung eine recht gefährliche Angelegenheit. Oft benötigt es einen ganzen Tag, um den Jagdinstinkt des Weibchens einzulullen und sie dann zu begatten. Wenn Sie diese Brautwerbung beobachten wollen, brauchen Sie etwas Glück und viel Geduld, aber es lohnt sich! Bevor sich das Männchen auf den Weg zum Weibchen macht, sammelt es sein Sperma in den geschwollenen

**Die Gartenkreuzspinne** Im Herbst hört die weibliche Kreuzspinne (links) auf zu fressen und verläßt ihr Nest, um ihre bis zu 800 Eier abzulegen. Die Eier befinden sich in einem festen, gelben Eikokon, den man in fast jeder Ritze und jedem Winkel im Garten finden kann. Die Jungspinnen (oben) schlüpfen im Mai. Solange sie noch sehr jung sind, bleiben sie in einem dichten Haufen zusammen, aber wenn Sie sie berühren, springen sie aufgrund eines auffallenden Verteidigungsreflexes sofort auseinander.

Pedipalpen, an denen man die Männchen gut von den Weibchen unterscheiden kann. Dann begibt es sich zum Netz des Weibchens. Dort muß das Männchen genau die richtigen Signale geben, wenn es dem Tod entgehen will: Immer wieder zupft es auf eine ganz bestimmte Art an dem Netz, bis das Weibchen aufhört, es anzugreifen, und ihm gestattet, näherzukommen. Rasch entleert es seine Pedipalpen in ihre Geschlechtsöffnung, und schon ist die Tat vollbracht. Wenn das Männchen Glück hat, entkommt es und kann das nächste Weibchen begatten. Entgegen der landläufigen Meinung wird es nicht generell gefressen. Erst gegen Ende des Herbstes, wenn seine Widerstandskraft infolge Nahrungsmangels und vieler aufregender Liebesabenteuer nachläßt, kommt es oft vor, daß das Weibchen das Männchen erbeutet und frißt. Sein Körper dient auf diese Art dann der Ernährung seiner Nachkommen. Später legt das Weibchen die Eier in kleinen, gelblichen Kokons ab, die sie in Rindenritzen oder ähnlich strukturierte Stellen klebt. Im Frühjahr schlüpfen dann die jungen Spinnen. Im Garten findet man noch einige andere Radnetzspinnen. *Meta segmentata* spannt ihre schrägen Netze in Blumenbeeten und in Hekken auf. Diese Spinne gibt es in vielen Farbvariationen, aber im allgemeinen erkennt man sie ganz gut an dem stimmgabelförmigen Zeichen in der Nähe des Kopfes. Da Männchen und Weibchen etwa gleich groß sind, hat das Männchen nicht die Probleme, die das Kreuzspinnenmännchen lösen muß. Es wartet geduldig am Rand des Netzes des Weibchens, bis sich eine Fliege darin verfängt, und während sich das Weibchen mit seiner Mahlzeit beschäftigt, nimmt es die Begattung vor. Manchmal kommt es vorher zu einem kleinen Kampf, aber das Männchen benutzt seine langen Vorderbeine, um das Weibchen auf Distanz zu halten, und scheint selten wirklich gefährdet zu sein. Man kann diese Spinnen im Frühjahr und auch im Herbst bei der Begattung beobachten.

Wenn Sie Ihre Gartenhecke an einem nebligen Herbstmorgen inspizieren, werden Sie an fast jedem Zweig ein Spinnennetz sehen – das zeigt Ihnen, welch große Zahl Spinnen hier lebt. Durch den Tau, der sich an den Netzen niederschlägt, werden diese kleinen Kunstwerke sichtbar, an denen wir sonst tagsüber achtlos vorübergehen. Wenn Sie genauer hinschauen, werden Sie feststellen, daß die meisten Netze nicht radförmig sind, sondern eher einer Hängematte ähneln; sie werden waagerecht aufgespannt und hängen nur morgens wegen des Gewichtes der Tautropfen durch. Sie werden von Spinnen aus der Familie der Deckennetzspinnen gebaut (siehe Seite 146). Die häufigste Deckennetzspinne in Hecken ist die hübsche kleine *Linyphia triangularis*, die man an einer Reihe dunkler Dreiecke auf dem Rücken erkennt. Sie hängt mit dem Kopf nach unten unter dem Netz. Wenn der Tau trocknet, ist das Netz flach gespannt oder sogar leicht gewölbt. Es ist an Zweigen und einem Labyrinth aus Spinnfäden aufgehängt. Wenn kleine Insekten gegen diese Spinnfäden oberhalb des Netzes fliegen, fallen sie in das Netz. Das Netz ist zwar nicht klebrig, aber die In-

**Eine behütete Kindheit** Die Raubspinne befestigt den Eiersack in dem Moment an einer Pflanze, wenn die jungen Spinnen zu schlüpfen beginnen, die dann von ihr behütet werden. Bis sich die Eier vollständig entwickelt haben, trägt das Spinnenweibchen den riesigen Sack zwischen seinen Klauen.

**Nester im Garten**

Wenn im Winter nach dem Laubfall die Nester im Garten sichtbar werden, kann man aus ihrer Position und dem verwendeten Baumaterial leicht auf die ehemaligen Bewohner schließen.

**Drosseln und Amseln** Tassenförmig, aus Zweigen und Blättern, mit Lehm ausgekleidet.

**Finken** Tassenförmig, aus Zweigen und Wurzeln, mit Federn, wolligen Samen oder Haaren ausgekleidet. 1 bis 4 m Höhe.

**Zaunkönige** Flechtenbedeckte Kuppel aus Zweigen und Gräsern, mit Federn ausgekleidet. Von Bodennähe bis zu etwa 2 m Höhe.

sekten verheddern sich mit den Beinen in dem feinen Gespinst und werden von der Spinne von unten durch das Netz gebissen.

## VÖGEL IN BÄUMEN UND HECKEN

In einem Garten mit Bäumen und Hecken gibt es eigentlich immer Vögel. Einige davon kommen nur gelegentlich zu Besuch, andere verbringen regelmäßig den Sommer im Garten, und wieder andere leben das ganze Jahr über dort. Jede Anpflanzung, die Sie vornehmen, lockt mehr Vögel und neue Vogelarten in Ihren Garten. Allerdings sollte man auch im Winter für Nahrung und im Frühjahr für genügend Nistplätze sorgen (Genaueres darüber finden Sie auf den Seiten 180–183). Selbst wenn die Vögel nicht in Ihrem Garten nisten, werden sie die Bäume und Sträucher als Jagdgebiet und Singplätze benutzen.

Die Amsel oder Schwarzdrossel ist ein echter Gartenvogel. Sie nistet gern in Hecken, Sträuchern und Kletterpflanzen. Nur das Männchen ist wirklich schwarz, das bräunliche Weibchen dagegen kann eventuell mit anderen Vogelarten verwechselt werden. Dank ihres kräftigen Schnabels nutzt die Amsel viele Nahrungsquellen. Am häufigsten frißt sie aber Beeren, weshalb sie uns in manchen Sommern auch Ärger bereitet. Das Amselmännchen warnt als einer der ersten, wenn Gefahr droht – es stößt ein schrilles tschink – tschink – tschink aus, während es sich in Sicherheit bringt. Die Amsel zeigt wie die meisten Vögel während der Brutzeit ein Territorialverhalten: Das Männchen patrouilliert an den Grenzen seines Gebietes und verkündet mit lautem Gesang, daß dies sein Gebiet ist.

Von der Singdrossel sieht man meistens nur einzelne Vögel, es sei denn, eine Singdrosselmutter füttert gerade ihre Jungen oder zeigt ihnen, wie man Schneckengehäuse zertrümmert. Dieses faszinierende Verhalten kann man manchmal im Garten, eher noch im Park oder am Waldrand beobachten. Wenn Sie dem lauten Schlaggeräusch folgen, sehen Sie bald den Amboß des Vogels – einen großen Stein oder einen Plattenweg –, gegen den das Schneckengehäuse geschmettert wird, bis es in tausend Stücke zerspringt. Die Singdrossel hält dabei das Gehäuse mit dem Schnabel an der Öffnung fest, und schlägt es kräftig gegen den Stein. Meistens ist das Gehäuse nach zwei

**Ein gerngesehener Gartengast** Das Rotkehlchen gehört sicherlich zu den Gartenvögeln, denen man lange zuschauen kann. Es fällt durch seine herrliche Färbung auf und ist unermüdlich auf Nahrungssuche. Da es viele Insekten und andere wirbellose Tiere frißt, ist es dem Gärtner eine willkommene Hilfe. Es nistet nur selten in Gärten.

bis drei Schlägen zertrümmert, und der Vogel frißt den weichen Schneckenkörper. Aber die Singdrosseln leben nur ausnahmsweise von Schnecken. Eigentlich dienen die Schnecken nur als eine Art Übergangskost, nachdem die vielen Frühjahrsraupen verschwunden sind und bevor im Herbst das Obst reif ist. Die Singdrosseln sind zwar etwas wählerischer als die Amseln, ernähren sich aber im Grunde von den gleichen Wildbeeren und Obstsorten. Im Frühjahr stellen sie auch den Regenwürmern nach.

In unseren Gärten und vor allem in den Parkanlagen fällt immer wieder das Rotkehlchen auf, das wohl zu den beliebtesten Vögeln gehört. Nur während der Mauser im Juli verhält sich dieser Vogel unauffällig, ansonsten kann man ihn fast das ganze Jahr über auf Bäumen und in Sträuchern beobachten. Das Rotkehlchen ernährt sich von Würmern, Spinnen und Insekten, frißt aber auch kleine Samenkörner und Beeren. Die sehr territorialen Rotkehlchen stecken ab September ihre Territorien ab. Bis zum Jahresende verteidigen sie dann ihre Reviere mit lautstarkem Gesang und Angriffen auf jedes sich nähernde Rotkehlchen. Die rote Brust des Eindringlings löst dabei das Angriffsverhalten aus, wie man leicht nachweisen kann, wenn man eine Attrappe im Revier des Rotkehlchens an einem Baum befestigt: Ein lebensgroßes Modell ohne rote Federn wird ignoriert, aber sobald man rote Federn oder etwas rote Farbe anbringt, wird die Attrappe angegriffen. In seinem Revier greift das Rotkehlchen sogar einen einfachen Büschel roter Federn oder ein rotes Wollknäuel an, wenn man es an einem Ast befestigt.

Zwischen Dezember und Februar dringen die Rotkehlchen-Weibchen vorsichtig in die Reviere der Männchen ein. Am Anfang werden sie zwar verscheucht, aber da sie hartnäckig sind, werden sie allmählich akzeptiert. Nachdem sie ihr neues Territorium gründlich untersucht und die Reviergrenzen kennengelernt haben, suchen sich die Weibchen einen dichten Busch und beginnen dort mit dem Nestbau. Zwischen März und Juni ziehen sie gewöhnlich zweimal Nachwuchs groß. Anfangs haben die Jungvögel noch keine rote Brust. Wenn Sie eines der flügge gewordenen Rotkehlchen aus der zweiten Brut über einen längeren Zeitraum beobachten können, werden Sie sehen, wie sich über ein gesprenkeltes Zwischenstadium das rote Brustgefieder ausbildet.

Fast genauso beliebt wie das Rotkehlchen ist die kleine Blaumeise. Dieser weit verbreitete Vogel fällt vor allem im Winter auf, wenn er Stämme und Äste nach Insekten und Insekteneiern absucht. Sie vermuten höchstwahrscheinlich, daß einige Blaumeisen in Ihrem Garten ein festes Winterquartier aufgeschlagen haben. Markierungsversuche haben aber gezeigt, daß diese Vögel ständig umherziehen und im Laufe eines Winters oft mehrere hundert verschiedene Blaumeisen in einem Garten auftauchen. Eigentlich leben die Blaumeisen in Waldgebieten und benutzen dort kleine Höhlungen in den Baumstämmen zum Nestbau. Obwohl sie gern im Garten nach Nahrung suchen, werden sie dort nur selten nisten, sofern man ihnen nicht geeignete Nistmöglichkeiten anbietet (siehe Seite 182).

Die Kohlmeise sieht man im Garten noch häufiger als die Blaumeise, und obwohl sie um einiges größer ist, wird sie oft mit dieser verwechselt. Dabei sind die beiden Arten wirklich leicht zu unterscheiden: Die Blaumeise hat eine leuchtend blaue Kappe. Die Kohlmeise ist an ihrer schwarzen Kappe und einem auffälligen schwarzen Streifen zu erkennen, der beim Männchen breiter als beim Weibchen ist und bis zum Bauch verläuft. Manche Blaumeisen haben auch einen schmalen Bruststreifen, der aber niemals, wie bei der Kohlmeise, mit dem schwarzen Brustfleck verbunden ist.

Die Tannenmeise hat ebenfalls eine schwarze Kappe, ist aber an dem hellen Genickfleck sofort zu erkennen. Sie hat etwa die Größe der Blaumeise und kommt vor allem in der Nähe von Nadelgehölzen vor.

## FINKEN IM GARTEN

Unsere Gärten werden von einigen Finkenarten besucht, die sogar zum Teil dort brüten. Der männliche Buchfink, der manchmal wegen seiner roten Brust mit dem Rotkehlchen verwechselt wird, kann an seiner schiefergrauen Kopfplatte, den weißen Schulterflecken und den weißen Flügelstreifen identifiziert werden. Das dunklere, unauffällige Weibchen besitzt diese weiße Zeichnung ebenfalls. Buchfinken leben streng territorial, selbst im Winter. Obwohl man sie im Winter manchmal in Schwärmen auf Feldern oder in den Wäldern sieht, suchen selten mehr als ein oder zwei Buchfinken zur gleichen Zeit Ihren Garten auf. Ausnahmen bilden nur ganz harte Winter, wenn an das gut gefüllte Futterhaus auch schon mal ein paar Buchfinken mehr kommen können. Die Vögel nisten am liebsten hoch oben, gut geschützt, in Bäumen und Sträuchern, suchen sich ihre Nahrung aber vorwiegend am Boden. Im Gegensatz zu den anderen Finken fressen sie viele Insekten. Vor allem während der Aufzucht der Jungvögel sind sie ständig auf Jagd.

Der Gimpel, auch Dompfaff genannt, gehört zu den wenigen Vogelarten, die im Garten Schaden anrichten könnten, aber dazu kommt er meist nicht häufig genug vor. Er gehört zu den weichschnäbligen Finken und ernährt sich im Winter und Frühjahr von jungen Knospen;

**Ein Meisen-Trio**

Meisen sind Vögel, die ursprünglich in Waldgebieten lebten, sich aber im Laufe der Zeit an die vom Menschen geschaffenen Lebensräume angepaßt haben. Die Blaumeise und die Kohlmeise sieht man in fast jedem Garten häufig, während man die Tannenmeise nur in der Nähe von Nadelgehölzen antrifft. Schwanzmeise, Sumpfmeise und Weidenmeise bekommt man eigentlich nur in ländlichen Gärten zu Gesicht.

**Tannenmeise** Die kleinste Meise; jagt mit ihrem schmalen Schnabel an Tannennadeln nach Insekten und anderer Beute.

**Blaumeise** Die wohl häufigste Art im Garten; sie ist ein Akrobat am Futterhäuschen.

**Kohlmeise** Die größte Meise; sie frißt kleine Tiere und Pflanzenknospen.

vor allem Beerenobst, Birnen und Pflaumen werden von ihm bevorzugt. Er entschädigt uns durch sein wunderschönes Aussehen. Das Männchen hat ein leuchtend rotes und schwarzes Gefieder; das Weibchen zeigt dasselbe Muster, nur in gedämpfteren Farben. Beide sind gut zu unterscheiden, da die Vögel fast immer in Paaren oder kleinen Gruppen auftreten. Sie paaren sich im Winter, solange sie noch in kleinen Gruppen leben, und trennen sich dann allmählich, um Familien zu gründen.

Der Grünfink liebt große Hecken und immergrüne Sträucher; wenn Ihr Garten diese Strukturen bietet, kann es gut sein, daß er auch bei Ihnen nistet. Da der Grünfink ein nur schwach ausgeprägtes Territorialverhalten zeigt, nisten oft mehrere Paare relativ dicht nebeneinander und verteidigen jeweils nur die direkte Umgebung ihres Nestes gegen Eindringlinge. Dieses Verhalten hängt sicherlich mit der Ernährungsweise zusammen, da der Grünfink ein reiner Körnerfresser ist. Das erkennt man schon an seinem kräftigen Schnabel. Da Körner und Samen immer nur zu bestimmten Zeiten und an bestimmten Standorten zur Verfügung stehen, muß der Vogel immer dorthin fliegen, wo es gerade Samen gibt. Das Verteidigen eines Revieres würde dann im Widerspruch zu dieser Lebensweise stehen bzw. auch sehr viel Energie kosten. In den Wintermonaten können Sie manchmal Schwärme von Grünfinken an Futterstellen in Gärten beobachten. Sie fressen gerne Erdnüsse und sind fast so geschickt wie die Blaumeisen, wenn es darum geht, an Meisenringe oder Futterkugeln heranzukommen.

## DER MUNTERE STAR

Der Star ist einer der häufigsten Vögel der Welt. An seinem langen, spitzen Schnabel, seinem kräftigen, untersetzten Körper und seinem charakteristischen Watschelgang ist er leicht zu erkennen. Das Gefieder ist vorwiegend schwarz mit einem grünlichen oder rötlichen Schimmer, aber nach der Mauser in den Wintermonaten ist es dicht weiß getüpfelt. In unseren Gärten fallen die Vögel durch ihr drolliges Balzverhalten, ihr munteres Wesen und ihr ständiges Geschwätz auf, in dem sie viele andere Vogelstimmen nachahmen. Dem Naturfreund bieten sie daher immer neue Erlebnisse, die den munteren Gesell ganz liebenswert machen. Leider ist der Star ein großer Kirschenfreund und daher nicht immer gern gesehen. Bunte, sich im Wind bewegende Bänder, eine Vogelscheuche, grüne Heringe oder andere Hausmittel helfen im allgemeinen aber, die Stare in den Gärten vom Kirschbaum fernzuhalten. Zudem gönne ich den Staren auch ein paar meiner Kirschen, entschädigen sie mich doch dafür mit ihrem munteren Wesen.

Im Herbst und im Winter, den sie vorwiegend in West- und Südwesteuropa verbringen, versammeln sich die Stare in riesigen Schwärmen und suchen dann gemeinsam einige Schlafbäume auf. Auch Schilfgebiete dienen als Schlafplätze. Nachdem sie den Tag mit der Nahrungssuche verbracht haben, sammeln sich zunächst kleinere Gruppen unter lautstarkem Geschwätz. Dadurch werden immer mehr

**Der erfolgreiche Star** Stare sind anpassungsfähige und intelligente Vögel. Sie sind oft im Garten zu sehen, wo sie zum Beispiel auf den Rasenflächen in »watschelnder« Gangart nach Nahrung suchen.

Stare angelockt, bis sich sämtliche Stare eines kleinen Gebietes – etwa eines Dorfes – auf einem einzelnen Baum versammelt haben und dort auf das Signal zum Aufbruch warten. Dieses Signal kann eine geringfügige Veränderung der Lichtintensität oder aber auch der Anblick eines anderen Starenschwarmes sein, der über sie hinwegfliegt. Dann machen sich die Vögel im Schwarm auf den Weg zum gemeinsamen Ruheplatz, wobei sich ihnen unterwegs immer mehr lokale Schwärme anschließen, so daß schließlich ein riesiger Schwarm im wahrsten Sinne des Wortes den Himmel verdunkelt. An dem Ruheplatz können sich dann Hunderttausende aus einem weiten Einzugsgebiet versammeln: ein grandioses Schauspiel!

Die Schwarmbildung ist nicht auf die Wintermonate beschränkt, aber während des übrigen Jahres sind die Schwärme viel kleiner, da die Vögel vor allem mit Brüten beschäftigt sind. Während der Brutzeit bauen sich die Stare in irgendwelchen Höhlungen in Bäumen, Häusern, zwischen Felsen oder auch in dichtem Kletterpflanzenbewuchs ihre Nester. Wenn sich ein Nest in der Nähe Ihres Gartens befindet, werden Sie bestimmt die Stare bei der Suche nach Würmern beobachten können. Die mattbraunen Jungvögel ähneln den Amseln, haben aber einen längeren Schnabel. Sie watscheln hinter ihren Eltern her und betteln noch einige Zeit nach dem Flüggewerden um Nahrung.

## GESELLIGE HAUSSPATZEN

Viele Gärtner, vor allem in Städten und Vororten, halten den Haussperling für den häufigsten Vogel. Hinsichtlich unserer Siedlungsräume mag das sogar stimmen. Wenn man aber das ganze Land betrachtet, liegt er in der Häufigkeit weit hinter anderen Arten wie Buchfink, Star und Amsel. Der Grund dafür liegt darin, daß der Sperling ganz in der Nähe der Menschen lebt. Man findet ihn daher in jeder Stadt, jedem Dorf und bei jedem Gehöft, aber in Wäldern und auf Feldern trifft man ihn fast nie an. Ursprünglich war der Haussperling nur in Teilen Asiens, in Europa und Nordafrika heimisch. Mit der Ausweitung des Ackerbaus eroberte er sich weite Gebiete und wurde auch – als eine Erinnerung an die Heimat – von manchen Aussiedlern nach Nord- und Südamerika, nach Australien und Neuseeland mitgenommen.

Der Spatz ist ein Allesfresser und ernährt sich größtenteils von Getreidekörnern, Wildkräutersamen, Blütenknospen, Lebensmittelresten, aber auch von kleinen Insekten. Im Unterschied zu den ausgewachsenen Vögeln sind die Jungvögel auf Insektennahrung angewiesen. Haussperlinge sind sehr gesellige Vögel, die an jedem Ort mit genügend Nahrung sogleich kleine Kolonien errichten. Zu jeder Kolonie gehört etwa ein Dutzend Nester, aber die Vögel verteidigen nur die unmittelbare Umgebung ihrer Nester gegen Eindringlinge. Das Verhalten innerhalb der Kolonie ist freundlich, abgesehen von gelegentlichen Streitereien um das Futter. Meistens gehen die Vögel auch gemeinsam auf Nahrungssuche. So beherrscht jede Kolonie eine Art »Hoheitsgebiet«, beispielsweise einen Stadtpark, einen Straßenzug oder auch ein ganzes Dorf. Die Nester sind jedoch in einem bestimmten Bereich konzentriert und nicht gleichmäßig über das Gebiet verteilt, wie es bei territorialen Vögeln der Fall wäre.

Obwohl sie ihre Nahrung vorwiegend am Boden suchen, verbringen die Haussperlinge viel Zeit auf Bäumen, da sie von dort einen guten Überblick über ihr »Hoheitsgebiet« haben. Manchmal bauen sie ihre Nester in efeubewachsenen Bäumen oder dichtem Gebüsch, aber häufiger nisten sie in Dachlücken, hinter Regenrinnen oder zwischen Dachstuhl und Dachrinne. Strohdächer, von Kletterpflanzen überwucherte Wände und Vogelkästen sind ebenfalls beliebte Nistplätze. Die Nester selbst sehen ziemlich unordentlich aus und bestehen hauptsächlich aus Gras und Stroh mit einer warmen Auskleidung aus Federn. Die Vögel führen eine lebenslange Einehe, und das Nest bleibt jahrelang Familienbesitz. Wenn einer der beiden Vögel stirbt, bleibt der andere im Besitz des Nestes und sucht sich nur einen neuen Partner. Im Gegensatz zu den meisten anderen Vögeln benutzen die Sperlinge ihre Nester auch im Winter als Schlafplatz.

Oft werden Sperling und Heckenbraunelle miteinander verwechselt. Letztere kann man aber aufgrund ihres schmalen Insektenfresserschnabels gut vom Sperling mit seinem typischen, kräftigen Körnerfresserschnabel unterscheiden. Die Heckenbraunelle ist ein scheuer Einzelgänger. Man sieht selten mal ein Pärchen bei der Nahrungssuche. Sie ist ein typischer Heckenvogel, der den Schutz der Hekken, Sträucher und des Unterholzes nicht gern verläßt. Die Heckenbraunelle lebt vor allem von Insekten, im Winter allerdings auch von Samen. Das Nest ist immer gut verborgen im dichtesten Teil der Hecke – gewöhnlich bemerkt man es erst im Herbst, wenn das Laub abfällt. Ich bin immer wieder überrascht, wie viele Nester ich im Herbst in meiner Weißdornhecke finde: In einem Jahr fand ich auf einer Strecke von 20 m drei Nester von Hekkenbraunellen und ein Amselnest!

## NESTER IN DER HECKE

Wenn Ihre Hecke sehr hoch ist, baut vielleicht ein Elsternpaar sein umfangreiches überdachtes Nest aus Zweigen und Lehm oben in den Wipfeln. Ältere freiwachsende Hecken mit größeren Bäumen und hohlen Baumstämmen bieten Höhlenbrütern wie etwa Meisen, Rotkehlchen, Grauschnäppern und Zaunkönigen Nistgelegenheiten. Der muntere, rundliche kleine Zaunkönig ist an seinem nach oben weisenden gestelzten Schwanz gut zu bestimmen. Er tummelt sich gern am Fuße von Hekken, Mauern und Baumstämmen, wo er nach Insekten und Spinnen sucht. Mit seinem kleinen Schnabel pickt er in Ritzen und winzigen Spalten nach Nahrung. Sieht man nicht genau hin, kann man ihn wegen seiner raschen Bewegungen irrtümlich für eine Maus halten. Normalerweise hält sich der Zaunkönig in Bodennähe auf. Wenn das Männchen aber ein Weibchen anlocken will, begibt es sich hoch hinauf in die Bäume und beginnt dort mit einem für seine Größe überraschend lauten Gesang. Zuvor hat das Männchen in seinem Territorium einige Nester gebaut. Wenn nun ein Weibchen angeflogen kommt, begeben sich beide Vögel auf Besichtigungstour. Das Weibchen belegt eines der Nester und kleidet es mit Federn aus, bevor es mit dem Brutgeschäft beginnt. Das unermüdliche Männchen aber singt weiter, um ein anderes Weibchen anzulocken,

**Ein winziger Sänger** Wenn Sie Bäume und Sträucher in Ihrem Garten haben, hören Sie sicherlich einmal den kräftigen Gesang des Zaunkönig-Männchens (oben), obwohl man sich kaum vorstellen kann, daß ein so kleiner Vogel so laut singen kann.

**Der Buchfink** Diese farbenprächtigen Finken (rechts) nisten gern in Gartenhecken. Sie fressen Sämereien und junge Pflanzensprosse, sind aber auch nützlich, da sie viele Insekten fangen, um ihre Jungen damit zu füttern.

so daß es später oft drei Familien in drei verschiedenen Nestern in seinem Territorium hat. Das Männchen beteiligt sich nicht am Brüten, hilft aber beim Füttern der Jungen.
Wie das Rotkehlchen und der Grauschnäpper baut der Zaunkönig sein Nest am liebsten in geschützten Baumhöhlungen, und wenn solch ein Platz in Ihrer Hecke nicht zur Verfügung steht, können Sie versuchen, den Vögeln vorn halboffene Nistkästen (siehe Seite 182) anzubieten, die Sie zwischen den Ästen befestigen. Rotkehlchen und Zaunkönige akzeptieren auch aufgehängte alte Wasserkessel als Nistplatz – achten Sie aber darauf, daß der Kessel so aufgehängt wird, daß eindringendes Regenwasser durch die Tülle wieder ablaufen kann. Noch viele andere Vogelarten bauen in oder unter freiwachsenden Hecken ihre Nester; denken Sie nur an Fitis, Mönchsgrasmücke, Gartengrasmücke, Zaungrasmücke oder an den Gelbspötter. Viele von ihnen sieht man nicht mehr so oft wie früher, sie sind seltener geworden. Vermeiden Sie es daher, die Hecke gerade dann zu stutzen, wenn Vögel auf sie angewiesen sind. Im Frühjahr und Sommer nisten sie darin und im Herbst leben sie von ihren Früchten. Schneiden Sie die Hecke lieber alle paar Jahre im späten Winter kräftig zurück und lassen Sie sie ansonsten in Ruhe. Die Sträucher werden es Ihnen mit reicher Blüte und vielen Früchten danken.

## UNTER DER HECKE

Am Boden unter der Hecke siedeln sich Gräser und andere krautige Pflanzen wie Gelbsterne, Buschwindröschen, Veilchen, Scharbockskraut, Rote und Weiße Taubnessel, Ehrenpreis, Sternmiere, Löwenzahn, Brennessel und Bärenklau an. Diese Pflanzen sollten Sie unbedingt dulden, denn die Krautschicht ist ein wichtiger Bestandteil der Hecke: Sie bietet vielen Tieren Versteck, Nistplatz und Nahrung. Natürlich beherbergen die Krautbestände der Hecke auch viele Schnecken, aber gleichzeitig sind sie der Lebensraum vieler räuberischer Käfer, Versteck von Erdkröte, Spitzmaus und Igel sowie Brutplatz von Vögeln, die ihrerseits wieder zur Bekämpfung von »Schädlingen« beitragen. Die ungeliebten Taubnesseln und der Löwenzahn sind die Nahrungspflanzen einiger Falterraupen, wie etwa der des Braunen Bären. Die Raupen des Braunen Waldvogels und des Großen Ochsenauges bevorzugen dagegen Gräser. Wie wir schon gesehen haben, ernähren sich viele Schmetterlingsraupen von den Blättern der Brennessel. Wer Interesse an einem naturnahen Garten hat, wird also diese Pflanzen unter der Hecke nicht einfach zerstören. Auch das abgefallene Laub unter der Hekke ist übrigens voller Tierleben und dient vielen Vögeln und kleinen Säugetieren als Jagdrevier.
An Säugetieren leben neben dem schon erwähnten Igel noch Wühlmäuse und Feldmäuse unter der Gartenhecke. Manchmal sieht man aber auch die Gartenspitzmaus oder die Zwergspitzmaus, wenn sie unter der Hecke hin und her huschen. Beide Spitzmausarten sind im Unterschied zu Mäusen tags und nachts aktiv, aber man bekommt sie nur selten zu Gesicht. Sie verlassen kaum den dichten Schutz aus Pflanzendecke und altem Laub. Manchmal kann man an ihrem hohen Piepsen erkennen, wo sie sich aufhalten. Spitzmäuse sind unermüdlich auf der Jagd nach Insekten, Spinnen, Asseln und anderen kleinen wirbellosen Tieren. Da sie einen sehr hohen Energiebedarf haben, um den kleinen Körper warm zu halten und sich so schnell bewegen zu können, gehören sie zu den geschäftigsten Jägern im Garten.
Manchmal finden Sie auch das Eichhörnchen unter der Hecke oder in deren Nähe, wenn es hier und dort seine Wintervorräte eingräbt. In verschiedenen stadtnahen oder auch stadtparknahen Gärten ist dieser possierliche Baumakrobat zu einem ständigen und gern gesehen Gast geworden. Mit munteren Sprüngen hastet das Tier über die Rasenfläche und erklimmt mit großer Behendigkeit den nächsten Strauch oder Baum. Ihren Haselsträuchern stattet das Eichhörnchen natürlich ganz besonders gerne einen Besuch ab.

## ANLEGEN EINES HOLZGARTENS

Viele Gärtner können es kaum erwarten, Dinge wegzuräumen, die eigentlich wichtige Lebensräume bestimmter Tiere sind. Wenn ein alter Baum in Ihrem Garten aus irgendeinem Grund abstirbt, sollten Sie ihn nicht in Windeseile absägen und verbrennen – denn dadurch nimmt man sich selbst die Möglichkeit, Spechte und Kleiber bei der Nahrungssuche und am Nistplatz zu beobachten. Selbst wenn ein toter Baum aus Sicherheitsgründen gefällt werden muß, kann man noch Nutzen aus ihm ziehen, indem man ihn in einen kleinen Holzgarten integriert.

Wenn Sie die toten Äste aufhäufen, vielleicht sogar rund um den alten Baumstumpf, werden sich dort viele Insekten und andere kleine Tiere ansiedeln, die in dem verrottenden Holz leben. Bald siedeln sich Moose, Flechten, Pilze und Brennesseln an, gefolgt von Asseln, Hundertfüßlern und Tausendfüßlern.

Viele solitäre Wespen und Bienen (siehe Seite 45) und eine ganze Anzahl holzbohrender Käfer leben in dem toten Holz. In verrottenden Eichenstümpfen leben manchmal die Larven des Hirschkäfers, der mit seinem ausgeprägten »Geweih« zu unseren größten Käferarten gehört. Diese imposante Käferart im Garten erleben zu können, gehört heute allerdings schon zu den ganz großen Glücksfällen. Dank der Effizienz des modernen Forstwesens, das kaum noch verrottende Baumstümpfe und alte Bäume stehen läßt, sind viele Käfer in den letzten Jahrzehnten recht selten geworden, und man sollte daher alles tun, was Käfern nützen kann. Legen Sie Ihren Holzgarten so an, daß er ganz verschiedene Kleinstlebensräume enthält. Es stellt sich zum Beispiel eine besonders reichhaltige Tierwelt ein, wenn in Ihrem Holzhaufen ganz unterschiedliche Klimabedingungen herrschen, von schattig-feucht bis sonnig-trocken.

Wenn der Holzgarten nach vielen vielen Jahren verrottet ist, haben Sie einen reichhaltigen Kompost, den Sie auf Ihren Blumen- und Gemüsebeeten verteilen können. Indem Sie altes Holz nicht einfach verbrennen, geben Sie dem Holz die Möglichkeit, seine Nährstoffe im Rahmen eines natürlichen Zyklus an andere Lebewesen wieder weiterzugeben.

**Holzgarten für Pilze**

Anstatt alles tote Holz aus Ihrem Garten zu entfernen, sollten Sie damit lieber einen Holzgarten anlegen. Werfen Sie einfach die alten Balken und Äste auf einen Haufen und warten Sie ab, was geschieht. In dem verrottenden Holz gedeihen viele Pilze, und vielen Tieren wird Nahrung und Unterschlupf geboten. Aber Vorsicht bei den Pilzen: Achten Sie darauf, daß Ihr Holzgarten sich nicht zu nahe bei lebenden Bäumen befindet, denn der Hallimasch zum Beispiel kann auf lebendes Holz übergreifen und so die Bäume abtöten.

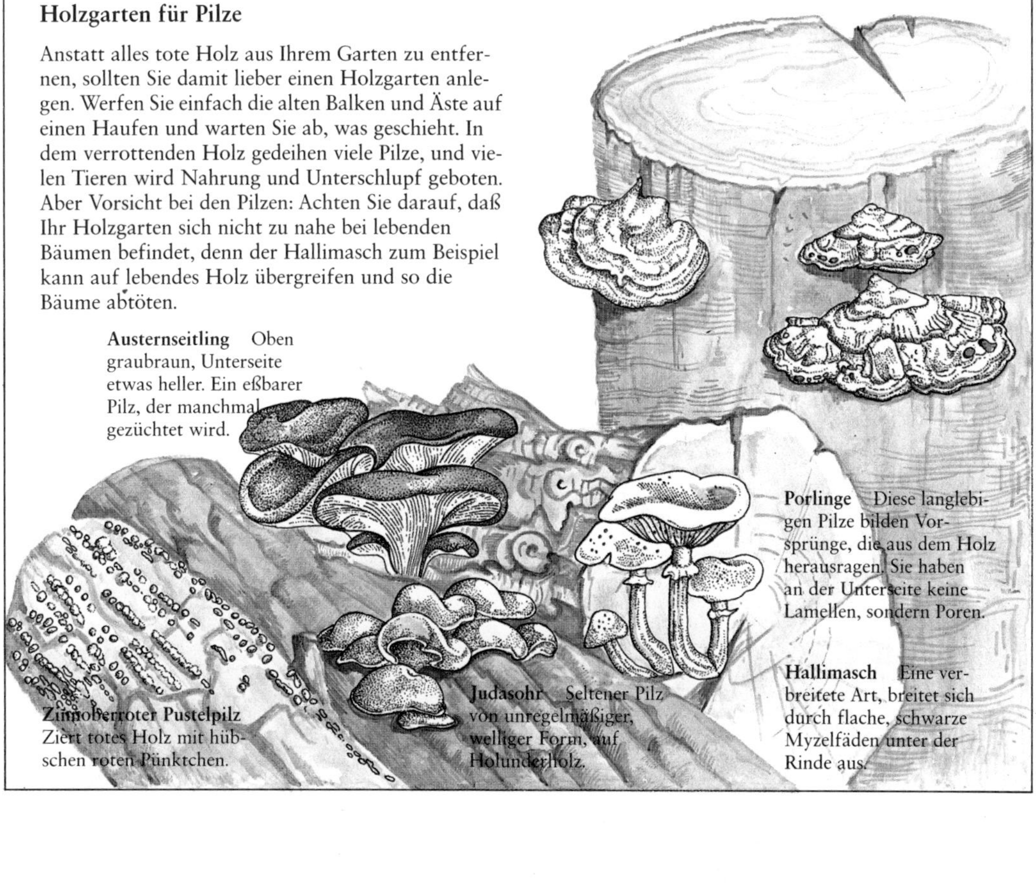

KAPITEL 5

# TEICHE UND TÜMPEL

Das Leben an einem Teich zu beobachten, ist ein faszinierender Zeitvertreib für jeden, der sich ein wenig für die Natur interessiert; durch die ständigen Aktivitäten der vielen Teichbewohner und der gelegentlichen Teichbesucher wird es nie langweilig. Außerdem handelt es sich um eine sehr beruhigende Beschäftigung – im Wartezimmer des Zahnarztes steht nämlich das Aquarium nicht nur zu Dekorationszwecken! Ein Teich im Garten bietet aber nicht nur dem Menschen Abwechslung, sondern all jenen Lebewesen eine Überlebenschance, die auf Wasserflächen angewiesen sind. In einer Zeit, in der viele Flüsse mit Schadstoffen belastet sind und immer mehr natürliche Gewässer aus der Landschaft verschwinden, können im Garten angelegte Teiche den Tieren und Pflanzen das Überleben erleichtern, aber nie Ersatz bieten.

Nur wenige Gartenbesitzer nennen einen Bach oder einen natürlichen Weiher ihr eigen, aber dank moderner Werkstoffe ist das Anlegen eines künstlichen Teiches im Garten sehr einfach geworden. Mittlerweile gehört das anstrengende Mischen und Ausbringen von Beton zum Abdichten der Teichsohle der Vergangenheit an. Heute ist nur noch das Ausheben der Erde mit harter Arbeit verbunden, will man dies nicht auch noch durch den Bagger erledigen lassen. Mit den modernen Abdichtungsmaterialien lassen sich Teiche jeder Form und Größe anlegen.

Da der Teich in erster Linie seinen Bewohnern gefallen soll, ist eine sorgfältige Planung erforderlich, die sich mit den Standortansprüchen der vorhandenen Pflanzen und Tiere auseinandersetzt. Beginnen Sie also nicht einfach, ein Loch zu graben und dies mit Folie zu verkleiden, sonst kann es Ihnen passieren, daß Sie später den ganzen Teich neu anlegen müssen! Praktische Hinweise zum Anlegen eines Teiches finden Sie auf Seite 176–179. Natürlich kann jeder selbst entscheiden, welche Pflanzen er in seinem Teich ansiedeln möchte, aber man sollte dabei doch vorwiegend einheimische Pflanzen wählen, da sie unserer Tierwelt die richtigen Lebensbedingungen bieten. Manche Pflanzen lassen sich aus Samen ziehen, aber wem das zu lange dauert, der kann sie auch in Pflanzschulen und Gärtnereien kaufen – oder erhält sie von Nachbarn und Freunden mit Gartenteich! Viele Teichbesitzer sind nach einer gewissen Zeit froh, wenn sie einen Abnehmer für ihre überzähligen Pflanzen finden. Auf keinen Fall jedoch darf man die oft geschützten Pflanzen einfach irgendwo in der Landschaft ausgraben.

Man kann vier Hauptgruppen von Wasserpflanzen unterscheiden: tiefwurzelnde Wasserpflanzen mit Blättern oder Blüten an oder über der Wasseroberfläche, untergetauchte (submerse) Pflanzen, freischwimmende Pflanzen und die Pflanzen des Uferbereiches, die weit aus dem Wasser herausragen. Man sollte möglichst solche Pflanzen wählen, die nicht nur dekorativ, sondern auch für die Tiere des Teiches von Nutzen sind. Seerosen zum Beispiel erfüllen beide Bedingungen und sind daher bei Gärtnern ebenso beliebt wie bei den Tieren: Frösche, Libellen und sogar kleine Vögel benutzen ihre Schwimmblätter als Sonnenterrasse. Wasserschnecken legen ihre gelatinösen Eipakete an der Blattunterseite ab. Die Seerosen sollten in etwa 60–90 cm Wassertiefe gepflanzt werden, am besten in Plastiktöpfe, die mit einer Mischung aus kiesigem oder sandigem Lehm und etwas Horn-Knochen-Mehl gefüllt sind. Man darf unter keinen Umständen frischen Mist oder frischen Kompost verwenden, da sich sonst Faulschlamm bildet und für Pflanzen- und Tierwachstum schädliche Substanzen ins Wasser abgegeben werden. Die Verwendung der Pflanzcontainer, in denen die Pflanzen ja auch meistens verkauft werden, macht es einfacher, die Pflanzen später wieder aus dem Teich zu holen. Vor allem starkwüchsige Sorten müssen alle paar Jahre herausgenommen und geteilt werden, damit die Wasserfläche nicht vollständig zuwächst.

Das Schilfrohr und andere große Pflanzen der Röhrichtzone werden ebenfalls in Plastikcontainer gepflanzt, die man jedoch im Uferbereich, möglichst auf wasserbedeckten Stufen, plaziert. Attraktive Arten für diesen Bereich sind der Breitblättrige Rohrkolben, der Ästige Igelkolben, die Teichbinse sowie Fieberklee, Gelbe Schwertlilie, Wasserfeder und Pfeilkraut. Die Pflanzen der Röhrichtzone bieten vielen Tieren Nahrung und Unterschlupf, vor allem aber sind sie wunderschön. Wenn Ihr Teich bald von ihren Blüten und anmutigen Blättern umringt ist, wird er sicher zum Mittelpunkt des Gartens.

Hornblatt, Tausendblatt und Wasserpest sind wertvolle, sauerstoffproduzierende Pflanzen, die völlig untergetaucht (submers) leben und vielen Tieren als Schlupfwinkel dienen. In einem sonnig gelegenen Teich können sie sich so stark vermehren, daß man im Sommer immer wieder einige Handvoll davon herausreißen muß. Aber das ist nicht weiter schlimm – es zeigt nur an, daß in Ihrem Teich eine gesunde Lebensgemeinschaft gedeiht. Diese »Wasserkräuter« dienen Fischen und Molchen sowie vielen anderen Teichbewohnern als Laichplätze, Nahrung und Unterschlupf. Außerdem sind sie die einzigen höheren Pflanzen in Ihrem Teich, die den von ihnen produzierten Sauerstoff direkt ans Wasser abgeben, was für die Tiere im Teich lebenswichtig ist. Aber eine ihrer wichtigsten Aufgaben ist die Aufnahme von Mineralsalzen aus dem Wasser. Ein Mineralienüberschuß, der durch Auswaschungen der Erde oder durch zuviel Leitungswasser im Teich entstehen kann, wirkt wie ein Flüssigdünger und führt zu einer »Algenblüte«. Dieses rasante Wachstum der Algen hat relativ schnell eine starke Beeinträchtigung des Tierlebens im Teich zur Folge. Nur wenige Tierarten können dann noch leben.

Wenn möglich, sollten Sie auch einige freischwimmende Wasserpflanzen in Ihrem Teich ansiedeln, beispielsweise den Froschbiß und die Krebsschere. Beide bilden hübsche weiße Blüten mit drei Kronblättern aus. Beim Anfassen der Krebsschere ist jedoch Vorsicht geboten: Die Blätter, die an den Schopf einer Ananas erinnern, sind mit Stacheln bewehrt! Beide Arten schwimmen den Sommer über an der Wasseroberfläche und sinken im Winter auf den Grund. Schwimmpflanzen können völlig ohne Kontakt zum Boden leben, denn ihre Wurzeln nehmen alle benötigten Nährsalze direkt aus dem Wasser auf. Da sie das Wasser beschatten und Mineralien aufbrauchen, unterdrücken sie außerdem das Algenwachstum. Dadurch bleibt das Wasser auch klar genug für Tierbeobachtungen.

Eine andere freischwimmende Pflanze, die sich meistens von selbst ansiedelt, ist die Wasserlinse. Ein wenig davon am Ufer eines Teiches ist hübsch und bietet Schlupfwinkel für Kaulquappen. Aber die Wasserlinse vermehrt sich sehr rasch und kann innerhalb einiger Wochen einen kleinen Teich fast völlig bedekken. Legen Sie einmal einige der kleinen grünen »Linsen« in ein Gefäß mit Teichwasser und beobachten Sie sie. Beachten Sie auch die eine, kleine Wurzel unter jeder »Linse«! Bei der Vermehrung entstehen an den Rändern älterer »Linsen« neue, kleine »Linsen«, die sich dann nach und nach ablösen. Wenn Sie die einzelnen »Linsen« in Ihrem Gefäß alle paar Tage zählen, bekommen Sie rasch eine Vorstellung von der Vermehrungsrate. Vielleicht können Sie auch einmal testen, wie die Vermehrungsrate durch ein wenig Dünger oder auch die Erhöhung der Temperatur beeinflußt wird. Im Herbst verschwindet die Wasserlinse, aber sie stirbt nicht ab. Die »Linsen« lagern Stärke ein und werden so schwer, daß sie auf den Grund sinken. Den Winter über wird die Stärke verbraucht, und im Frühjahr sind die »Linsen« wieder so leicht, daß sie erneut zur Oberfläche aufsteigen.

## PROBLEME MIT ALGEN

Viele Teichbesitzer klagen über ›grünes Wasser‹, oft dick wie Erbsensuppe, das keinerlei Einblick mehr in das gewährt, was den Sommer über im Teich vor sich geht. Die Grünfärbung wird durch Millionen winziger Grünalgen verursacht, die frei im Wasser treiben und sich unglaublich rasch vermehren. Eigentlich schaden sie dem Tierleben im Teich nicht – sie dienen sogar vielen Tieren als Nahrung. Aber damit sie Ihre Beobachtungen nicht stören, sollten sie unter Kontrolle gehalten werden. Manche Leute empfehlen, den Teich mit verdünnter Kaliumpermanganatlösung zu behandeln. Dieses chemische Mittel tötet zwar die Algen ab, beseitigt aber nicht die Ursache des Problems, die meistens in einem zu hohen Mineralgehalt des Wassers zu suchen ist. Zusätzlich kann man nicht ausschließen, daß über die Nahrungskette nicht noch andere Lebewesen davon in Mitleidenschaft gezogen werden. Der Mineralgehalt kann zu hoch sein, weil mineralhaltige Erde in den Teich eingebracht wurde oder weil aus dem umgebenden Boden Mineralien ausgewaschen werden. Dies geschieht oft, wenn der Teich unterhalb eines Hanges liegt. Vielleicht ist auch das Leitungswasser zu nährstoffreich, mit dem der Teich aufgefüllt worden ist. Sie müssen versuchen, die Ursache des Nährstoffüberschusses zu finden und abzustellen. Daneben können biologische Schutzmaßnahmen helfen: Pflanzen Sie im Frühjahr Hornblatt und andere untergetauchte (submerse) Wasserpflanzen an. Diese verwerten einen Großteil der Mineralien und verlangsamen dadurch das Algenwachstum. Durch gelegentliche Entnahme von Wasserpflanzen entziehen Sie dem Teich nach und nach überschüssige Nährstoffe. Eine gesunde Population von Wasserflöhen oder anderen kleinen Vegetariern reduziert die Algenpopulation zusätzlich, aber wer Fische im Teich hat, kann keine großen Populationen dieser Tiere erwarten.

Das zweite große Algenproblem bilden die Fadenalgen. Ihre verzweigten Fäden überziehen die Ränder des Teiches und viele größere Pflanzen. Im Sommer können sie sich zu einer dichten Matte entwickeln, die den ganzen Teich bedeckt. Auch hier ist ein zu hoher Mineralgehalt die Ursache des Problems, wobei die einfachste Methode wieder darin besteht,

**Sauerstoffproduzierende Teichpflanzen**

Diese Sauerstoffproduzenten liefern nicht nur Sauerstoff – sie konkurrieren auch mit den Algen und halten dadurch das Wasser klar. Die drei hier gezeigten Pflanzen gedeihen alle gut in einem Gartenteich – manchmal wachsen sie fast zu üppig. Das Hornblatt kann man einfach ins Wasser werfen; die beiden anderen Arten müssen im Boden verankert werden.

Kanadische Wasserpest

Hornblatt

Ähriges Tausendblatt

die Algenschicht regelmäßig von Hand zu entfernen. Dabei wird man feststellen, daß es in den Algen von Insekten- und Molchlarven nur so wimmelt. Es ist mühsam, aber lohnend, diese Tiere aus den Algen herauszusammeln und in den Teich zurückzusetzen. Eine gute Hilfe für den Teichbesitzer sind Wasserschnecken, die von den Algen leben. Aber wenn Sie zu viele Wasserschnecken in Ihrem Teich haben, schädigen diese auch die größeren Pflanzen. Ganz allgemein sind die rotbraunen Posthornschnecken mit ihrem flach aufgewundenen Gehäuse besser geeignet als die Schlammschnecken mit ihren konischen Gehäusen.

## TIERE BESIEDELN DEN TEICH

Man muß die Tiere nicht extra in den Teich einsetzen: Nach einiger Zeit werden sich die meisten wasserliebenden Tiere von selbst ansiedeln, wenn sie passende Bedingungen vorfinden. Manche kommen aus eigener Kraft, andere lassen sich von größeren Tieren mit-

**Schnecke im Huckepack** Die Schnecken im Teich (oben) haben einen gewaltigen Appetit auf Algen. Hier sucht eine Posthornschnecke auf der Schale einer Großen Schlammschnecke nach Nahrung. Die Posthornschnecken leben vorwiegend am Teichboden, während die Große Schlammschnecke sich gern, mit dem Fuß nach oben, unter der Wasseroberfläche treiben läßt.

**Lautstarke Hochzeit** Das Laichen der Frösche (rechts) ist eine lautstarke Angelegenheit. Zu Beginn des Frühjahrs treffen sich Männchen und Weibchen an traditionellen Brutplätzen und halten Hochzeit.

**Lebenszyklus des Frosches**

Bei der Metamorphose von der Kaulquappe zum Frosch ändert sich nicht nur die Gestalt des Tieres, sondern auch seine Ernährung. Die Geschwindigkeit, mit der sich diese Umwandlung im Gartenteich vollzieht, hängt von mehreren Faktoren wie Temperatur, Nahrungsangebot und Mineralgehalt des Wassers ab; Durchschnittswerte sind unten angegeben. Erst nach etwa drei Jahren sind die Frösche dann geschlechtsreif.

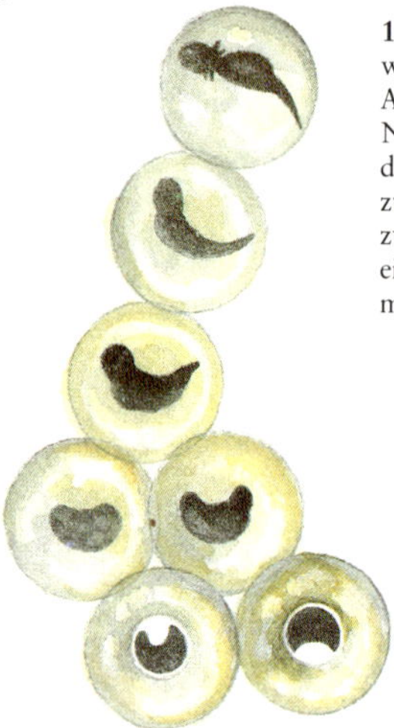

**1. Froschlaich** Die Eier werden während des Ablegens befruchtet. Nach wenigen Tagen ist der wachsende Embryo zu sehen. Nach etwa zwei Wochen schlüpft eine kleine Kaulquappe mit äußeren Kiemen.

3 Wochen

**2. Kaulquappe** Die äußeren Kiemen werden rückgebildet, und die Kaulquappe beginnt, sich von Fadenalgen zu ernähren.

8 Wochen

**3. Umstellung der Ernährung** Wenn sich die Hinterbeine und die Mundpartie ausgebildet haben, beginnt die Kaulquappe, tierische Nahrung zu fressen.

3 Monate

**4. Bereit für das Landleben** Ende Mai oder im Juni verläßt der Jungfrosch, der etwa 12 mm lang ist, den Teich.

nehmen: Selbst Fische und Wasserschnecken können in Form von Eiern reisen, die an den Füßen von Vögeln kleben und sich dann ablösen, wenn diese zum Trinken an den Teich kommen. Viele kleine Tiere werden Sie auch selbst mit den Pflanzen zusammen einbringen, die Sie am Teich einsetzen. Wenn Sie einige Eimer Wasser und etwas Schlamm aus einem bereits bestehenden Teich holen, beschleunigen Sie die Ansiedlung von Kleintieren erheblich.

Fische, vor allem Goldfische, sind besonders beliebt in Gartenteichen. Es ist auch sicherlich schön, sie zu beobachten, aber im Hinblick auf das Erreichen eines naturnahen Zustandes eignen sie sich weniger, da sie hauptsächlich Fleischfresser sind. In einem kleinen Teich werden sie die meisten anderen Tiere fressen, einschließlich der Kaulquappen, für die der Teich ja ein Zufluchtsort sein soll. Vom Besatz eines Gartenteiches mit Goldfischen ist auch noch aus einem anderen Grund abzuraten: Pro Goldfisch von 15 cm Länge werden mindestens 700 Liter Wasser benötigt, um den Fisch mit Nahrung zu versorgen und seine Abfälle abzubauen. Ein stärkerer Besatz führt zu ständiger Wassertrübung, Algenblüte und Fischsterben. Außerdem sind Goldfische recht krankheitsanfällig. Eher für Gartenteiche in Frage kommen da schon Stichling oder Moderlieschen. Bevor Sie sie einsetzen, sollten Sie sich aber mit ihren Lebensansprüchen vertraut machen und später ihren Bestand regulieren. Bei Stichlingen können Sie auch beobachten, wie die Männchen zur Brutzeit dunkelrote Bäuche bekommen, vielleicht können Sie sogar zuschauen, wie sie aus Pflanzenteilen ihr Nest bauen.

## DIE AMPHIBIEN

Zu dieser Gruppe gehören die Frösche, Kröten, Unken und Molche – alles Tiere, die zum Heranwachsen stehende Gewässer brauchen und die deshalb auch durch den Rückgang von Teichen und Tümpeln in der Natur besonders bedroht sind. Da sie im Sommer und Herbst teilweise beträchtliche Strecken über Land wandern, siedeln sie sich meist von selbst an neuen Teichen an, wenn das Gewässer und seine Umgebung für sie geeignet sind. Es ist übrigens verboten, Amphibien, ihren Laich oder ihre Kaulquappen bzw. Molchlarven zu fangen und im Gartenteich anzusiedeln. Die Tiere genießen bei uns vollständigen Schutz. Einzig sinnvoll wäre es, aus akut gefährdeten Gewässern, denen Ihr eigener Teich in Größe, Lage und Bewuchs entspricht, Kaulquappen zu holen. Aber auch dazu benötigen Sie die Genehmigung der Behörde.

Die Kaulquappen der Frösche und Kröten leben etwa drei Monate lang im Wasser – bei niedrigen Temperaturen länger – und gehen dann als winzige Hüpferlinge an Land. Ein sanft abfallendes Ufer oder eine überhängende Vegetation erleichtern ihnen das Herausklettern. Erst drei oder vier Jahre später laichen sie selbst zum ersten Mal.

Frösche und Kröten bevorzugen relativ große Teiche zum Laichen, da sich viele Männchen dort versammeln, die durch ihr Quaken die Weibchen anlocken. Ein Liebesspiel gibt es bei ihnen eigentlich nicht – die Männchen packen einfach das erstbeste Weibchen, das sie erwischen können, und befruchten seine Eier, während es ablaicht. Froschlaich wird in formlosen Klumpen abgelegt. Die Kröten dagegen laichen im tieferen Wasser und wickeln den Laich in Form von Laichschnüren um die Wasserpflanzen. Einige Arten versammeln sich jedes Jahr wieder an ihrem traditionellen Laichgewässer, auch dann, wenn der Teich inzwischen zugeschüttet wurde.

Im Unterschied zu Kröten und Fröschen laichen Molche auch in sehr kleinen Teichen und sind besonders während der Laichzeit sehr interessante Beobachtungsobjekte. Ihr Liebesspiel ist schweigend und tänzerisch, ganz im Gegensatz zum Chorgesang der Frösche. Die Männchen von Teichmolch und Kammolch tragen während der Laichzeit leuchtende Farben und bilden auf Rücken und Schwanz einen gewellten Kamm aus. Wenn man sie beim Hochzeitstanz beobachtet, bemerkt man, wie sie mit Kamm und Schwanz den Weibchen imponieren möchten. Die Weibchen sind dunkler, haben keinen Kamm und sind bis zur Laichablage recht plump. Oft dauert der Hochzeitstanz des Molches Stunden. Manchmal tanzt er auch vor einigen Weibchen, besonders dann, wenn das zuerst gewählte Weibchen unbeeindruckt bleibt. Die Weibchen verhalten sich meistens sehr passiv, aber solange sie sich nicht abwenden, fährt das Männchen in seinen Bemühungen fort. Durch das Schwanzschlagen wird ein besonderer Duft zum Weibchen gewedelt, das sich ihm daraufhin nähert. Nun können Sie beobachten, wie er wegkriecht und dabei fortgesetzt mit dem Schwanz schlägt. Das Weibchen folgt ihm und beschnuppert seinen Schwanz. Daraufhin legt das Männchen ein Samenpaket ab, das vom Weibchen sofort in die Kloake aufgenommen wird. Dieser Vorgang kann sich wiederholen,

**Ein langes Leben** Die langen Krötenlaichstränge im Teich (links) sind unverwechselbar. Wenn sie erst einmal die ersten gefahrvollen Monate ihres Lebens überlebt hat, kann eine Erdkröte (oben) sehr alt werden – 30 Jahre und darüber. Es handelt sich dann um ganz stattliche Tiere.

**Der unauffällige Teichmolch**

Molche sind die unauffälligsten Amphibien im Garten. Im Gegensatz zu den Fröschen sind es schweigende Tiere, die einen großen Teil ihres Lebens unter Wasser verbringen, wo sie nur schwer zu entdecken sind.

**Männchen in der Paarungszeit** Während der Paarungszeit wird der Kamm des Männchen ausgebildet. Seine leuchtenden Farben sieht man nur, wenn es gelingt, ihn auf den Rücken zu drehen, was nicht immer leicht ist.

**Weibchen** Das Weibchen hat keinen Kamm. Hier sieht man die Beine in Schwimmstellung.

**Molchlaich** Molche legen weniger Eier als Frösche und Kröten, aber sie lassen den Laich nicht einfach auf dem Wasser treiben. Er wird vom Weibchen an den Blättern von Wasserpflanzen befestigt.

**Molchlarve** Die Metamorphose der Molche ist weniger drastisch als die der Frösche und Kröten. Zu Beginn hat die Larve äußere Kiemen, die aber bald zurückgebildet werden.

bis sie etwa sechs solcher Samenpakete aufgenommen hat – dann gehen beide Molche getrennte Wege. Während der folgenden Wochen laicht das Weibchen. Im Gegensatz zu den Fröschen und Kröten legt es einzelne Eier ab, die jeweils an das Blatt einer Unterwasserpflanze angeheftet und zum Schutz darin eingewickelt werden. Sowohl ausgewachsene Molche als auch Jungtiere halten sich viel länger im Wasser auf als Frösche und Kröten. Sie fressen viele verschiedene Kleintiere.

Der häufigste Bewohner von Gartenteichen ist wohl der Teichmolch. Ganz selten sieht man aber auch mal Fadenmolche, die man außerhalb der Laichzeit leicht mit Teichmolchen verwechseln kann. Während der Laichzeit erkennt man Fadenmolche an den ausgeprägten hinteren Schwimmfüßen und dem kleinen Faden an der Schwanzspitze. Zusätzlich ist sein Kamm sehr viel schwächer ausgeprägt als beim Teichmolch. Da Fadenmolche bei uns nur ein kleines Verbreitungsgebiet haben, läuft man nur selten Gefahr, die beiden Tierarten zu verwechseln. Frösche, Kröten und Molche vertilgen viele Wegschnecken und andere Kleintiere, die – treten sie in Scharen auf – Schäden an unseren Gartenkulturen anrichten können. Der Gartenteich dient damit auch der natürlichen Schädlingsbekämpfung. Gewöhnlich sind die Amphibien nachtaktiv, aber oft findet man Frösche und Kröten auch tagsüber, verborgen unter Pflanzen, Steinen oder Holz. Molche sind scheu, man sieht sie selten außerhalb des Wassers. Alle aufgeführten Amphibien überwintern frostsicher im Boden oder im Schlamm auf dem Teichgrund. Sie können die Chancen für diese Tiere vergrößern, wenn Sie frostsichere Überwinterungsplätze schaffen. Lassen Sie den Steinhaufen aus Feldstein deshalb ruhig liegen, auch in den verschiedenen Gangsystemen anderer Tiere oder unter einem langsam verrottenden Holzhaufen finden Amphibien sichere Überwinterungsplätze. Wenn Sie weitere Gefahren von den Amphibien abwenden wollen, sollten Sie bei Hausfundamenten, die mit Eternit-

Wellbahnen isoliert sind, die Löcher oben abdecken oder die Wellbahnen etwa vierzig Zentimeter herausragen lassen. Auch Fensterschächte werden oft zur Todesfalle.

## INSEKTEN AM TEICH

Bestimmte Wasserkäfer und Wasserwanzen gehören meist zu den ersten Teichbewohnern. Man nimmt an, daß sie von der reflektierenden Wasserfläche angelockt werden. Das kann sowohl in mondhellen Nächten als auch tagsüber der Fall sein. Zu den Käfern gehören fleischfressende Arten und Pflanzenfresser, und in sauberem Wasser kann man sie gut bei der Nahrungssuche beobachten. Die meisten Käfer haben eine glatte, gerundete Oberfläche, die das Schwimmen erleichtert; es gibt aber auch weniger stromlinienförmige Arten, die dann auf den Unterwasserpflanzen herumklettern. Oft sieht man Käfer an die Wasseroberfläche kommen, wo sie dann eine Zeitlang bewegungslos verharren. Sie erneuern ihren Vorrat an Atemluft, denn trotz ihrer Lebensweise im Wasser sind sie doch auf Luftatmung angewiesen. Die Luft wird zwischen dem Körper und den Flügeldecken gespeichert, so daß das Insekt dann während des Tauchens mit Luft versorgt ist. Manche Käfer hängen mit dem Kopf nach oben, andere mit dem Kopf nach unten an der Wasseroberfläche, um Luft aufzunehmen. Zur ersten Gruppe gehören vor allem Pflanzenfresser, während die zweite Gruppe aus Fleischfressern besteht. Der größte Käfer im Teich ist der Gelbrandkäfer. Er ist bis zu 4 cm lang und hat einen olivgrünen Körper mit gelben Rändern. Der Gelbrandkäfer und vor allem seine Larve sind sehr gefräßig und greifen alles an, vom kleinsten Wurm bis zum Fisch oder auch Frosch. Es ist faszinierend, sich mit diesem Tier näher zu beschäftigen.

Beobachten Sie auch einmal genauer die Taumelkäfer, die immer im Kreis herum über die Wasseroberfläche flitzen! Vermeiden Sie dabei aber abrupte Bewegungen und achten Sie darauf, daß Ihr Schatten nicht auf die Käfer fällt, sonst tauchen sie blitzschnell weg. Diese glänzenden schwarzen Käfer gleiten auf sehr kurzen, haarigen Beinen über die Wasseroberfläche und fressen vor allem solche Insekten, die auf das Wasser fallen: Werfen Sie ihnen einmal eine tote Fliege zu! Man darf sie aber

**Räuber im Teich**

Im Gartenteich sind Spinnen und Insekten die größten Räuber, wenn keine Fische da sind. Alle unten gezeigten Tiere siedeln sich von ganz allein im Teich an, ohne daß man etwas dafür tun muß.

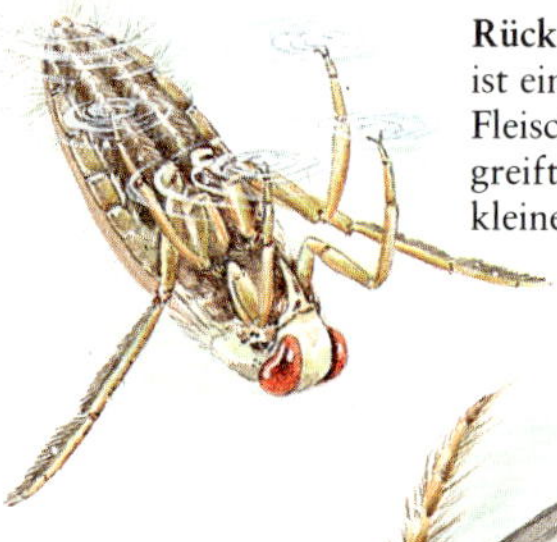

**Rückenschwimmer** Er ist einer der gefräßigsten Fleischfresser im Teich und greift selbst Molche und kleine Fische an.

**Wasserspinne** Diese nur im Wasser lebende Spinne führt unter Wasser immer eine Luftblase mit. Beutetiere verzehrt sie in einer Luftglocke.

**Kleinlibellenlarven** Wie die Großlibellenlarven verfügen sie über eine „Fangmaske“, das sind Kiefer, die rasch vorgestoßen werden können.

**Gelbrandkäfer** Dieser Käfer ist der größte Räuber im Teich; er verzehrt kleine Fische und greift selbst erwachsene Stichlinge und Frösche an.

**Eine Großlibelle schlüpft** Großlibellen können bis zu fünf Jahren als Larven unter Wasser verbringen, bevor sie als Nymphen an Land gehen, aus denen später die ausgewachsenen Libellen schlüpfen. Während ihres Larvendaseins im Wasser häutet sich eine Libelle etwa ein dutzendmal. Dann klettert die Nymphe vor der letzten Häutung an einem Stengel empor (oben). Die alte Haut reißt auf, die Libelle windet sich heraus, und die Flügel werden entfaltet, damit sie aushärten können. Diese letzte Häutung dauert etwa zwei Stunden.

**Falken und Ansitzjäger** Die Edellibellen wie die Blaugrüne Mosaikjungfer (oben) jagen ihre Beute wie Falken im Flug, während andere Libellen sich von einem Ansitz aus auf ihre Beute stürzen.

**Kleinlibellen** Zwei wunderschöne Kleinlibellen ruhen in der Begattungsstellung (rechts) an einem Blatt in unmittelbarer Nähe eines Gewässers aus. Dabei kann man sehr schön den Unterschied zu den Großlibellen betrachten. Kleinlibellen sind viel zarter und haben in Ruhe eine deutlich andere Flügelstellung: Im Unterschied zu den Großlibellen klappen sie die Flügel über dem Hinterleib zusammen.

### Eine fünfgliedrige Nahrungskette

Die hier gezeigte Abfolge von Räubern und Beute deutet an, wie komplex das Leben in einem Teich sein kann. Diese Nahrungskette ist fünf Glieder lang und damit ungewöhnlich kompliziert (siehe Seite 51). Da der Gartenteich eine große Vielzahl verschiedener Tiere und Pflanzen auf kleinem Raum beherbergt, ist die Wahrscheinlichkeit einer so langen Nahrungskette hier wesentlich höher als in anderen Lebensräumen des Gartens.

**1. Kieselalgen** Diese winzigen, im Wasser treibenden Pflanzen produzieren und speichern ihre eigenen Nährstoffreserven. Jede einzellige Pflanze ist von einem winzigen Silizium-Gehäuse umgeben, dessen Form für die jeweilige Art typisch ist.

**2. Protozoa** Diese einzelligen Tiere verschlingen Unmengen von Kieselalgen. Das hier abgebildete Pantoffeltierchen bewegt sich mit Hilfe winziger, schlagender Härchen

**3. Wasserflöhe** Wasserflöhe sind winzige Krebstiere, die kleine Pflanzen und Tiere fressen. Sie sind die ersten Lebewesen in dieser Nahrungskette, die mit bloßem Auge zu erkennen sind.

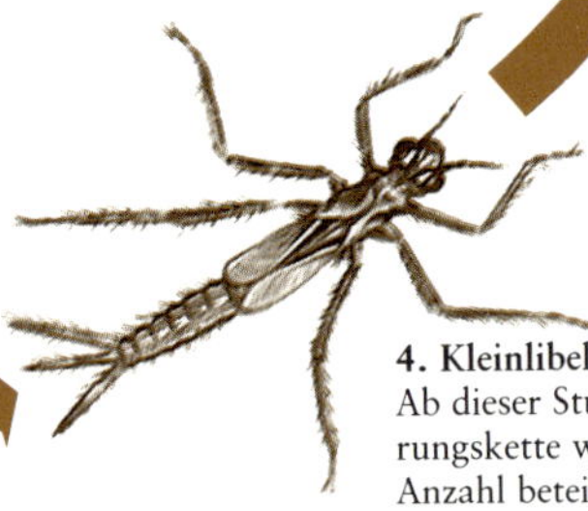

**4. Kleinlibellen-Larve** Ab dieser Stufe der Nahrungskette wird die Anzahl beteiligter Individuen zunehmend geringer. In einem kleinen Teich leben nur wenige Dutzend dieser Larven.

**5. Stichling** Dies ist wahrscheinlich der »oberste Räuber« im Teich – kein anderer Teichbewohner ist groß genug, um ihn zu fressen.

nicht mit den langbeinigen Wasserläufern verwechseln, die nicht zu den Käfern, sondern zu den Wanzen gehören. Wenn Sie mit viel List und Tücke einen Wasserläufer fangen können, betrachten Sie einmal den langen Rüssel genauer, durch dessen Bau sich die Wanzen von den Käfern und allen anderen Insekten unterscheiden. Ebenso wie die Taumelkäfer ernähren sich die Wasserläufer von Insekten, die auf die Wasseroberfläche fallen. Sie registrieren die kleinen Wellen rund um das zappelnde Insekt und spurten auf ihrem langen, mittleren Beinpaar hinterher. Dieses Beinpaar wird wie ein Ruder benutzt, ohne daß dabei aber die Oberflächenspannung des Wassers durchbrochen wird. Die Hinterbeine dienen als Steuerruder, mit den Vorderbeinen fangen sie die Beute. Wenn man einen Wasserläufer, der sich gerade nicht bewegt, genau betrachtet, kann man die winzigen Einbuchtungen sehen, die seine Beine auf der Wasseroberfläche verursachen. In ganz flachen Tümpeln kann man dieses Phänomen noch deutlicher als Schatten wahrnehmen.

Viele andere Wasserwanzen leben unter der Wasseroberfläche. Am bekanntesten ist der Rückenschwimmer, der – wie sein Name schon sagt – auf dem Rücken schwimmt und seine langen, haarigen Hinterbeine als Ruder benutzt. Er trägt seinen Luftvorrat in einem

Haarpolster am Bauch, was ihm einen silbrigen Glanz verleiht. Er ist ein Fleischfresser wie der Gelbrandkäfer, jagt aber nur kleinere Beutetiere. Verwechseln Sie ihn nicht mit einer anderen großen Gruppe der Wasserwanzen, den Ruderwanzen. Diese schwimmen nicht auf dem Rücken und sind vorwiegend Pflanzenfresser. Bei einigen Arten können die Männchen ein recht lautes Lockgeräusch produzieren, das dem Zirpen einer Grille ähnelt. Sie reiben dazu die Vorderfüße am Kopf. Wenn man ein paar Ruderwanzen in eine flache Wasserschale setzt, kann man dieses Geräusch gut hören.

Es leben noch viele andere Insekten, Larven, Würmer, kleine Krebse und Schnecken im Gartenteich – es gibt also immer etwas zu sehen! Am besten ziehen Sie einmal ein kleines Aquariumsnetz durchs Wasser; Sie können auch einfach den Fuß eines alten Nylonstrumpfes an einem Drahtrahmen befestigen, das geht genausogut. Leeren Sie Ihren Fang in flache Schalen mit Wasser, und schon können Sie die verschiedensten Tiere beobachten! Sie sollten aber darauf achten, daß sich das Wasser nicht erwärmt, da die Tiere sonst sterben. Am besten füllen Sie von Zeit zu Zeit neues kaltes Teichwasser zu.

Viele Insekten verbringen nur den ersten Teil ihres Lebens als Larven im Wasser; sie leben später an Land und in der Luft. Dazu gehören Eintagsfliegen, Köcherfliegen und viele andere Fliegen und Mücken. Viele dieser Larven werden Sie in Ihrem Netz finden. Bei den meisten handelt es sich um Aasfresser, die von den Pflanzen- und Tierresten am Teichgrund leben oder sich von dem winzigen Plankton ernähren, das in den oberen Wasserschichten schwebt. Sie selbst dienen wiederum größeren Tieren als Nahrung. Auch hier im Teich stehen alle Lebewesen in komplexen Nahrungsketten miteinander in Verbindung.

Auch die Großlibellen leben als Larven im Wasser. Die ausgewachsenen Libellen ernähren sich von den kleinen Mücken, die oft in Schwärmen über dem Wasser schweben und die sie im Flug mit ihren großen, bedornten Beinen fangen. Ihre kleineren Verwandten, die Kleinlibellen, findet man häufig auch an kleinen Gartenteichen. Oft ruhen sie sich mit auf dem Rücken zusammengelegten Flügeln auf Seerosenblättern oder anderen Pflanzen aus. Sie jagen auch lieber von solch einem Ansitz aus als im freien Flug. Manchmal kann man sie im Tandemflug beobachten, wobei das Männchen mit seinen zangenartigen Fortsätzen am Hinterleib das Weibchen am Kopf packt. Dies ist ein Teil des Hochzeitsfluges bei Groß- und Kleinlibellen, der sowohl vor als auch nach der Kopulation beobachtet werden kann. Wenn die Begattung schon erfolgt ist, kann man manchmal sehen, wie das Männchen das Weibchen so weit herabläßt, daß ihr Hinterende kurz ins Wasser taucht, wobei sie ein Ei ablegt. Bei manchen Kleinlibellen klettert das Tandempaar sogar am Stengel einer Wasserpflanze hinunter, bis das Weibchen vollständig untergetaucht ist. Es legt dann ein Ei an der Pflanze ab und gibt dem Männchen ein Signal, woraufhin es wieder hochgezogen wird. Dann wird die ganze Prozedur an einer anderen Pflanze wiederholt.

Da die Groß- und Kleinlibellen wegen des Rückgangs der Teiche und Tümpel stark gefährdet sind, sollten Sie sie an Ihrem Teich

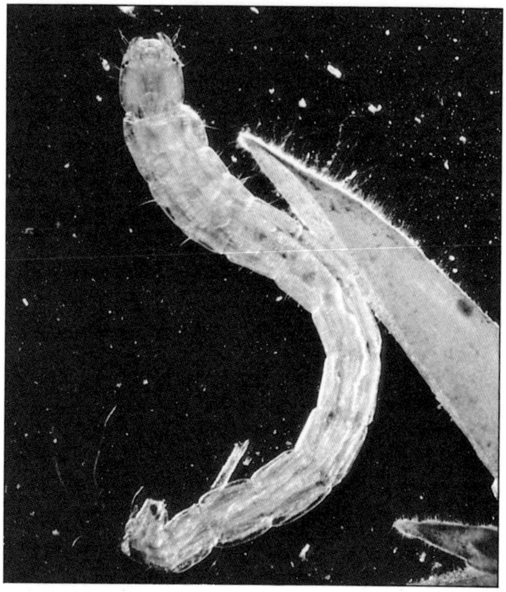

**Mückenlarven** Während der ersten Wochen nach Anlegen eines Teiches können vor allem im Sommer die Larven der Hausmücken im Teich überhandnehmen. Später, wenn sich im Teich eine vielfältige Tierwelt eingestellt hat, werden nur noch wenige Mückenlarven überleben und sich zum fertigen Insekt entwickeln.

willkommen heißen. Sie werden es Ihnen durch ihre Farbenpracht und ihre wundervolle Flugtechnik danken.

## VÖGEL AM TEICH

Für Vögel ist ein Gartenteich vor allem als Tränke und Badestelle interessant. Besonders während sommerlicher Trockenperioden ist es ungeheuer reizvoll, das muntere Treiben am Wasser zu beobachten. Da kommen sämtliche Kleinvögel auch aus den Nachbargärten, in denen es keine Wasserstelle gibt. Nach dem Baden, Planschen und Trinken fliegen sie tropfensprühend und schwerfällig in den nächsten Strauch oder zu einem Zaunpfosten, wo sie sich putzen und trocknen. So richtig sicher fühlen sich die Vögel aber nur, wenn sie beim Baden einige Meter freie Sicht haben, um anschleichende Katzen rechtzeitig zu erkennen. Deshalb ist es gut, wenn ein größerer Teil des Teichufers an eine Gartenfläche mit niedriger Vegetation angrenzt, an eine Kiesfläche, einen Rasen oder eine magere Feuchtwiese. Das eigentliche Ufer sollte hier ganz sanft abfallen und an der Badestelle frei sein von Sumpfpflanzen. Dies ist auch die Stelle, an der Sie etwas für die Rauch- und Mehlschwalben tun können: Seitdem fast alle Wege und Plätze geteert oder anders befestigt sind, finden Schwalben in der ja oft auch niederschlagsarmen Zeit des Nestbaues kaum noch feuchten Lehm als Baustoff. Wenn an der beschriebenen Badestelle Lehm im feuchten Bereich des Ufers vorhanden ist, können Sie bald auch Schwalben an Ihrem Teich beobachten. Eine zusätzliche Erleichterung bedeutet es für die Schwalben noch, wenn einige kurzgeschnittene Grashalme am Ufer ausgelegt werden.

Immer wieder gerne beobachte ich die Bachstelze. Während sie munter am Ufer des Teiches entlangstolziert, stöbert sie viele Insekten auf und schnappt sie sich, bevor sie auffliegen können. Doch auch in der Luft ist der »Wippsteert« geschickt. Sie macht dicht über dem Wasser Jagd auf Insekten und benutzt dabei ihren langen Schwanz für plötzliche Wendungen. Manchmal meint man, sie müsse gleich abstürzen – aber nein, nach einer schnellen Kurskorrektur ist sie wieder auf Jagd.

**Ein Insektenfresser am Ufer** Bachstelzen kann man selbst in Städten oft im Gartenteich beobachten.

Für typische Wasservögel wie Teichhuhn, Bläßralle oder Wildenten sind unsere Gartenteiche und Grundstücke normalerweise viel zu klein. Manche Leute wollen aber auf relativ kleinen Gartenteichen Hausenten halten. Davon kann ich nur abraten. Das Wasser wird sehr schnell überdüngt und trübe. Am Gewässerboden sammelt sich Faulschlamm, und die Ufervegetation wird zerstört. Als Lebensraum für Frösche, Molche und Kröten ist ein solcher Teich dann nicht mehr geeignet.

## DER SUMPFGARTEN

Teiche oder Weiher in der freien Natur sind normalerweise von Sumpfgebieten umgeben, und wenn Sie an Ihrem Gartenteich eine ähnliche Zone schaffen können, haben Sie einen wirklich naturnahen Lebensraum geschaffen – einen ›wilden‹ Wassergarten, in dem Pflanzen und Tiere, die eine feuchte Umgebung brauchen, gedeihen können. Auf Seite 178–179 ist anschaulich gezeigt, wie man einen solchen Sumpfgarten anlegen kann.

Sumpfpflanzen brauchen einen Untergrund, der Feuchtigkeit, aber auch noch etwas Luft

**Sumpfpflanzen für den Garten** Die Sumpfdotterblume (oben) blüht lange vor den meisten anderen Sumpfpflanzen und lockt frühfliegende Bienen an. Wenn die Sumpfdotterblume verblüht ist, öffnet die Wasserfeder (rechts) ihre eleganten Blüten.

**Ein prächtiger Teich** Der Teich unten zeigt deutlich, daß das Teichufer viel zur Gestaltung des Gartens beitragen kann. Rund um den Teich steht eine Mischung aus wilden Pflanzen und Kulturpflanzen, und diese Uferzone ist voller Leben.

enthält. Die leuchtenden Blüten dieser Pflanzen locken viele Insekten an, und das Sumpfgebiet selbst ist ein Paradies für Frösche, Kröten und Molche. Man kann den Sumpfgarten sowohl an sonnigen als auch an schattigen Standorten anlegen, denn es gibt viele passende Pflanzen für jeden Standort.

Zu den geeigneten einheimischen Sumpfpflanzen für schattige Standorte gehören Sumpfblutauge, Kriechender Günsel, Engelwurz und Gelber Eisenhut. Geeignete fremdländische Pflanzen sind die Sumpfspierstaude und die vielen schattenliebenden Primel-Varietäten. Auch Funkien *(Hosta sp.)*, die hauptsächlich wegen ihrer schön gezeichneten Blätter gepflanzt werden, sowie verschiedene Farne eignen sich. Wer viel Platz hat, kann die riesige, südamerikanische *Gunnera manicata* mit den bis zu 3 m hohen, rhabarberähnlichen Blättern pflanzen.

Zu den einheimischen Sumpfpflanzen für sonnige Standorte zählen die früh blühende Sumpfdotterblume, die Sumpfschwertlilie, die Schwanenblume, das Sumpfvergißmeinnicht und die Wasserminze. Letztere wird viel von Insekten besucht. An weniger feuchten Standorten gedeiht der Blutweiderich – eine der schönsten Blütenpflanzen im Sumpf. Auch der Moorabbiß, die Trollblume, die Niedrige Schwarzwurz, der Uferhahnenfuß, der Zungenhahnenfuß und das Wiesenschaumkraut können hier angepflanzt werden. Das Sumpfjohanniskraut breitet sich rasch aus und bildet einen dichten Pflanzenteppich zwischen Teich und Sumpfgebiet.

Viele dieser Pflanzen sind in ihrem Bestand bedroht und daher geschützt. Man darf sie deshalb unter keinen Umständen irgendwo ausgraben! Die Samen der meisten Pflanzen kann man in Samenhandlungen kaufen (siehe Liste Seite 188). Sonst kann man auch die Samen von Pflanzen in der Umgebung sammeln.

Zu den exotischen Sumpfpflanzen gehören das Drüsige Springkraut, der große und sehr schöne Alant sowie die verschiedenen Japan-Schwertlilien. Diese Pflanzen verschönern

**Teich- und Sumpfpflanzen**

Wasserpflanzen nehmen es mit ihren Wachstumsbedingungen ziemlich genau, das heißt sie wollen in exakt der richtigen Wassertiefe oder auf dem genügend feuchten Boden stehen. Dieses Teichprofil zeigt eine Pflanzenabfolge für verschiedene Bereiche des Teiches. Der tiefe Bereich reicht etwa bis 100 cm unter die Wasseroberfläche, während sich die Randplattform etwa 20 cm unter dem Wasserspiegel befindet.

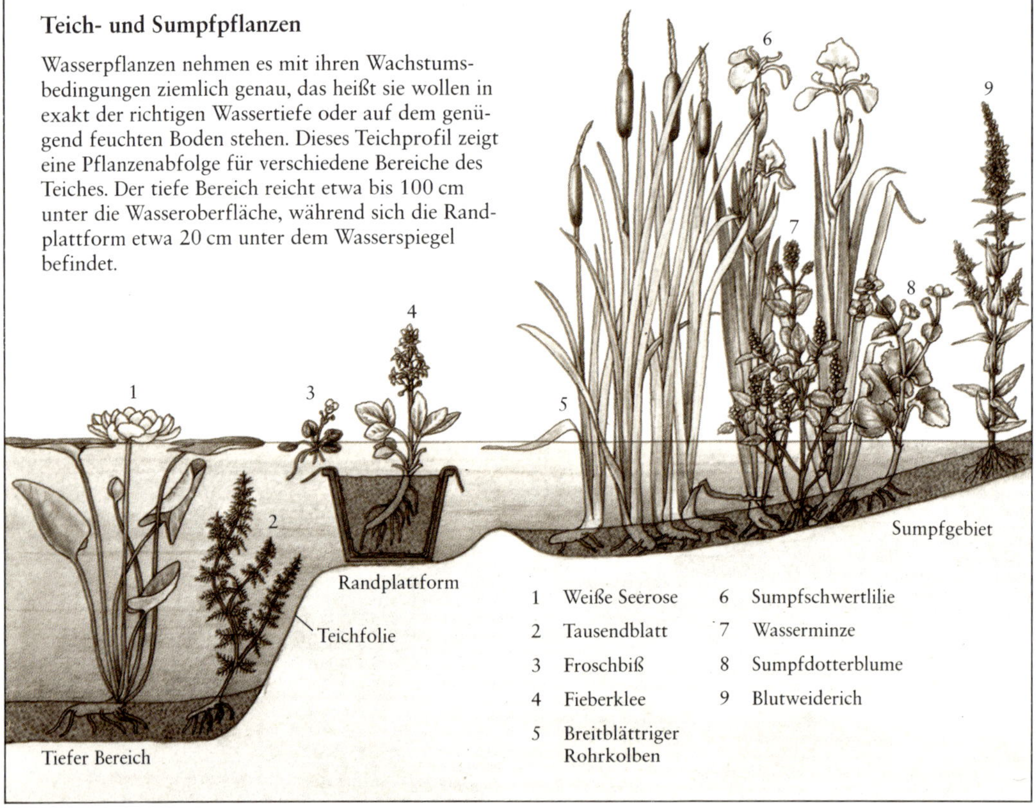

nicht nur den Garten, sondern locken auch eine bunte Schar von Insekten an. Im Sumpfgebiet sammelt sich außerdem viel Getier, das den Fröschen, Kröten und Igeln einen reich gedeckten Tisch liefert. Igel fühlen sich oft vom Teich angezogen. Obwohl sie ganz gut schwimmen können, ertrinken sie im Teich, wenn am Ufer keine flache Zone vorhanden ist. Sie sollten daher auf jeden Fall an einer Seite des Teiches ein sanft abfallendes Ufer anlegen.
Wenn Sie im Garten genug Platz haben, sollten Sie unbedingt einen solchen Sumpfgarten anlegen. Wer wenig Platz hat, kann Sumpfpflanzen auch in großen Blumentöpfen im Flachwasserbereich rings um den Teich ziehen. Stellen Sie zum Beispiel einige umgedrehte Blumentöpfe so auf, daß sie gerade mit Wasser bedeckt sind, und benutzen Sie sie als Podeste für Ihre Töpfe mit Sumpfpflanzen. Setzen Sie die Pflanzen in lehmreiche Erde, die viel Wasser aufnehmen kann, und Sie werden bald ein prächtiges Blütenmeer rings um Ihren Teich haben.

## DER KLEINE GARTENBACH

Wasser gewinnt durch Bewegung an Faszination, und da es heute preiswerte und zuverlässige Elektropumpen mit geringem Stromverbrauch gibt, kann man relativ leicht einen kleinen Bach im Garten anlegen. Ein Garten mit Hanglage eignet sich natürlich besonders gut. Das System besteht einfach aus zwei Teichen, von denen einer unterhalb des anderen angelegt wird und die durch einen Bach verbunden sind. Das Wasser fließt vom oberen Teich in den unteren und wird dann in den oberen zurückgepumpt. Wer nicht das Glück hat, einen natürlichen Felshang im Garten vorzufinden, über den das Wasser rinnen kann, muß eine Rinne aus Zement oder mit Teichfolie anlegen, die dann durch einige gut plazierte Felsbrocken ein natürliches Aussehen erhält. Der Bach sollte eigentlich nur ein Rinnsal sein, dann siedeln sich bald von selbst Moose und Lebermoose in und um ihn herum an. Man kann auch verschiedene wasserliebende Pflanzen an den Bach setzen. Viele Insekten, wie Schmetterlinge, Bienen und Fliegen, werden zum Trinken an das kleine Rinnsal kommen. Sie können beobachten, wie sie mit ihren langen Rüsseln das Wasser aufsaugen oder es auflecken. Vielleicht finden Sie ja Köcherfliegenlarven in Ihrem Bach – sie sind leicht zu erkennen an den Köchern, in denen sie leben und die sie aus kleinen Sandkörnchen oder anderen Materialien gebaut haben.
Das eben beschriebene System ist weniger durch Verunreinigungen gefährdet, als der Teich, in dem es durch Fehler bei seiner Anlage zu Überdüngung kommen kann. Das über die Steine plätschernde Wasser nimmt Sauerstoff auf und fördert dadurch die Verrottung von totem Material. Auch den Bach- und Teichbewohnern tut der Sauerstoff gut.
Wenn Sie den Aufwand mit den beiden Teichen und der Pumpe scheuen oder auch als nicht zu rechtfertigen ablehnen, so können Sie doch durch ein kleines Rinnsal aus Ihrer Regentonne, das schließlich in Ihrem Teich mündet, etwas von der Faszination des fließenden Wassers in Ihren Garten holen.

**Gehäuse der Köcherfliegenlarven** Die Köcherfliegenarten kann man anhand der Struktur ihrer Larvengehäuse identifizieren. Zum Bau des Köchers werden ganz verschiedene Materialien verwertet, von Zweigen und Sand bis zu leeren Schneckengehäusen.

KAPITEL 6

# LEBEN ZWISCHEN DEN GRASHALMEN

Wer über eine blühende frühsommerliche Blumenwiese wandert und – umschwirrt von vielen Insekten – einen farbenprächtigen Blumenstrauß pflückt, der bekommt auch einen intensiven Eindruck davon, was zwischen den Grashalmen lebt. Es gibt nur wenige andere Lebensräume in unserer Klimazone, die über einen vergleichbaren Artenreichtum verfügen. Allein 1500 Insekten- und Spinnenarten sind auf die Wiesen angewiesen. Leider sind diese Flächen im Zuge der Intensivierung der Landwirtschaft durch Dünger- und Herbizideinsatz selten geworden. Der Landwirt ist im Interesse seiner Rinder am Wachstum der Gräser interessiert, das er durch Dünger verstärken kann. Indem er die Wiese öfter mäht, kommen die krautigen Pflanzen nicht mehr zur Blüte, und viele von ihnen verschwinden. Auch die Kleintierwelt, die ja auf eine vielfältige Pflanzenwelt angewiesen ist, wird infolgedessen drastisch vermindert.

Ähnlich artenarm sind viele Grünflächen, die man im Garten oder auch in öffentlichen Anlagen antrifft. Grundsätzlich lassen sich drei Formen voneinander unterscheiden. Der englische Rasen ist ein völlig einförmiger Grasbewuchs, kurz geschnitten und stark belastbar, der aber nur mit sehr viel Arbeit und durch Einsatz von Dünger und Herbiziden in seinem Zustand gehalten werden kann. Ein solcher Rasen ist eher ein Leichentuch als ein Lebensraum. Man findet ihn glücklicherweise auch immer weniger.

Fast ebenso belastbar, aber »naturnäher« ist ein bunter Rasen, eine grüne Fläche also, auf der auch Gänseblümchen, Breitwegerich und manche andere krautige Pflanzen eine Chance haben. Auf solchen Rasenflächen läßt sich schon einiges beobachten; die Artenzahl der Tiere ist zwar noch gering, aber Spinnen, Asseln, Hundertfüßer, Laufkäfer und verschiedene Fluginsekten stellen sich ein. Im Vergleich zu dem englischen Rasen ist der bunte Rasen pflegeleicht. Er wird nicht ganz so oft gemäht, nur in Zeiten großer Trockenheit gesprengt, auch nicht gedüngt oder mit anderen Chemikalien behandelt. Der Natur am meisten nachgebildet ist die Gartenwiese. Das Auge erfreut sich an den vielfältigen, bunten, blühenden Blumen, die sich im Wind bewegen. Wenn Sie genug Platz in Ihrem Garten haben, sollten Sie ruhig einen Teil Ihres Rasens zu einer Gartenwiese machen. Das heißt aber nicht einfach, daß Sie den Rasenmäher im Gartenschuppen lassen können – das Anlegen einer Gartenwiese erfordert schon etwas Planung und jährliche Pflege (siehe Seite 131). Bevor Sie daran gehen, Ihre Rasenfläche zur Gartenwiese umzugestalten, sollten Sie sich jedoch erst einmal die Tiere Ihres traditionellen, regelmäßig gemähten Rasens betrachten und sich mit den bemerkenswerten Pflanzen, aus denen der Rasen hauptsächlich besteht, nämlich den Gräsern, näher beschäftigen.

Wenn man sich die geschlossene grüne Pflanzendecke eines Rasens ansieht, kann man sich gar nicht vorstellen, daß dieser Eindruck durch unzählige kleine Blätter erzeugt wird. Die Gräser wachsen mit ihren senkrechten Blättern von der Basis her und werden auch durch wiederholtes Mähen nicht nachhaltig geschädigt. Infolge dieser Regenerationsfähigkeit und Wachstumskraft der Gräser muß ein Rasen pro Jahr mehrfach gemäht werden. Die meiste Zeit des Jahres befinden sich die eigentlichen Sprosse der Gräser auf Bodenniveau, sie werden also durch das Mähen normalerweise nicht verletzt. Wenn sie doch einmal angeschnitten werden, bilden die Gräser einfach neue Wurzelsprosse aus, die dann einen noch dichteren Rasen bilden. Regelmäßige Belastung durch Tritt oder Beweidung haben, wenn sie nicht zu extrem sind, die gleiche Wirkung. Keine anderen Pflanzen können regelmäßiges Mähen oder Beweiden so gut vertragen wie die Gräser. Ohne Gräser gäbe es daher weder unsere Rasenflächen in Gärten oder Parks noch grüne Fußballplätze. Aber was noch viel bedeutender ist: Wir hätten auch keine Viehweiden, und all die vielen grasfressenden Tiere hätten sich niemals entwickelt.

Die meisten Gräser blühen im Juni und Juli. Ihre Pollen fliegen dann durch die Luft und sind in vielen Fällen die Ursache des Heuschnupfens. Durch rechtzeitiges Mähen kann man natürlich verhindern, daß die Gräser zur Blüte kommen. Wenn Sie sich die unterschiedlichen Blütenstände der Gräser aber mal genau ansehen wollen, brauchen Sie das Gras nur einige Wochen wachsen zu lassen. Nachdem sich die Samen gebildet haben, sterben die abgeblühten Sprosse ab und werden durch

**Gräser im Garten**

Da die Blätter der Gräser sich recht ähnlich sehen, muß man die Gräser anhand ihrer Blütenstände unterscheiden. Grasblüten werden windbestäubt. Die Blütenstände sitzen an langen Stengeln und öffnen sich allmählich, damit die winzigen Blüten dem Wind ausgesetzt werden. Bei den hier gezeigten Gräsern sind die Blüten voll geöffnet.

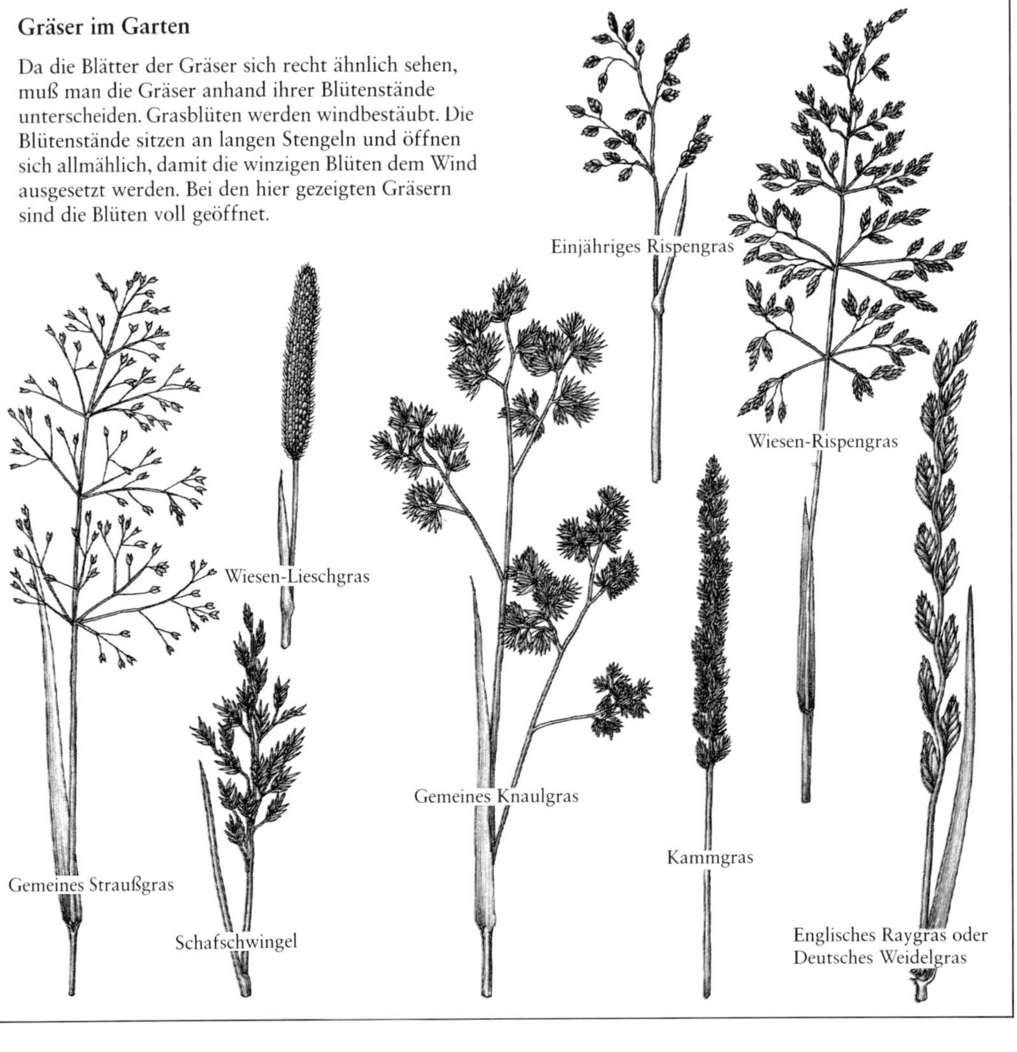

neue Wurzelsprosse von der Basis her ersetzt. Nur das Einjährige Rispengras treibt, wie sein Name schon sagt, nicht wieder aus und ist daher für Rasenflächen nicht besonders gut geeignet.

Es gibt verschiedene Möglichkeiten, im Garten einen Rasen anzulegen. Zum Beispiel können Sie der Natur ihren Lauf lassen und einfach ein Stück nackten Boden einebnen. Dann wird gewartet, bis sich die Pflanzen angesiedelt haben. Durch regelmäßiges Mähen fördern Sie dann das Wachstum der Gräser auf Kosten der anderen Pflanzen. Da es aber ziemlich lange dauert, bis daraus ein ansehnlicher Rasen wird, benutzen die meisten Leute lieber Fertigrasen oder Rasensaat. Fertigrasen oder Rasensoden sind natürlich die bequemste, aber auch teuerste Lösung. Der Untergrund muß nicht so gründlich vorbereitet werden, und die Fläche ist von Anfang an begrünt. Sie geben aber einer standortgerechten Zusammensetzung Ihres Rasens keine Chance. Der fertige Rasen hat eine dicht schließende Oberfläche, so daß sich andere Kräuter oder Gräser nicht ansiedeln können. Bei der Verwendung von Rasensaat ist das schon anders. Die Rasensamen sollten nur im Frühjahr oder Herbst gesät werden, wenn feuchtwarmes Wetter zu erwarten ist. Zwar dauert es dann eine ganze Weile, bis ein guter Rasen entsteht, aber dafür kann man sich die gewünschten Grasarten zusammenstellen und dort noch Brachflächen lassen, wo Samen aus der Umgebung keimen können.

Die Rasensaat setzt sich aus verschiedenen einheimischen Gräsern zusammen, die je nach Bodenart und besonderen Ansprüchen in verschiedenen Anteilen gemischt werden. Englisches Raygras ist, in verschiedenen Zuchtsorten, ein sehr wichtiger Bestandteil von Rasenmischungen. Dieses Gras ist relativ grob und widerstandsfähig, es eignet sich gut für Allzweckrasen und Rasenflächen, die stark beansprucht werden. Am besten gedeiht es auf guten, lehmreichen Böden. Durch sein kräftiges Wachstum unterdrückt es viele zartere Gräser. Deshalb eignet sich das Englische Raygras nicht besonders gut für einen ganz feinen Zierrasen, aber den sollten Sie ja sowieso nicht anlegen. Bei den Rasenmischungen ist meistens angegeben, ob sie Englisches Raygras enthalten oder nicht. Seine zähen Blütenstengel überstehen oft das Rasenmähen und ragen dann über den frischgemähten Rasen hinaus. Auf sandigen Böden wird das Englische Raygras allerdings meistens nach ein bis zwei Jahren von säuretoleranteren Gräsern verdrängt. Für sandige Böden sind die verschiedenen Schwingelarten besser geeignet.

Weitere wichtige Rasengräser sind das Gemeine Straußgras, das Kammgras, der Haarblättrige Schwingel, der Schafschwingel, der Rotschwingel, der Ausläufer-Rotschwingel, das Wiesen-Lieschgras und das Wiesen-Rispengras. Das Einjährige Rispengras sollte man nicht aussäen, aber es siedelt sich oft von selbst an. Es ist eine der wenigen einjährigen Pflanzen im Rasen. Meistens tritt es nur während seiner Blüte- und Samenbildungszeit in Erscheinung. Die Samen können sich dann während des Winters im Rasen festsetzen und zu Frühjahrsbeginn keimen, bevor sich die anderen Gräser rühren. In Bereichen, die nicht so regelmäßig gemäht werden – beispielsweise rund um Bäume –, können sich auch größere Gräser von selbst ansiedeln. Ein typisches Beispiel ist das Gemeine Knaulgras oder Knäuelgras. Wenn die blassen, abgeflachten jungen Triebe nicht durch Mähen beeinträchtigt werden, entwickeln sich daraus ansehnliche Grasbüschel. Wenn Sie ein solches Grasbüschel den Sommer über stehen lassen, werden Sie irgendwann die Blüten betrachten können, die dem Gras seinen Namen gegeben haben. In einer kleinen Ecke sollten Sie ruhig einmal alle Gräser bis zur Blüte kommen lassen, um auf diese Weise die Blütenstände kennenzulernen.

## WILDKRÄUTER IM RASEN

Wenn Sie einen Rasen haben, der regelmäßig gemäht wird, sollten Sie ihn ruhig von Zeit zu Zeit mal genauer betrachten und sich die verschiedenen Blütenpflanzen ansehen, die neben den Gräsern wachsen. Sie werden erstaunt sein, wie viele es sind, wobei die Anzahl mit dem Alter des Rasens zunimmt. Meistens werden die Samen dieser Pflanzen von Vögeln, Ameisen oder von Ihnen selbst, zum Beispiel an den Schuhsohlen eingeschleppt (siehe Seite 14). Es ist recht interessant, wie schnell sich diese ungeplanten, aber für den Naturfreund sehr willkommenen Pflanzen auf einem neu angelegten Rasen ansiedeln.

Bei den krautigen Pflanzen, die mit den Gräsern zusammen einen typischen Rasen bilden, handelt es sich im allgemeinen um niedrige Pflanzen, die Rosetten oder Matten bilden. Ihre Sprosse und Blätter liegen den größten Teil des Jahres unterhalb der Messer des Rasenmähers. Ebenso wie bei den Gräsern überwiegen bei den krautigen Pflanzen des Rasens die mehrjährigen Arten. Viele von ihnen vermehren sich vegetativ und sind dadurch unabhängig von der Blütenbildung und der Produktion von Samen.

Angesichts des wiederholten Rasenschnitts ist es für die Pflanze ja auch relativ unwahrscheinlich, in aller Ruhe Blüte und Samen ausbilden zu können, es sei denn, die Blüten bleiben ganz flach am Boden. Je weniger Sie schneiden, desto mehr Krautpflanzen können sich auf Ihrem Rasenstück durchsetzen und durch ihre Blüten die Schönheit Ihres Rasens bereichern. Dabei bleibt es Ihnen überlassen, welchen Raum Sie zum Beispiel dem wunderhübschen Gänseblümchen einräumen wollen, das mit seinen leuchtenden Blüten so oft die Rasenflächen verziert. Manche Leute mähen sogar um die Gänseblümchen herum. Wenn man sie jedoch zu viele Samen bilden läßt, kann diese Pflanze rasch überhandnehmen. Manche Samen werden zwar von Ameisen verschleppt, aber die meisten keimen dicht bei den Elternpflanzen, so daß bald große Gänseblümchenflächen entstehen. Ihre Blätter liegen dicht der Erde an und bilden einen grünen Pflanzenteppich. Eine Möglichkeit, die Gänseblümchen unter Kontrolle zu halten, ist das ermüdende Jäten; eine wesentlich angenehmere Methode besteht darin, sich zunächst einige Tage an den hübschen Blüten zu erfreuen und sie dann zu mähen, bevor sie Samen bilden. Nach kurzer Zeit werden die Pflanzen wieder neue Blüten ausbilden.

Eine andere krautige Pflanze, den Breitwegerich, findet man vor allem auf stark genutzten Rasenflächen, da seine zähen, flachen Blätter starke Trittbelastung besser vertragen als die der meisten anderen Pflanzen. Es ist schwer zu glauben, daß die flachen Blattrosetten von der gleichen Pflanze gebildet werden, die an einer Mauer oder im Kohlbeet große, aufrecht stehende Blätter hervorbringt.

Aber ein einfaches Experiment wird Sie überzeugen: Nehmen Sie einige Breitwegerichpflanzen aus dem Rasen und pflanzen Sie sie an einen schattigen Platz, wo sie ungestört

**Sie überleben den Rasenmäher** Der Wegerich (links) und das Gänseblümchen (oben) sind zwei Wildpflanzen, deren Wachstum durch regelmäßiges Mähen gefördert wird. Sie gedeihen gut, wenn die benachbarten Gräser nicht zu voller Größe heranwachsen können. Vor allem die Gänseblümchen werden von den Gräsern verdrängt, wenn nicht regelmäßig gemäht wird.

wachsen können. Die Blätter werden sich langsam aufrichten, und später gebildete Blätter werden viel größer sein. Machen Sie denselben Versuch auch in umgekehrter Richtung. Die Ursache liegt darin, daß unter guten Lichtverhältnissen die Blattoberseite ein klein wenig schneller als die Blattunterseite wächst, was die Blätter nach unten drückt. Diese Eigenschaft bewirkt auf gemähtem Rasen oder bei stark herabgetretenem Gras die Rosettenform des Breitwegerichs, wodurch gleichzeitig das Wachstum des Grases in der Umgebung unterdrückt wird. Das gleiche Phänomen tritt auch beim Löwenzahn auf. Wenn Ihr Gartenboden kalkreich ist, sollten Sie nach dem Mittleren Wegerich Ausschau halten. Er sieht dem Breitwegerich ähnlich, hat aber durch eine dichte Behaarung seiner Blätter einen grauen Schimmer. Die Blütenstände sind kürzer und dicker und haben eine violette Farbe. Beim Ausgraben von diesen Pflanzen müssen Sie die ganzen Wurzeln mit herausheben. Wenn Teile der Wurzel in der Erde bleiben, entsteht aus diesem Wurzelrest ein Ring neuer Sprosse, und Sie haben nachher mehr Wegerich in Ihrem Rasen als vorher.

Ein weiteres Rasenkraut ist die Wiesen-Schafgarbe. Sie hat fiederteilige Blätter und verströmt einen starken, aromatischen Duft. Sie ist sehr verbreitet auf Straßenböschungen und anderen Wiesen und siedelt sich leicht im Rasen an. Sie sollten sich darüber aber nicht

**Leben auf dem Löwenzahn**

Löwenzahn wird zwar von vielen Gartenbesitzern nicht gern gesehen; wenn man näher hinschaut, handelt es sich aber um eine hübsche Pflanze, die von zahlreichen Bienen und Vögeln besucht wird. Auf dem Rasen widerstehen die Löwenzahnrosetten dem Darüberlaufen und auch dem Mähen. Bei vollem Sonnenlicht sind die Blätter fest an den Boden gepreßt und unterdrücken dadurch das Wachstum benachbarter Gräser. Wenn Sie den Rasen jedoch nicht mähen, richten sich die Rosetten auf und bilden kräftige Büschel.

**Farbenprächtige Körnerfresser** Distelfinken, Grünfinken und Gimpel fressen die Samen des Löwenzahns.

**Narzissenfliege** Sie ernährt sich von Pollen; die Larve lebt in Blumenzwiebeln.

**Gelber Fleckleibbär** Mit seinen gesprenkelten Flügeln gehört er zu den hübschesten Nachtfaltern im Garten. Die dunkelbraunen Raupen fressen im Spätsommer an Löwenzahn und anderen krautigen Pflanzen auf dem Rasen.

**Schmalbiene** Löwenzahnblüten werden häufig von Bienenarten mit kurzem Rüssel, wie der Schmalbiene, besucht.

ärgern, denn die niederliegenden Sprosse verbessern die Dichte des Rasens und sorgen selbst bei extremer Trockenheit für ein grünes Aussehen. Außerdem konnte man zeigen, daß die Wurzelausscheidungen der Schafgarbe die benachbarten Gräser kräftigen. Dieser Pflanze wird auch große Heilkraft zugeschrieben. Man nahm sie früher oft mit in die Schlacht, um sie auf die Wunden der Soldaten zu legen. Ich selbst habe die Wiesen-Schafgarbe zwar nie als Heilpflanze verwendet, genieße aber ihren Duft, wenn ich im Garten meinen Tee trinke. Die kriechenden Sprosse entgehen den Messern des Rasenmähers. Die ganze Schönheit der Pflanze zeigt sich aber erst, wenn Sie mit Mähen aufhören. Dann bildet die Pflanze starke senkrechte Sprosse aus mit leuchtenden weißen oder rosa Blütenständen.

Der aus dem Kaukasus stammende Faden-Ehrenpreis ist noch ein ziemlicher Neuling in unseren Gärten. Diese mattenbildende, ausdauernde Pflanze mit den zierlichen Sprossen wurde zu Beginn des zwanzigsten Jahrhunderts eine beliebte Steingartenpflanze, aber sie wuchs im wahrsten Sinne des Wortes über ihre Beliebtheit hinaus und ist heute eine Art »Unkraut« geworden. Im Rasen können sich die kriechenden Sprosse rasch ausbreiten. Der Faden-Ehrenpreis bildet selten Samen aus. Da aber selbst aus winzigen Pflanzenstücken wieder neue Pflanzen heranwachsen können, trägt in erster Linie das Rasenmähen zur weiteren Verbreitung dieser Pflanze bei.

## TIERE IM RASEN

Ein regelmäßig gemähter Rasen bietet selbst kleinen Insekten nur wenig Schutz. Deshalb findet man im Vergleich zu einer ungemähten Wiese im Rasen sehr wenig Tiere. Aber auch ein kurzgeschorener Rasen ist nicht etwa unbelebt: Man muß sich nur auf Hände und Knie niederlassen, um seine Bewohner einmal zu sehen. Es gibt zahllose Milben und Springschwänze, die sich vor allem von den verwesenden Blättern ernähren. Sie können sie vor allem dort finden, wo beim Mähen die meisten Grasreste liegen geblieben sind. Blattläuse leben ebenfalls im Gras, aber meist nur in geringer Zahl. Auf dem Boden zwischen den Grashalmen kann man auch oft Asseln entdecken. Dazu gehören *Trichoniscus pusillus* und *Trichoniscus pygmaeus,* unsere beiden kleinsten Asseln, sowie *Philoscia muscorum,* die etwa 8 mm lang und rot, braun oder gelb mit einem schwarzen Rückenstreifen ist. Alle drei Arten fressen verwesendes Gras und leben in einem relativ feuchten Milieu. *Armadillidium vulgare,* eine andere Asselart, tritt manchmal auch auf trockenerem Rasen auf, aber sie bevorzugt höheres Gras und ist eher an der Mauer oder unter einer Hecke zu finden. Im Unterschied zu den anderen drei Asseln hat sie eine dickere, wasserfestere Außenschicht und kann sich zu einer kleinen Kugel zusammenrollen. Durch diese Anpassung wird die Verdunstung aus der zarteren Unterseite ihres Körpers reduziert, so daß sie auch in trockenerer Umgebung überleben kann. Verwechseln Sie sie aber nicht mit dem glänzenden Gerandeten Saftkugler, einem Tausendfüßer, den man auch oft unter Hecken findet. Der Saftkugler hat viel mehr Beine als die Asseln mit ihren sieben Beinpaaren; außerdem unterscheiden ihn noch die keulenförmigen Antennen. Allerdings sieht man keines dieser Merkmale, wenn das Tier zusammengerollt ist. Dann muß man die Tiere anhand der Skelett-

**Spinnennetz mit Morgentau** Trichternetze halten oft eine Woche, andere Netztypen oft nur einen Tag.

**Tiere des gemähten Rasens**

Regelmäßiges Mähen vertreibt viele wirbellose Tiere, die man sonst auf Wiesen findet, aber einige Arten fühlen sich auch zwischen sehr kurzen Grashalmen ganz wohl. Vergleichen Sie die Fauna dieses Lebensraumes einmal mit der Vielfalt, die in einer ungemähten Wiese lebt (siehe Seite 133).

**Sandbiene** Sandbienen bringen Nektar und Pollen in ihre unterirdischen Nester.

**Wollschweber** Die Wollschweberlarve lebt als Parasit in den Nestern solitärer Bienen.

**Wintermücken** Die Männchen tanzen über dem Rasen, um Weibchen anzulocken.

**Spinne** Fängt ihre Beute in waagerecht über Gräsern gespannten Netzen.

**Springschwänze** Diese winzigen, flügellosen Insekten können verhältnismäßig weit springen.

**Hundertfüßer** Erlegt mit seinen Giftfängen kleinere Tiere im Rasen.

**Laufkäfer** Leben von den Insekten und Nacktschnecken im Rasen.

platten unterscheiden: Die Assel hat mehrere kleine Platten am Hinterende, während der Saftkugler nur über eine große Platte verfügt.

Wenn der Rasen nicht allzu dicht ist und einige kahle Stellen hat, wie das bei einem Allzweckrasen häufiger vorkommt, finden Sie vielleicht einen glänzenden kleinen Laufkäfer, den sogenannten Eilkäfer. Er gehört zu den wenigen tagaktiven Laufkäfern, man kann ihn daher gut beim Sonnenbaden auf kahlen Stellen beobachten. Mit seinen hervorstehenden Augen beobachtet er die Umgebung und lauert auf Springschwänze und andere kleine Beutetiere. Die häufigsten Jäger im Rasen sind jedoch die Spinnen – vorwiegend Deckennetzspinnen der Familie *Linyphiidae.* Ihre kleinen Netze ähneln denen, die man auch in der Hekke sehen kann. Sie können im Herbst oft den ganzen Rasen bedecken. Vom Morgentau bedeckt, verwandeln sie sich in ein schimmerndes Silbertuch, das über den Rasen gespannt scheint. Viele Springschwänze und andere kleine Tiere werden mit diesen Netzen gefangen.

## TANZENDE INSEKTEN

Der Rasen dient oft als Bühne für die luftigen Tänze kleiner Mücken. Sie sammeln sich zu Tausenden in Schwärmen und tanzen auf und nieder. Dabei bleibt der Schwarm mehr oder weniger genau immer über einem bestimmten emporragenden Gegenstand stehen, etwa einem Blumentopf oder einem großen Stein. Die Tänzer sind fast nur Männchen, und der Schwarm soll die Weibchen anlocken. Die Weibchen werden meistens begattet, sobald sie den Rand des Schwarmes erreichen. Die bekannteste dieser tanzenden Mücken ist die Wintermücke. Sie wird so genannt, weil sie an feuchten Nachmittagen im Herbst und Winter am meisten auffällt. Fangen Sie ruhig eine

der Mücken und untersuchen Sie einmal ihre Flügeladerung genau. Nach der Begattung legen die Weibchen ihre Eier in Blattresten und anderen verrottenden Pflanzenteilen ab, von denen sich dann später die Larven ernähren können.
Im Frühjahr sieht man manchmal kleine Bienen auf dem Rasen, die dicht über dem Gras hin und her schwirren. Es handelt sich dabei im allgemeinen um Erdbienen, zu denen auch die Schmalbiene gehört (siehe Seite 75). Entweder sind es vereinzelte Weibchen auf der Suche nach geeigneten Nistplätzen oder aber Männchen auf der Suche nach den Weibchen. Da die Männchen immer in größerer Zahl ziellos hin und her fliegen, können Sie beide ganz gut unterscheiden. Nach der Begattung gräbt jedes Weibchen ein neues Nest, in das es dann seine Eier legt. Da es die Larven in seinem Nest mit Futter versorgt, muß es sich die Lage des Nestes sehr gut einprägen. Dazu unternimmt die Schmalbiene eine Reihe von Orientierungsflügen und prägt sich verschiedene Landmarken ein. Wenn Sie nun Ihren Rasen mähen, während das Erdbienenweibchen ausgeflogen ist, zerstören Sie seine Markierungspunkte – zum Beispiel Gänseblümchen. Die zurückkehrende Erdbiene sucht dann mühsam und relativ orientierungslos nach ihrem Nest. Im allgemeinen findet sie es erstaunlicherweise nach einiger Zeit wieder und unternimmt dann erneut Orientierungsflüge, um sich neue Landmarken einzuprägen.
Die Zwiebelfliege nimmt gern Sonnenbäder an kahlen Rasenstellen, vor allem dann, wenn einige Zwiebelpflanzen im Rasen wachsen. Wie die meisten Schwebfliegen fliegt sie ein Stück weit weg, wenn sie sich gestört fühlt, kehrt aber bald wieder an ihren Lieblingsplatz zurück. Vielleicht sehen Sie auch die Schwebfliege, die den passenden Namen *Epistrophe eligans* trägt, eine schwarze Fliege mit zarten gelben Flecken, die im Frühjahr gern über einem sonnenüberfluteten Rasen schwebt.

## MOOSE IM RASEN

Sollten in Ihrem Rasen mehr als ein paar kleine Moospflanzen wachsen, so zeigt das im allgemeinen eine schlechte Dränage an. Überall dort, wo es etwas feuchter wird, siedeln sich Moose an. In einem regelmäßig gemähten Rasen können die Moose an feuchten, schattigen Stellen das Gras sogar völlig verdrängen. Zwar sieht der Rasen dann immer noch schön grün aus, die Probleme lassen aber nicht lange auf sich warten. Da die Moose nicht mit richtigen Wurzeln in der Erde verankert sind, werden sie leicht beim Rasenmähen losgerissen. Auch Vögel reißen oft Moospolster aus, um sie für den Nestbau zu verwenden. Dadurch entstehen kahle Stellen im Rasen, auf denen sich wieder Moose oder Krautpflanzen ansiedeln. Sie können diesen Prozeß daher auch zum Anlaß nehmen, aus Ihrem Rasen eine Gartenwiese zu machen. Wenn Sie aber Ihren Rasen mit geschlossener Grasdecke erhalten wollen, sollten Sie das Moos ausrechen, bevor es dicke Polster bildet. Die einzig wirklich sinnvolle Moosbekämpfungsmaßnahme besteht jedoch in einer guten Dränage des Rasens. Durch regelmäßiges Einstechen der Erde mit einer Grabgabel kann man die Dränage schon ausreichend verbessern.

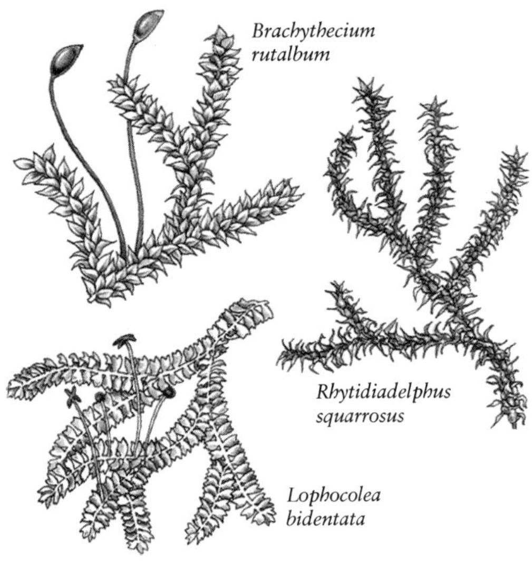


**Pflanzen, die Feuchtigkeit lieben** Moose und Lebermoose sind einfache, blütenlose Pflanzen, die anstelle von Samen winzige Sporen erzeugen.

**Hexenring** Viele Pilze (rechts) wachsen im Boden kreisförmig nach außen und bilden daher unregelmäßige Ringe. Auf offenen Rasenflächen wird ihr Wachstum durch keinerlei natürliche Hindernisse gestört, so daß sie fast perfekte Kreise bilden.

Zur Identifizierung der Moose benötigt man eine gute Lupe, und selbst dann ist die genaue Bestimmung ohne Spezialwissen noch immer recht schwierig. Ein relativ gut zu bestimmendes Moos ist *Brachythecium rutabulum.* Dieses leuchtend grüne Moos mit dem leichten Gelbschimmer, vor allem an den Spitzen, verleiht schattigen Rasenstellen oft ein deutlich gelbliches Aussehen. Es ist sehr häufig auf Rasenflächen zu finden. Mit der Lupe kann man die winzigen Zähnchen der dreieckigen Blätter gut erkennen. Die Samenkapseln sind etwa 3 mm lang und stehen mehr oder weniger waagerecht vom Kapselstiel ab. *Rhytidiadelphus squarrosus* findet man ebenfalls häufig auf dem Rasen. Von den unregelmäßig verzweigten Stämmchen stehen die Blätter mit den langen Spitzen in fast rechtem Winkel ab.

An Stellen, wo der Rasen von Bäumen überschattet wird, kann man oft das Moos *Lophocolea bidentata* finden. Es gehört zu den Lebermoosen. Man kann deutlich erkennen, daß die Blätter in zwei Reihen vom Stamm entspringen und jedes Blatt an der Spitze zweifach gezähnt ist. Wie alle Lebermoose (siehe Seite 147) hat auch *Lophocolea* viel einfachere Sporenkapseln als andere Moosarten. Da *Lophocolea bidentata* sich vorwiegend vegetativ über Teilstücke vermehrt, die zu neuen Pflanzen heranwachsen, können Sie die Sporenkapseln nur ganz selten sehen.

## HEXENRINGE UND PILZGÄRTEN

Einige Pilze bilden sogenannte Hexenringe, die manchmal einen Durchmesser von bis zu zehn Metern erreichen können. Voraussetzung für die Entstehung eines solchen Hexenringes ist ein Boden, der in relativ gleichmäßiger Verteilung viel Humus enthält und weitgehend gleichförmig strukturiert ist. Auf Weiden, Rasenflächen und Waldböden sind diese Voraussetzungen gegeben, so daß man dort auch Hexenringe findet. Am häufigsten sind sie aber auf offenem Grasland zu finden. Der Hexenring hat seinen Ursprung in wenigen Pilz-

sporen, manchmal nur einer einzigen, die an einem bestimmten Punkt auskeimt. Von dieser Spore breiten sich die Pilzfäden oder Hyphen in alle Richtungen aus. Da sie dies gleichmäßig in alle Richtungen tun, ergibt sich ein dichter Pilzfadenbewuchs im Boden mit kreisförmiger Ausdehnung. Nach einer gewissen Zeit haben die Pilzfäden die Nährstoffe, die sich im Boden befinden, verbraucht. Die Pilzfäden teilen sich an der Spitze immer weiter, sterben aber zur Mitte zu, wo die Bodennährstoffe aufgebraucht sind, ab. Ein erfolgreiches Wachstum erfolgt also nur noch an der Außenseite des Ringes, der Ring wird also immer größer. Dieses unterirdische Wachstum wird für uns sichtbar, wenn die Fruchtkörper gebildet werden. Die ringförmige Anordnung der Pilze zeigt dann deutlich, wo sich der Teil der Pilzfäden befindet, der noch genügend Nährstoffe zum Wachsen hat. Wenn Sie einen Hexenring auf Ihrem Rasen haben, können Sie Jahr für Jahr die Zunahme des Durchmessers messen, denn normalerweise sind solche Hexenringe sehr langlebig. Vielleicht bemerken Sie auch einmal eine Stelle besonders kräftigen, dunkelgrünen Grases gerade außerhalb des Hexenringes? Da einige der aus dem Humus freigesetzten Nährstoffe von den Graswurzeln schneller aufgenommen werden, als sie von dem Pilz verwertet werden können, wächst an solchen Stellen das Gras besonders gut. Rund um die Fruchtkörper selbst, die man oft nur zu einer ganz bestimmten Jahreszeit sieht, wächst manchmal gar kein Gras mehr; hier sind die Hyphen so dicht gepackt, daß das Gras abstirbt. Innerhalb des Hexenringes befindet sich dagegen oft wieder besonders dichtes Gras, da das Absterben der Pilzfäden dem Boden und damit den Pflanzen Nährstoffe zuführt.

Der bekannteste Hexenringpilz auf dem Rasen ist der Nelken-Schwindling. Er ist eßbar, aber Sie sollten Ihre Bratpfanne nur dann herausholen, wenn Sie sich völlig sicher sind, daß es sich bei dem Pilz auf Ihrem Rasen auch wirklich um den Nelken-Schwindling handelt. Man sieht ihn gewöhnlich im Spätsommer und Herbst. Seine ziemlich zähe Kappe und die weiten Lamellenabstände sind ein gutes Erkennungsmerkmal. Auch der beliebte Champignon wächst auf humusreichem Rasen gut, bildet aber nur selten große Ringe. Pilzwachstum ist für einen Rasen im allgemeinen kein gutes Zeichen. Die Pilze zeigen Nährstoffreichtum im Boden an. Seien Sie also froh, wenn in Ihrem Rasen keine Pilze wachsen, dafür wachsen dann um so mehr krautige Pflanzen und erfreuen Sie mit ihren Blüten. Wenn Sie aber Champignons züchten wollen, sollten Sie sich am besten einen entsprechend vorbereiteten Zuchtansatz kaufen, das ist eine Mischung aus Humus und Pilzgeflecht. Diese Zuchtansätze werden für die Pilzzucht im Hause verkauft, und ich ziehe meistens erst eine Pilzernte im Haus, bevor ich den Kompost an eine bestimmte Stelle im Garten bringe. Vergessen Sie nicht, Mist dazuzufügen, denn der ursprüngliche Pilzkompost ist bald erschöpft, so daß die Pilze nicht mehr weiterwachsen können.

Der Schopf-Tintling tritt ebenfalls häufig auf Rasenflächen auf. Als junger Pilz ist er schön anzusehen und sehr schmackhaft; sowie die Lamellen zusammenkleben und zerfließen, wird er unansehnlich und ungenießbar. Ernten Sie ihn also, bevor die Lamellen sich zu verflüssigen beginnen. Die tintige Flüssigkeit ist voll von Sporen, die durch Fliegen verbreitet werden. Dieser Pilz bildet normalerweise keine

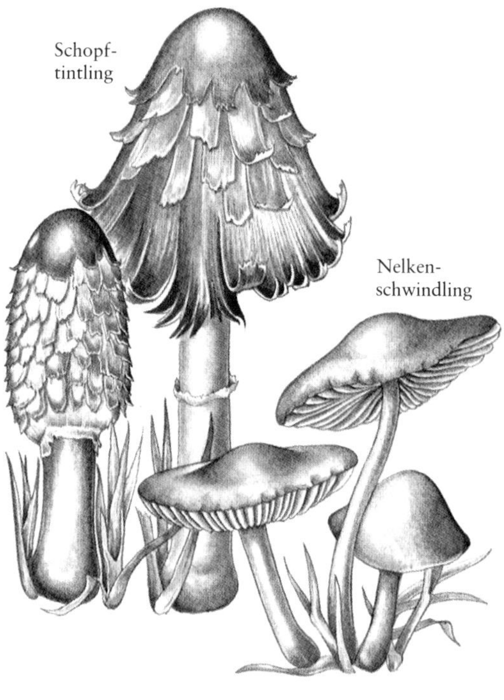

Hexenringe, da er nur auf verrottendem organischem Material wächst. Wie viele andere Pilze im Rasen tritt auch der Schopf-Tintling vorwiegend auf neu angelegten Rasenflächen auf, weil beim Anlegen des Gartens oft alte Äste oder anderes halbverrottetes Material untergegraben werden. Man findet den Schopf-Tintling auch an Straßenböschungen und auf Viehweiden.

## UNTER DEM RASEN

Da die Lebewesen unter dem Rasen wenig gestört werden und der Boden im allgemeinen reich an Pflanzenmaterial ist, leben dort erstaunlich viele Tiere. Regenwürmer sind beispielsweise unter Rasenflächen viel häufiger als an jedem anderen Platz im Garten und tragen viel zur Erhaltung des Rasens bei (siehe Seite 155). Viele Insektenlarven ernähren sich von Graswurzeln und können manchmal sogar zum Braunwerden des Rasens führen. Zum Beispiel fressen die Larven des Heidekraut-Wurzelbohrers und des Hopfen-Wurzelbohrers an den Graswurzeln, aber auch an Wurzeln vieler anderer Pflanzen. Die weiblichen Wurzelbohrer fliegen über die Pflanzendecke und lassen immer wieder einige Eier fallen. Die Larven fressen dann wahllos an den Wurzeln, die sie gerade vorfinden. Wenn man im Juni und Juli den Rasen einmal gründlich absucht, findet man oft die braunen Puppen dieser Falter, die aus dem Boden ragen. Im Gegensatz zu den Puppen der meisten anderen Falter sind die Puppen der Wurzelbohrer recht beweglich, sie arbeiten sich zur Oberfläche empor, wo dann der Falter schlüpft.

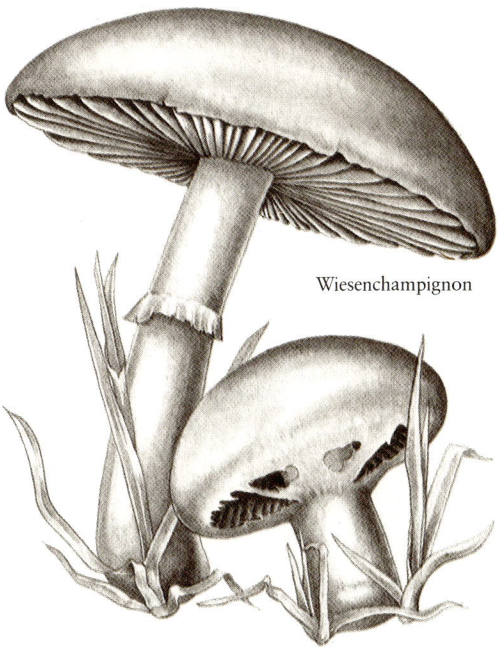

Wiesenchampignon

In der Dämmerung kann man manchmal die Männchen des Hopfen-Wurzelbohrers bei ihrem geisterhaften Hochzeitsflug beobachten. Die Oberseite der Männchen ist völlig weiß, die Unterseite dagegen mattbraun. Wenn sie in der Dämmerung umherfliegen, sieht man nur ein weißes Aufblitzen. Ihr Auf- und Niederschweben über dem Rasen sieht fast so aus, als würden sie am Ende eines Fadens hängen. Das weiße Blitzen lockt die gelbbraunen Weibchen an, und wahrscheinlich gibt das Männchen auch noch einen Duftstoff ab – ein interessanter Rollentausch, denn normalerweise lockt ja bei den Faltern das Weibchen die Männchen an.

Unter dem Rasen können sich die Nester verschiedener Ameisenarten befinden, aber Sie werden sie wohl nur zu Gesicht bekommen, wenn sie gerade zu ihrem Hochzeitsflug aufbrechen (siehe Seite 149). Die einzige Ameisenart, die im Rasen ein sichtbares Nest baut, ist die Wiesenameise, die in relativ ungestörten Bereichen wie Obstgärten und ungemähten Wiesen kleine Hügel baut. Sie kommt auch unter Rasenflächen vor, vor allem in leichteren Böden, in denen ihre unterirdischen Nester durch die Sonne noch genügend aufgeheizt werden. Ab und zu baut sie auch auf Rasenflächen Hügel. Da sie vom Rasenmäher aber immer wieder zerstört werden, können die Hügel nie richtig groß werden, es sei denn, Sie fahren mit dem Rasenmäher drum herum. Weil die Ameisen die feinkrumige Erde an die Oberfläche schaffen, spielen sie eine wichtige Rolle bei der Gesunderhaltung und Belüftung des Rasens. In leichten Böden haben sie in dieser Hinsicht die gleiche Bedeutung wie die Regenwürmer, und man sollte sie deshalb im Garten willkommen heißen. Da Ameisen auch von Drahtwürmern und anderen »Schädlingen« leben, die sie im Boden aufspüren, sollte man es sich dreimal überlegen, ob man ein Ameisennest zerstört.

Im Gegensatz zu Ameisenhügeln entstehen Maulwurfshügel sehr rasch – oft mehrere in einer Stunde – und verschwinden ebenso rasch wieder. Sie können im Gemüsegarten oder im Ziergarten genauso plötzlich erscheinen wie auf dem Rasen, und dann betrachte ich die Maulwürfe als unbezahlte Hilfsgärtner. Auf dem frischgemähten Rasen sehen Maulwurfshügel allerdings nicht sehr hübsch aus. Noch unangenehmer sind die flachen Furchen, die der Maulwurf nach oben drückt, wenn er dicht unter der Oberfläche gräbt und nach Insektenlarven jagt. Das tritt aber nur ganz selten auf, so daß man sich über den nützlichen und eifrigen unterirdischen Gartengast freuen sollte. Ein gelegentlicher Maulwurfbesuch kann sogar noch in ganz anderer Richtung nützlich sein. Das Tier legt ja regelrechte Dränagekanäle unter dem Rasen an, die zusätzlich zu den vielen Röhren der Regenwürmer für ein gutes Abfließen und Versickern des Wassers sorgen. Wenn Sie meinen, etwas gegen Maulwürfe unternehmen zu müssen, sollten Sie die Kreuzblättrige Wolfsmilch, die auch Springkraut genannt wird, in Ihren Garten pflanzen. Der Geruch ihrer Wurzeln vertreibt die Maulwürfe.

Sie müssen aber achtgeben, sonst unterdrückt die fortpflanzungsfreudige Kreuzblättrige Wolfsmilch bald viele andere Pflanzen in Ihrem Garten. Und setzen Sie sich nach Möglichkeit mit Ihrem Liegestuhl nicht genau neben eine Springkrautpflanze mit reifem Samen, denn die harten Samen werden mit beträchtlichem Schwung ausgeschleudert!

## VÖGEL AUF DEM RASEN

Selbstverständlich findet man auf einem Gartenrasen weitaus weniger Lebewesen als auf einer richtigen Wiese. Aber für viele Gartenvögel ist der Rasen ein beliebter Aufenthaltsort, wo sie nach Insekten, Samen und anderen kleinen Leckerbissen suchen. Sogar die Würmer und Insektenlarven im Boden unter dem Rasen sind vor ihnen nicht sicher. Eine Gruppe Stare, die über den Rasen hüpft und nach Regenwürmern und Larven sucht, bearbeitet den Rasen recht gründlich. Mit Hilfe ihrer Ohren und Augen entdecken sie viele Lebewesen in und unter dem Rasen. Auch die Amseln bieten einen lustigen Anblick, wenn sie ihre Köpfe von einer Seite auf die andere legen, um die Würmer zu sehen oder zu hören. Plötzlich bohrt sich dann der Schnabel in den Rasen, und das Tauziehen beginnt. Ein Regenwurm ist aber nicht so leicht zu überwältigen, so daß sich die Amsel anstrengen muß, um den Widerstand der vielen winzigen Borsten zu überwinden, mit denen sich der Wurm in seinem Tunnel verankert.

Größere Rasenflächen, vor allem in der Nähe von Gartenteichen, locken die Bachstelzen an, deren Tiefflugmanöver bei der Insektenjagd so interessant zu beobachten sind. Selbst auf der Erde rufen ihr ständiges Schwanzwippen und ihre kurzen Sprints Bewunderung und Zuneigung hervor, und kaum ein Vogel reicht an die Grazie heran, mit der sie im flachen Tümpelwasser herumstolziert. Wenn Sie der Bachstelze einen geeigneten Nistkasten, eine Halbhöhle (siehe Seite 182), auf einem Baum oder an einer Mauer in Rasennähe anbieten, nistet sie vielleicht sogar in Ihrem Garten. Große Rasenflächen in der Nähe alter Bäume locken auch den Grünspecht an, der mit Vorliebe Ameisen vertilgt und stundenlang mit seinem kräftigen Schnabel auf der Ameisensuche im Boden herumpickt.

Wenn sich in Ihrem Garten hohe Bäume oder Hecken befinden, besuchen vielleicht auch Eichelhäher und Elstern ab und zu Ihren Rasen. Diese Vögel aus der Krähenfamilie fressen gern am Boden. Trotz ihrer Größe sind beide Vogelarten recht scheu und wirken nervös, sie schnappen sich nur rasch einen Futterbrocken und fliegen damit schnell wieder davon. Es sind hübsche Vögel, deren Beobachtung viel Spaß macht. Da Eichelhäher und Elster gerne fremde Nester ausnehmen, sind sie gerade während der Brutzeit von vielen nicht gern gesehen. Aber sie sind selbstverständlich nur Glieder einer natürlichen Nahrungskette, und wir haben keinen Grund, ihnen deswegen böse zu sein.

Die Dohle, ein anderer Vogel der Krähenfamilie, läßt sich ebenfalls auf Rasenflächen beobachten. Ihr Verhalten ähnelt dem von Elster und Eichelhäher, aber sie ist meistens weniger

**Blumen für die Gartenwiese**

In dieser Liste sind solche Wildblumen und Gräser aufgenommen, die Ihrer Gartenwiese ein schönes Aussehen und vielen Insekten Nahrung und Schutz bieten. Je nachdem welcher Bodentyp bei Ihnen vorherrscht, müssen Sie unterschiedliche Pflanzen wählen. Sammeln Sie sich die Saat für die Wildblumen am besten selbst. Eine andere Möglichkeit besteht darin, eine fertige Wildblumenmischung im Gartenfachhandel zu erwerben oder sich eine entsprechende Mischung zusammenstellen zu lassen.

**Magerer, trockener Boden**

Elfenkrokus, Grasnelke, Knäuel-Glockenblume, Kronwicke, Odermennig, Schafgarbe, Silberdistel, Wiesen-Margerite

**Feuchter Boden**

Bach-Nelkenwurz, Blutweiderich, Dichternarzisse, Echtes Mädesüß, Frühlingskrokus, Gänseblümchen, Günsel, Gundermann, Hahnenfuß, Hohe Schlüsselblume, Kerzen-Ehrenpreis, Kuckucks-Lichtnelke, Märzenbecher, Pfennigkraut, Prachtnelke, Schneeglöckchen, Sumpf-Schafgarbe, Trollblume, Trompeternarzisse, Wieseniris, Wiesenknöterich, Wiesenlabkraut, Wiesenplatterbse, Wiesenraute, Wiesenschaumkraut

**Fetter, leicht feuchter Boden**

Gänseblümchen, Gamander Ehrenpreis, Gewöhnlicher Frauenmantel, Große Bibernelle, Großer Wiesenknopf, Herbstzeitlose, Johanniskraut, Kleine Brunelle, Kriechender Günsel, Kümmel, Löwenzahn-Arten, Margerite, Scharfer Hahnenfuß, Spitzwegerich, Vogelwicke, Weiße Lichtnelke, Weißklee, Wilde Möhre, Wiesenbärenklau, Wiesenbocksbart, Wiesenflockenblume, Wiesenglockenblume, Wiesenkerbel, Wiesenklee, Wiesenknautie, Wiesenlabkraut, Wiesenpippau, Wiesenplatterbse, Wiesensauerampfer, Wiesenstorchschnabel, Zittergras, Zottiger Klappertopf

scheu. Häufiger als andere Krähenvögel sieht man Dohlen in dicht bebauten Gebieten, da sie gern in hohen Gebäuden nisten.

## ANLEGEN EINER BLUMENWIESE

Trotz der Vielfalt an Blütenpflanzen, die sich zwischen den Gräsern halten, ist und bleibt der Rasen ein künstlicher Lebensraum, der infolge des ständigen Rasenschnitts nur eine begrenzte Anzahl an Pflanzen und Tieren beherbergt. Es gibt verschiedene Möglichkeiten, den Rasen in eine blühende Wiese voller Insekten und anderer interessanter Lebewesen zu verwandeln. Egal welche Methode Sie auch wählen, Sie werden im Laufe der Zeit mit einer wunderschönen Wiese belohnt. Laufen Sie aber möglichst wenig in Ihrer Wiese herum, Sie treten nur das Gras nieder. Am besten halten Sie sogenannte Rasenpfade mit dem Rasenmäher ganz kurz, auch eine Spielfläche können Sie so schaffen. Von dem Pfad oder der Spielfläche aus können Sie dann in aller Ruhe das emsige Treiben in Ihrer Gartenwiese beobachten.

Die einfachste Methode, aus Ihrem Rasen eine Wiese zu machen, besteht darin, das Gras seltener zu schneiden. Wenn Sie regelmäßig nur noch zweimal und später sogar nur noch einmal im Jahr mähen – dann natürlich mit der Sense –, dauert es etwa fünf bis zehn Jahre, bis eine artenreiche Wiese entstanden ist. Sie können den Prozeß beschleunigen, indem Sie im zweiten Jahr an besonders schütteren oder im Gegenteil an besonders dichten Grasflächen die Soden sechs bis acht Zentimeter abtragen, eine Sandschicht aufbringen und einarbeiten. Auf dieser Fläche können sich dann Wildkräuter ansiedeln oder werden ausgesät. Wenn die ganze Rasenfläche kreuz und quer mit einer Egge bearbeitet wird, haben Wildkräuter noch eine größere Chance.

Mit mehr Arbeit verbunden ist eine Methode, bei der die Rasensoden in einer Dicke von sechs bis acht Zentimeter total abgetragen werden. Dadurch kommt die nährstoffärmere Bodenschicht zum Vorschein, in die noch Sand eingearbeitet wird. Schon im ersten Jahr siedeln sich einjährige Wildkräuter und im zweiten Jahr Gräser und die ersten mehrjährigen Wiesenblumen an. Auch diesen Prozeß können Sie wieder beschleunigen, wenn Gras- und Blumensaat gesät und nicht auf die natürliche Besiedlung gehofft wird.

Ganz egal, wie Sie vorgehen, viele Pflanzen siedeln sich ganz von allein in der Wiese an – manche waren auch schon im Rasen vorhan-

**Eine Wiese voller Blüten** Auf alten Wiesen findet man eine Vielzahl an verschiedenen Blütenpflanzen, die dort auch zur Samenreife kommen. Auf modernen Rasenflächen oder auch dem landwirtschaftlich genutzten Grünland werden diese Blumen durch Dünger und Herbizide bekämpft.

den und können sich jetzt unter den veränderten Bedingungen ausdehnen und blühen. Sie sollten aber die Vielfalt Ihrer Wiese noch vergrößern, indem Sie eine Reihe von Wildpflanzen aussäen oder anpflanzen. Die Samen vieler Wildblumen kann man beim Samenhändler kaufen. Besser ist es aber, wenn man die Samen von den entsprechenden Pflanzen am Straßenrand sammelt. Die meisten der auf Seite 21 aufgelisteten Pflanzen gedeihen auch auf der Wiese gut. Wählen Sie aber keine zu großen Pflanzen aus, und berücksichtigen Sie die Bodenverhältnisse in Ihrem Garten. Auf kalkhaltigen trockenen Böden kann man nämlich reichhaltigere Wiesen anlegen als auf Sandböden oder schwerem Lehm.

Auch wenn Sie Ihren Rasen beibehalten wollen, können Sie etwas für die Tiere und Pflanzen tun. Säen Sie einfach an ganz bestimmten Stellen im Rasen, wo sie nicht allzusehr stören, Wildkräuter aus. Da die Rasendecke eine relativ geschlossene Fläche ist, haben die Wildkräutersamen nur eine Chance, wenn Sie an diesen Stellen die Rasensoden abstechen. Sie können natürlich die Pflanzen auch in der Saatschale ziehen und dann auspflanzen. Pflanzen Sie die Keimlinge aber erst aus, wenn sie groß genug sind und nicht mehr von den Gräsern unterdrückt werden. Graben Sie niemals Wildpflanzen einfach in der freien Natur aus!

Ihre Wiese braucht eigentlich herzlich wenig Pflege, aber ein- bis zweimal im Jahr muß man auch eine Wiese mähen. Durch den Zeitpunkt des Mähens bestimmen Sie, welche Blumen langfristig auf Ihrer Wiese wachsen. Deshalb sollten Sie auch immer ungefähr in den gleichen Zeiträumen mähen. Als Grundregel kann man sagen, daß einmal im Juni (um Pfingsten herum) gemäht werden sollte, bevor alle Pflanzen Samen ausgebildet haben, und ein zweitesmal Ende September bis Anfang Oktober. Wenn der Boden so mager ist, daß nur noch einmal gemäht werden muß, gilt der spätere Termin. Bei größeren Wiesenstücken sollten Sie die gesamte Fläche nicht auf einmal mähen. Wenn Sie für zwei oder drei Teilflächen unterschiedliche Mähtermine festlegen und einhalten, stellen sich unterschiedliche Pflanzengesellschaften ein. Außerdem können die kleinen Tiere der Mahd besser ausweichen. Entfernen Sie alles abgemähte Material von der Wiese, damit die jungen Sprößlinge nicht erstickt werden. Außerdem tragen Sie dadurch zu einer weiteren Verringerung des Nährstoffangebots bei. Sie dürfen auf keinen Fall Kunstdünger auf der Wiese ausbringen. Dünger fördert nur das Wachstum der Gräser, die dann die zarteren Blumen unterdrücken. Auch wachsen manche Blumen nur auf nährstoffarmen Böden. Die schönsten Wiesen in der freien Natur findet man an Stellen, wo nie Dünger hingekommen ist.

Wenn Sie Ihren Rasen zu einer Wiese heranwachsen lassen, nimmt das Insektenleben gewaltig zu. Die meisten Gartenschmetterlinge machen von dem zusätzlichen Nektarangebot Gebrauch und werden durch einige typische Wiesen-Schmetterlinge ergänzt: beispielsweise durch das Ochsenauge, den Hauhechelbläuling und das Schachbrett. Halten Sie nach dem raschfliegenden Rostfarbigen Dickkopffalter und dem Ockergelben Braundickkopffalter Ausschau, die sich oft mit halbgeöffneten Flügeln auf der Wiese ausruhen. Auch den Kleinen Heufalter trifft man oft auf Wiesen an, weil er eigentlich auf lange Gräser angewiesen ist. Dort fressen nicht nur seine Raupen, sondern auch die des Ochsenauges und des Dickkopffalters. Auch Bienen, Käfer und verschiedene Fliegen ernähren sich von dem Blütennektar und locken ihrerseits wieder insektenfressende Vögel an. Der Grauschnäpper beispielsweise wird bestimmt vom Insektenreichtum Ihrer Miniaturwiese profitieren. Eine Blumenwiese lockt etwa viermal mehr Vogelarten an als ein Rasen. Den typischen Wiesenvogel, das Braunkehlchen, werden Sie nur in ganz seltenen Fällen auf Ihrer Wiese sehen. Es ist ziemlich selten geworden und außerdem auf größere Wiesenflächen eingestellt, als Sie sie in Ihrem Garten anbieten. Im Herbst tun sich die Vögel dann gerne an den Samen der Blumen und Gräser gütlich.

Am Erdboden leben Wegschnecken, Asseln und Tausendfüßer. Dort finden sie ideale Lebensbedingungen, werden aber ständig von Laufkäfern, Würmern und Blindschleichen gejagt und dezimiert. Auch Wühlmäuse siedeln sich oft unter einer solchen Wiese an – Sie tun also der Natur einen großen Gefallen, wenn Sie das Rasenmähen einschränken. Aber nicht nur auf der Rasenfläche, sondern auch unter den Obstbäumen kann man das Gras zu einer schönen Wiese heranwachsen lassen, ja selbst am Fuß einer Mauer oder unter einer Hecke lassen sich mit einer kleinen Wiese viele Tiere in den Garten locken.

**Tiere der Gartenwiese**

Wenn Sie in einer ungestörten Ecke Ihres Rasens damit anfangen, Wildblumen und Gräser einfach wachsen zu lassen, und nicht mähen, können Sie mit der Zeit im kleinen Maßstab einen Lebensraum schaffen, der in der Kulturlandschaft fast völlig verschwunden ist. Schon bald werden sich in solch einer Gartenwiese Insekten, andere wirbellose Tiere und sogar kleine Säugetiere wie die Erdmaus ansiedeln, die Sie sonst auf Ihrem Rasen nie sehen würden.

**Ochsenauge** Ein hübscher Schmetterling, dessen Raupen auf Gräsern leben.

**Luzerne-Marienkäfer** Ungewöhnlich, da er Vegetarier ist; frißt gern an Pflanzen der Erbsenfamilie.

**Wolfsspinne** Sie jagt ihre Beute direkt, anstatt sie in einem Netz zu fangen.

**Wiesenwanze** Dieses Insekt legt seine Eier zum Überwintern an Grashalmen ab.

**Hauhechelbläuling** Ein Gartenbesucher, der vor allem von Leguminosen angelockt wird.

**Spitzmaus-Rüsselkäfer** Die Larven dieses Käfers fressen an Klee.

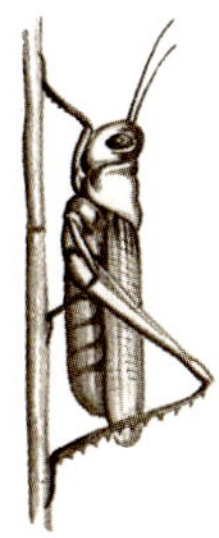

**Gemeiner Grashüpfer** Dank verschiedener Farbvariationen ist er in vielen Lebensräumen immer gut getarnt.

**Erdmaus** Bevorzugt feuchtes, dichtes Gras. Kämpfende Männchen quieken laut.

**Gerandeter Saftkugler** Asselähnlicher Tausendfüßer, der sich zusammenrollen kann.

KAPITEL 7

# MAUERN UND WEGE

Wenn Sie, wie ich, glücklicher Besitzer eines Gartens sind, der von alten Natursteinmauern umgeben ist, dann wissen Sie selbst, daß diese Mauer ein wunderbarer Ort für Naturbeobachtungen ist. In den Mauerritzen suchen kleine Tiere Zuflucht, und viele kleinwüchsige Pflanzen haben sich dort angesiedelt. Die Mauer dient vielen Vögeln als Aufenthaltsort und sie bringen an ihren Füßen und in ihrem Kot wiederum neue Pflanzensamen mit. Aber auch wenn Ihre Gartenmauer neueren Datums ist, heißt das nicht, daß Sie dort nicht schon vielfältige Beobachtungen an Tieren und Pflanzen durchführen können. Wenn man ein wenig nachhilft, kann man Natursteinmauern, große Steine, Ziegelwände und sogar Betonmauern zu wichtigen Lebensräumen machen. Die Besiedlung durch Tiere und Pflanzen findet auch dann statt, wenn Sie nicht nachhelfen, allerdings brauchen Sie dann viel Geduld. Wer vorsichtig ein wenig eingreift, kann diesen Prozeß enorm beschleunigen.

Wenn Sie einmal eine alte Kirchenmauer mit einer neuen Ziegelsteinmauer vergleichen, werden Sie feststellen, daß hinsichtlich der Besiedlung durch Pflanzen und Tiere Alter und Vielfalt Hand in Hand gehen. Man sagt, daß eine Mauer erst nach etwa hundert Jahren eine wirklich reiche Auswahl an Tieren und Pflanzen beherbergt. Aber das Alter ist dabei nicht der einzige wichtige Faktor. Licht, Feuchtigkeit, die chemische Zusammensetzung der Mauerbestandteile und der Verschmutzungsgrad der Luft haben ebenfalls einen großen Einfluß darauf, welche Tiere und Pflanzen sich ansiedeln können. Zwar haben Mauersteine oder Ziegelsteine einen niedrigen pH-Wert; da der Mörtel, in den die Pflanzen mit ihren Wurzeln hineinwachsen, im allgemeinen aber alkalisch ist, umfaßt die Mauerflora vorwiegend kalkliebende Pflanzen. Dieselben Pflanzen findet man daher auch auf anderen kalkreichen Standorten in der Natur. Der heute verwendete Zement bindet sehr viel härter ab als der Kalkzement, der früher benutzt wurde. Da jedoch auch dieser Zement mit der Zeit weicher wird, brauchen Sie nicht zu befürchten, daß Ihre neue Mauer für immer kahl bleiben wird. Vorausgesetzt Sie halten sie etwas feucht, wird sich innerhalb der ersten zwei Jahre selbst ohne Ihre Hilfe einiges an Pflanzen und Tieren auf ihr einfinden.

Eine der ersten Pflanzen, die sich auf einer neuen Mauer ansiedeln, ist die einzellige Grünalge *Pleurococcus*. Sie braucht viel Feuchtigkeit und entwickelt sich daher vorwiegend auf der Nordseite der Mauer oder an anderen leicht schattigen Stellen. Die pudrigen, graugrünen Algen können große Flächen bedekken. Da sie gegenüber Luftverschmutzung sehr tolerant sind, findet man sie nicht nur in ländlichen Gebieten, sondern auch in Städten. Die Pflanze ist einfach gebaut und vermehrt sich auch sehr einfach durch Teilung. Wenn keine Störungen eintreten, bleiben die einzelnen Zellen als Verband zusammen. Von Wind oder Wasser können aber kleine Teile losgerissen und an neue Standorte gebracht werden, wo sie zu neuen Kolonien heranwachsen.

## Wie sauber ist Ihre Luft?

Flechten sind sehr widerstandsfähige, blütenlose Pflanzen, die jeweils aus einem Pilz und einer Alge zusammengesetzt sind. Flechten wachsen vor allem auf festen Oberflächen wie Felsen, Mauern und Rinde. Sie reagieren fast alle sehr stark, aber in unterschiedlichem Maße auf Luftverschmutzung. Deshalb können Sie anhand des Vorhandenseins beziehungsweise Nichtvorhandenseins bestimmter Flechten den Grad der Luftverschmutzung in Ihrem unmittelbaren Umkreis feststellen. Die Zahlen in Klammern geben an, wieviel Luftverschmutzung in Form von Schwefeldioxid die einzelnen Arten vertragen; die Angabe erfolgt in »parts per million« (ppm, Teile pro Million).

**1. Stark verschmutzte Luft** (0,05–0,055 ppm) Die graugrüne Krustenflechte *Lecanora conizaeoides* (links) wächst auf Mauern und Baumstämmen. Bei stark verschmutzter Luft findet man sie nur ganz unten, mit sinkender Luftverschmutzung breitet sie sich weiter nach oben aus.

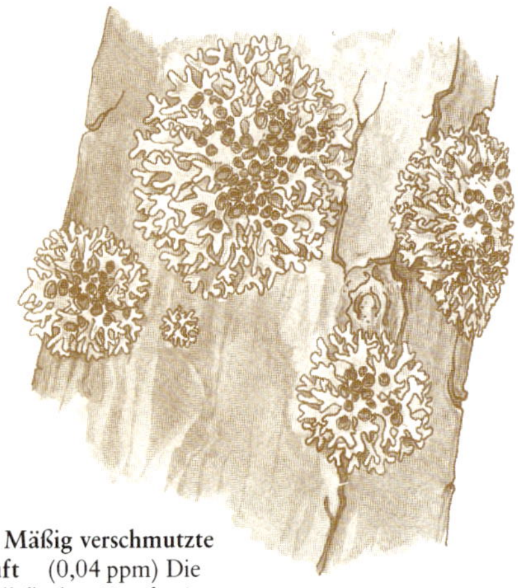

**2. Mäßig verschmutzte Luft** (0,04 ppm) Die Gelbflechte *Xanthoria parietina* erscheint zuerst auf Beton, Mörtel und asbesthaltigen Platten.

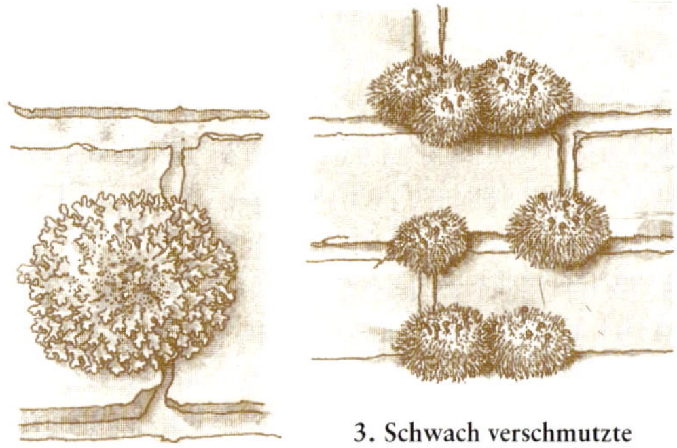

**3. Schwach verschmutzte Luft** (0,03 ppm) Die graue *Parmelia saxatilis* (oben links) erscheint auf Sandstein und anderen sauren Gesteinen. Das Moos *Grimmia pulvinata* (oben) siedelt sich auf Mörtel an.

**4. Saubere Luft** (0,02 ppm) Zuerst erscheint an der Basis der Bäume, mit zunehmend sauberer Luft aber auch weiter oben an den Stämmen die Blattflechte *Hypogymnia physodes* (links). *Lecanora conizaeoides* wird seltener.

**5. Sehr saubere Luft** (0,015–0,02 ppm) Es siedeln sich Strauchflechten wie die graugrüne *Evernia prunastri* (rechts) auf den Bäumen an.

**6. Völlig reine Luft** (0,012 ppm) Wenn das Klima feucht genug ist, gedeihen Bartflechten wie die graugrüne *Usnea ceratina* (rechts) auf den Bäumen.

Nach den Algen werden sich auch bald verschiedene Moose einfinden, vor allem auf den oberen Mauerflächen. Aber auch für diese Pflanzen ist Feuchtigkeit in oder auf der Wand eine Voraussetzung zum Wachsen. *Tortula muralis* siedelt sich als eines der ersten Moose oben auf der Mauer an; es braucht den stickstoffreichen Vogelkot, der dort oft zu finden ist. Seine Sporen keimen in den winzigen Mauerritzen und Unregelmäßigkeiten des Mörtels aus und entwickeln sich zu hübschen kleinen Moospolstern. Sie sind leuchtend grün, wenn sie feucht sind, werden aber bei Trockenheit richtig grau. Dieses Moos kann erstaunlich viel Trockenheit vertragen. Durch einen besonderen Mechanismus setzt es die Verdunstung herab. Wenn die Blätter Wasser verlieren, rollen sie sich mehr und mehr ein und verkleinern dadurch die Oberfläche, die der trockenen Luft ausgesetzt ist. So wird die Verdunstung verringert. Gleichzeitig werden dadurch die grauen Glashaare an den Blattspitzen deutlicher sichtbar. Dadurch kommt dann der auffallende Farbwechsel der Mooskissen zustande. Dieses Moos läßt sich am besten anhand der kleinen, aufgerichteten, zylindrischen Sporenkapseln erkennen, die auf rötlichen Kapselstielen stehen. Im Frühjahr reifen die Kapseln und verschleudern die Sporen dann im Frühsommer. Abgestorbene Sporenkapseln sind aber das ganze Jahr über zu sehen.

Das Moos *Grimmia pulvinata* ist ebenfalls eine Pionierpflanze auf Mauern. Man findet seine graugrünen Polster oft zwischen denen von *Tortula muralis.* Die *Grimmia*-Polster sind aber im allgemeinen stärker gewölbt, und ihre Blätter haben eine deutlicher dreieckige Form als die von *Tortula muralis.* Die eiförmigen Sporenkapseln sind in den Polstern verborgen, bis sie reif sind. Beide Arten gedeihen auch in Steingärten und an Betonwegen gut. Da beide Moose relativ widerstandsfähig gegen Luftverschmutzung sind, treten sie auch in Städten auf.

Die Moose greifen die Mauern selbst nicht an, beschleunigen aber geringfügig ihren normalen Alterungsprozeß, da sie Regenwasser an der Wand zurückhalten. Wenn sich in dem Regenwasser eine bestimmte Menge Kohlendioxid – aus der Luft und aus den Mooswurzeln – gelöst hat, bildet sich Kohlensäure, die die Maueroberfläche angreift. Die dabei aus der Mauer gelösten Mineralien bilden zusammen mit Pflanzenpartikeln und Staub einen ersten primitiven Boden, in dem sich dann auch andere Pflanzen ansiedeln können. Manche größere Moose, wie etwa *Camptothecium lutescens,* siedeln sich auf den Polstern von *Tortula muralis* an, und können sogar später die Pionierpflanze völlig unterdrücken. Suchen Sie einmal Mauern und auch die Mauerbasis, wo sich ja häufig Staub und Schmutz ansammeln, nach *Camptothecium lutescens* ab. An den goldenen Spitzen seiner kleinen Stengel ist es leicht zu erkennen.

## FARNE IM GARTEN

Unter den Farnpflanzen gibt es eigentlich nur drei Arten, die echte »Mauerspezialisten« sind: der Braunstielige Streifenfarn, die Mauerraute und der Schriftfarn oder Milzfarn. Der Braunstielige Streifenfarn und die Mauerraute haben Sporen, die an helleren und trockeneren Standorten keimen können als die der meisten anderen Farne. Deshalb findet man sie auch an und auf Mauern, allerdings bevorzugen sie dort immer die feuchteren, schattigen Bereiche. Sie gedeihen an kalkhaltigen warmen Standorten sehr gut. Den Braunstieligen Streifenfarn findet man auch häufig an Felsen, wo er zwischen den Moosen oder der weit verbreiteten grauen Flechte *Lepraria incana* Fuß faßt.

Die Wedel des Schriftfarns sind an der Unterseite mit Schuppen bedeckt, die sich mit zunehmender Reife rostbraun färben. Er kann lange Trockenperioden besser überstehen als andere Farne, da sich seine Wedel bei zunehmender Trockenheit nach innen rollen und die Schuppen dann eine Art Schutzmantel bilden. Gießen Sie einmal solch einen zusammengerollten Farn kräftig und beobachten Sie, wie schnell sich die Wedel wieder aufrollen!

Farne lassen sich aus ihren Sporen ziehen – warum versuchen Sie es nicht einmal selbst? Zum Sammeln der reifen Sporen schüttelt man die Farnwedel über einem Bogen Papier, einem Teller oder ähnliches. Wenn die Sporen reif sind, fliegen sie wie brauner Staub überall herum. Manche größeren Farne bilden alljährlich Millionen von Sporen, von denen allerdings nur wenige erfolgreich keimen. Zu Hause streuen Sie die Sporen auf eine Schicht Anzuchterde oder eine Mischung aus Sand und Torf in einer Aussaatschale. Halten Sie den Boden warm und feucht, aber nicht naß; die Oberfläche wird dann bald ergrünen. Mit einer Lupe können Sie sehen, daß sich der grüne Teppich aus vielen kleinen, herzförmigen Gebilden zusammensetzt. Diese Pflänzchen, auch Vorkeime genannt, tragen männliche und weibliche Fortpflanzungsorgane. Die männlichen Samenzellen werden freigesetzt und wandern über einen Wasserfilm zu dem weiblichen Geschlechtsorgan, wo sie die Eizelle befruchten; deshalb benötigen die Farne zur Fortpflanzung ein feuchtes Milieu. Aus den befruchteten weiblichen Eizellen entstehen neue Farnpflanzen, die zunächst noch vom Vorkeim ernährt werden, aber bald unabhängig sind. Der Vorkeim stirbt dann ab. Wenn Ihre kleinen Farne zwei oder drei Blätter haben – sie sehen meist ganz anders aus als die ausgewachsenen Farnwedel –, können Sie sie in eine Mischung aus Blattkompost und grobem Sand umpflanzen, bis Sie sie bei Gelegenheit auf oder an Ihre Mauer setzen. Sie sollten sie nicht in die volle Sonne pflanzen und ihnen auf der Mauer auch genug Platz lassen, damit sie ihre Wurzeln ausbreiten können.

Außer den obengenannten Arten kommt für Ihre Mauer auch noch der Tüpfelfarn in Frage. Es handelt sich um einen Baumfarn, den Sie auch auf einem gut beschatteten Balken oder Stamm im Garten anpflanzen können. Die hübsche Hirschzunge gedeiht gut an der Basis einer Mauer. Die Blätter sehen eigentlich nicht wie Farnwedel aus, entrollen sich aber im Frühling wie typische Farnwedel und tragen auch Sporen auf der Blattunterseite. Lappenfarne sind ebenfalls sehr attraktiv, brauchen aber sandige Böden und vertragen keinen Kalk. Deshalb gedeihen sie nahe einer Mauer meistens schlecht. Die größeren Farne wie Wurmfarn, Frauenfarn und Schildfarne wachsen gern am Fuß einer Mauer oder auch an anderen schattigen Standorten. Hinter ihren großen grünen Wedeln lassen sich Mülltonnen oder Komposthaufen ideal verbergen.

Graben Sie die Farne niemals im Wald aus! Manche von ihnen stehen unter Naturschutz. Insgesamt gibt es heute sehr viel weniger Farne als früher, da ihre typischen Standorte im-

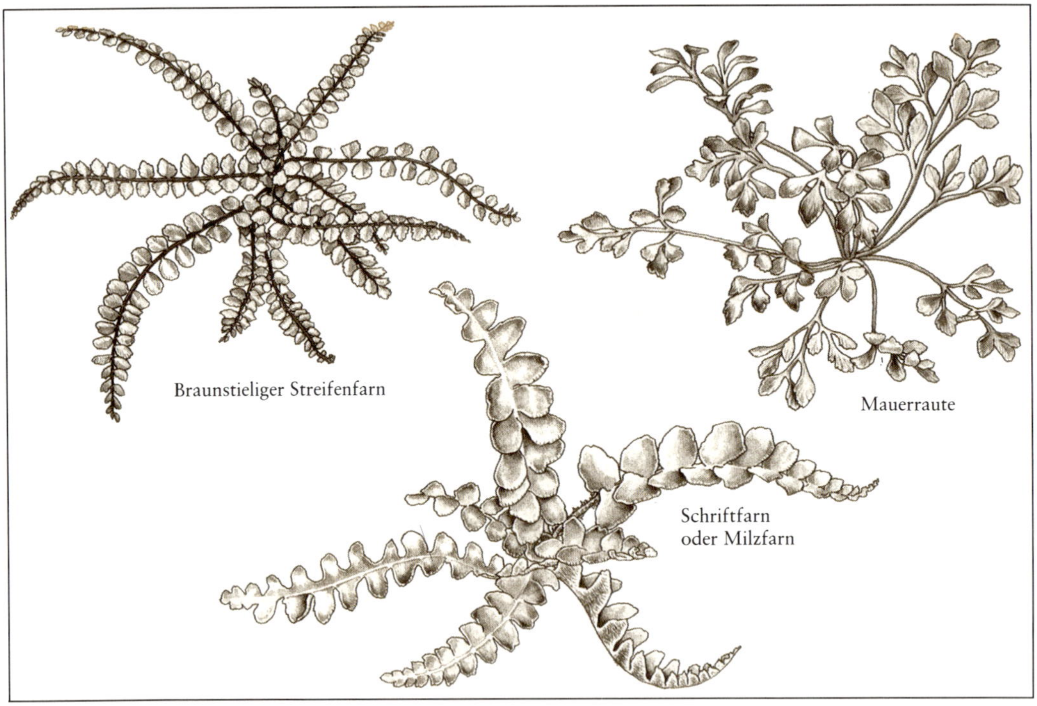

mer kleiner werden. Viele Waldbiotope sind mittlerweile zerstört, so daß auch die größeren Arten selten geworden sind. Wenn Sie also die Farne aus den Sporen heranziehen, tragen Sie sogar etwas zu ihrer Erhaltung bei. Erwarten Sie aber kein reges Tierleben auf Ihren Farnpflanzen: Die zähen Wedel locken nur ganz wenige Insekten an.

## BLÜTENPFLANZEN AN MAUERN

Beim Anblick einer Blume hoch oben an einer Mauer haben Sie sich sicher schon einmal gefragt, wie die Pflanze wohl dorthin kommt und wie sie unter so schwierigen Bedingungen überleben kann. Mauerpflanzen gelangen gewöhnlich mit Hilfe sehr kleiner oder gefiederter Samen in Ritzen und auf Mauervorsprünge. Ein typisches Beispiel ist das Niederliegende Mastkraut, das sich oft zwischen den ersten Moosen auf einer Mauer ansiedelt. Wenn sie sich einmal festgesetzt haben, verankern sich die Mauerpflanzen mit ihren zähen Wurzeln. Es mag seltsam anmuten, daß eine Pflanze ohne Erde überleben kann, aber die Erde liefert der Pflanze ja nur Wasser und Mineralien, und das kann sie auch aus einer Mauer beziehen, die gelegentlich einem Regenschauer ausgesetzt ist. Nicht alle Pflanzen auf einer Mauer bleiben klein. Manchmal kann man Bäume bewundern, die hoch oben auf einer Mauer wachsen. Auch den Sommerflieder sieht man manchmal mitten in der Stadt auf einer Mauer, wo er den Insekten ein regelrechtes Nektar-Festmahl bietet.

Eine der hübschesten und interessantesten Mauerpflanzen ist das Zimbelkraut. Es stammt ursprünglich aus Südeuropa, ist aber heute auch bei uns weit verbreitet. Das Zimbelkraut braucht einen sonnigen Standort und wächst in warmen Sommern besonders gut. Es benötigt aber auch ziemlich viel Feuchtigkeit und gedeiht daher am prächtigsten auf Terrassenmauern, die an feuchte Erde grenzen. In seiner ursprünglichen Heimat überwuchert es häufig die Mauern von Weinbergen und Olivenhainen. Nach der Bestäubung drehen sich die Blüten vom Licht weg und drücken dadurch die Samenkapseln in Mauerspalten. Dadurch haben die Samen gleich optimale Bedingungen beim Auskeimen. Manchmal werden die Samen auch von Ameisen verschleppt. Gleiches passiert übrigens mit den Samen des Gelben Lerchensporns, einer anderen Mauerpflanze.

**Zimbelkraut** Diese zarte Pflanze siedelt sich selbst auf einem winzigen Flecken feuchten Staubes innerhalb von Mauerfugen an und bildet lange, kletternde Sprosse mit einer Vielzahl winziger Blüten.

Auf Mauern und in Mauerritzen wachsen auch sehr viele Gräser. Eines der bekanntesten ist das Einjährige Rispengras. Es gehört zu den wenigen bei uns heimischen einjährigen Gräsern, und Sie können seine leuchtend grünen Büschel überall im Garten finden. Wenn man nicht achtgibt, verstreuen die zierlichen Blütenstände ständig neue Samen und tragen so zur Verbreitung bei. Die Blütenköpfe sehen wie winzige Weihnachtsbäume aus und sind fast das ganze Jahr über zu finden. Die Vegetation am Fuß der Mauer ähnelt der Vegetation unter den Hecken (siehe Seite 100). Infolge des Mörtels trifft man hier jedoch häufiger kalkliebende Pflanzen an. Das auffallendste Gras an der Mauerbasis ist die Mäusegerste, die kleinen Kindern so viel Spaß macht, weil man ihre unreifen Ähren pflücken und anderen Leuten in die Kleider stecken kann.

## TIERE AN MAUERN

Viele der Tiere, die an Mauern wohnen, stammen ursprünglich ebenso wie die Pflanzen aus südlichen Felsgebieten und Gebirgen. Mauern sind ein relativ trockener und im Sommer auch recht heißer Lebensraum. Wenn die Pflanzen in Wandnähe auch etwas Feuchtigkeit zurückhalten, so ist es doch meistens sehr viel trockener als in Bodennähe. Die Tiere haben sich auf verschiedene Weise an diese Trokkenheit angepaßt. Viele von ihnen sind nachtaktiv. Sie verbergen sich tagsüber in feuchten Spalten und kommen erst nachts zum Vorschein, wenn die Luft feucht und kühl ist und keine Austrocknungsgefahr mehr besteht.
Aber auch tagsüber ist die Mauer voller Leben: Viele Insekten nehmen hier ihr Sonnenbad, wobei sie sich nicht nur den Sonnenstrahlen, sondern auch der zusätzlichen Wärmereflexion der Steine aussetzen. Sie können Fliegen, Käfer und Schmetterlinge beobachten; auch Schwärmer tummeln sich manchmal vor der Mauer in der Sonne. Hauswände können

**Abwehrstellung** Trotz seines bedrohlichen Aussehens, das er vor allem zeigt, wenn er erschreckt wurde, ist dieser Kurzflügler-Käfer recht harmlos. Dieser Käfer mit dem lateinischen Namen *Ocypus olens* ernährt sich von Spinnen und anderen kleinen Tieren. Er patrouilliert auf der Suche nach Beutetieren abends auf den Wegen und Pfaden.

übrigens den gleichen Effekt auf diese Insekten haben wie Gartenmauern. Die sonnenbeschienene Wand eines Bauernhauses in der Nähe von Erbsen- oder Kleefeldern kann ganz braun von richtigen Schwärmen des Gestreiften Blattrandkäfers sein, der zur Erntezeit seine Wirtspflanzen verläßt. Andere Insektenschwärme können auch aus benachbarten Parks kommen.
Sonnenbadende Insekten, vor allem kleine Fliegen, werden oft von Spinnen gefressen, besonders von der tagaktiven, kleinen Zebraspinne. Man findet sie an allen Wänden und Mauern, selbst wenn sie aus Beton sind; vor allem aber an Stellen, die mit Flechten bewachsen sind. Die Schwarz-Weiß-Zeichnung, die der Spinne ihren Namen gibt und ihr zwischen den Flechten als Tarnung dient, beruht auf einem dichten Überzug aus flachgedrückten Haaren. Die Zebraspinne gehört zu den Springspinnen, die sich behutsam an ihre Beute heranschleichen und sie dann mit einem Sprung fangen, genau wie eine Katze. Die Zebraspinne kann 13 cm weit springen, obwohl sie selbst nur 6 mm lang ist. Mit einer Lupe können Sie die riesigen Augen der Spinne gut erkennen. Diese Augen ermöglichen ihr, die Beute zu finden und die Entfernung exakt einzuschätzen.
Die übrigen Spinnen an der Mauer sind vorwiegend nachtaktiv. Aber auch wenn Sie nachts mit einer Taschenlampe nach ihnen suchen, werden Sie nicht viel sehen, da sie in Spalten und Löchern auf ein Beutetier lauern. Aber ihre Netze können Sie recht gut betrachten. Am auffälligsten sind die unordentlichen Netze der *Amaurobius*-Arten (Finsterspinnen), die wie zerfetzte Kragen manche Löcher im Mörtel umgeben. Diese sehr klebrigen Netze sind sehr wirkungsvolle Fallen für jedes Insekt, das unvorsichtig genug ist, darauf zu treten. Die Opfer werden gebissen und dann zum Verzehr in die Spinnenhöhle gezerrt.
Die Falle von *Segestria senoculata* ist unauffälliger. Man erkennt eine röhrenförmige Behausung zwischen den Steinen und rund um den Eingang einen kleinen Trichter aus Spinnfäden, aber keine richtige Fangvorrichtung. Die Spinne verläßt sich auf ein System dünner Alarmfäden, die von dem Trichter aus in alle Richtungen gespannt sind; sobald ein Insekt

einen dieser Fäden berührt, kommt sie herausgeschossen und schnappt sich ihre Beute. Weberknechte gehören auch zu den Spinnentieren. Aufgrund ihres Körperbaus lassen sie sich aber gut von anderen Spinnen unterscheiden: Ihr Körper ist nicht so deutlich in Vorder- und Hinterleib gegliedert. Außerdem haben sie anstatt der sechs oder acht Augen, die andere Spinnen haben, nur zwei, die auf einer kleinen Erhebung hoch oben auf dem Körper sitzen. Weberknechte sind Allesfresser, die weder Spinnwarzen noch Giftdrüsen besitzen. Sie überwältigen kleine Insekten und andere Wirbellose, indem sie sie mit zwei oder mehr Beinen zu Boden drücken, fressen aber genauso häufig an Aas und Pilzen. Da sie viel Flüssigkeit benötigen, kann man sie oft an Regentropfen oder Tautropfen beobachten. Die Eier werden gewöhnlich im Boden abgelegt, nach einer wenig dramatischen Begattung, die keinerlei Ähnlichkeit mit den komplizierten Hochzeitsritualen hat, die wir von anderen Spinnen kennen. Die meisten Weberknechte sieht man vor allem im Spätsommer, zum Beispiel am Fuß von Mauern und Hecken. Dort ruhen sie tagsüber meistens mit ausgestreckten Beinen und gehen dann nachts auf Nahrungssuche. Eine der bekanntesten Weber-

**Blütenpflanzen für die Gartenmauer**

Viele Wildpflanzen, die auf Felsen leben, finden in der Gartenmauer einen idealen Lebensraum. Die meisten von ihnen kann man aus Samen ziehen, aber da es sich vorwiegend um ausdauernde Pflanzen handelt, dauert es einige Jahre, bis sie herangewachsen sind. Viele dieser Pflanzen vertragen Trockenheit, aber solange sie jung sind, brauchen sie alle genügend Feuchtigkeit.

**Zimbelkraut** Hellviolette und gelbe, löwenmaulähnliche Blüten an hängenden Stengeln.

**Ruprechtskraut** Eine rosablühende Einjährige, die oft auch am Boden wächst.

**Scharfer Mauerpfeffer** Plumpe Blätter und leuchtend gelbe Blüten.

**Silberfingerkraut** Eine gelbblühende Pflanze mit weißgrauen und flaumigen Haaren an der Blattunterseite.

**Goldlack** Zweijährige Pflanze. Vorfahre der beliebten Zierpflanze.

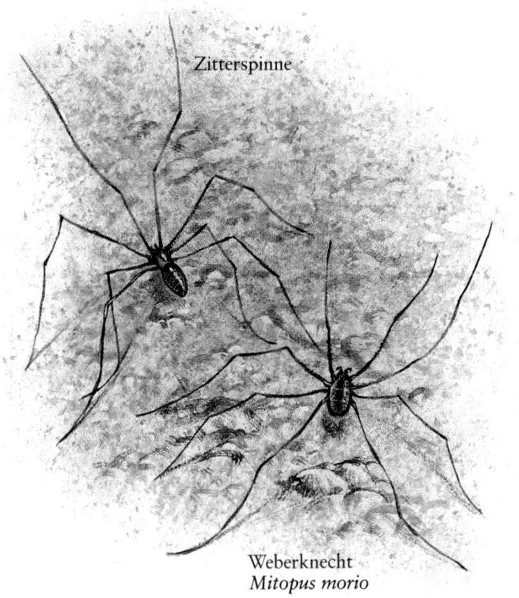


**Verschiedene Spinnentiere** Die Körper der Spinnen sind immer durch eine Taille deutlich gegliedert, während die Weberknechte einen ungegliederten, birnenförmigen Körper haben. Hier sind zwei ähnlich aussehende Tiere abgebildet – das eine ist eine Spinne, das andere ein Weberknecht.

knecht-Arten ist *Mitopus morio,* der an einer dunklen Zeichnung zu erkennen ist, die über den ganzen Körper hinwegläuft.

## BIENEN UND WESPEN AN DER MAUER

Die Löcher und Ritzen in alten Mauern sind ideale Behausungen für verschiedene solitäre Bienen und Wespen, und wenn der Mörtel nicht zu hart ist, bauen diese kleinen Insekten auch in neueren Mauern ihre Nester. Durch die Bautätigkeit der Insekten in dem sandigen Mörtel können Steine gelockert und in Ausnahmefällen auch die Stabilität einer Mauer beeinträchtigt werden. Dabei wird der Eindruck erweckt, als hätte ein ganzer Bienenschwarm zusammengearbeitet. In Wirklichkeit haben nur viele solitäre Bienen an einem geeigneten Platz ihre Nester gebaut. Jede Biene arbeitet dabei völlig unabhängig von ihren Nachbarinnen. Am bekanntesten ist sicher die Mauerbiene (siehe Seite 41). Auch die Pelzbiene baut ihr Nest in sonnenbeschienenen Wänden. So bewohnte eine Pelzbiene lange Jahre meinen Schornstein.

Die Wespen, die in und an Mauern nisten, gehören zur Familie der Lehmwespen und sind mit den sozialen Wespen eng verwandt. Von den Grabwespen unterscheiden sie sich, da sie ihre Flügel in der Ruhehaltung der Länge nach zusammenfalten. Eine bestimmte Pillenwespenart schmiert Lehm über ihre kleinen Lehmnester, um sie zu verbergen. Das sieht dann aus, als wäre ein kleiner Lehmklumpen an die Mauer geworfen worden und dort festgeklebt. Manchmal baut diese Wespe ihr Nest auch in bereits vorhandene Löcher im Mörtel, wobei sie die Wand mit dem Lehm regelrecht ausbessert. Wenn es nötig ist, graben sie selbst die Löcher, doch häufig beziehen sie schon vorhandene. Man kann sie gut anlocken, indem man einfach ein paar kleine Löcher in die Mauer bohrt. Alle Pillenwespen füllen ihre Nester mit Raupen von Schmetterlingen, die sie zuvor durch einen Stich gelähmt haben. Die Nistgewohnheiten einer anderen Lehmwespe, *Oplomerus spinipes,* sind sorgfältig untersucht worden. Die beim Graben des Nestes anfallenden Bröckchen werden mit Speichel vermischt und am Nesteingang zum Bau einer zylindrischen Röhre verwendet. Wenn sich das Nest in einer senkrechten Wand befindet, ist dieser Vorbau nach unten gekrümmt und erhält dadurch die Form eines Wasserhahns. Dadurch werden wahrscheinlich andere Insekten davon abgehalten, das Nest zu plündern, während die Lehmwespe auf Nahrungssuche ist. Diese Wespe trägt im Unterschied zu der oben beschriebenen Pillenwespe bis zu fünfzehn Rüsselkäferlarven pro Zelle ins Nest. Von diesen Käferlarven leben dann die Larven der Lehmwespe. Wenn alle fünf oder sechs Zellen des Nestes, die am Ende eines etwa sechs Zentimeter langen Ganges liegen, mit Vorräten gefüllt sind, baut sie den röhrenförmigen Eingang ab und verwendet das Material zum Verschließen der Zellen und des Nesteingangs.

Viele alte Gartenmauern enthalten eine Füllung aus Erde und Bauschutt. Durch den Regen und das Sickerwasser wird die Erde allmählich ausgewaschen; es bleibt ein Hohlraum zurück, der manchen sozialen Wespen einschließlich der Hornissen oder sogar den

**Maurer und Lehmnestbauer**

Obwohl wir normalerweise bei Bienen an Wachs denken und bei Wespen an Papier, gibt es viele solitäre Arten, die ihre Nester aus anderen Materialien bauen. In Mauern mit altem, krümeligem Mörtel lassen sich gern »Maurer« nieder, während die Lehmnestbauer an der Maueroberfläche arbeiten. Diese solitären Insekten bauen ihre Nester, füllen sie mit Nahrung (bei den Wespen etwa mit gelähmten Insektenlarven) und legen dann ihre Eier hinein. Dann überlassen sie die Nester sich selbst.

**Pillenwespe** *Ancistrocerus oviventris* baut ihre Nester aus Bodenpartikeln, die sie an Mauern oder Zäunen befestigt. In jedes Nest legt sie ein einzelnes Ei.

**Lehmwespe** *Oplomeres spinipes* baut ihr Nest in den Mörtel von Mauern und legt in jede der etwa sechs Zellen ein Ei.

**Mauerbiene** *Osmia rufa* legt je ein Ei in ein Nest, das sie in den Mörtel gräbt. Mauerbienen füllen ihre Nester mit Nektar und Pollen.

Honigbienen als Behausung dienen kann. Auch die Hohlziegelwände moderner Häuser können manchmal von diesen Insekten besiedelt werden, wenn sie irgendwo einen Eingang entdecken.

## VÖGEL AN MAUERN

Unsere Gartenmauern dienen nicht nur Menschen als Begrenzung ihres Territoriums. Auch viele Vögel haben ihre eigenen Reviere. Der Garten mit seiner Mischung aus Mauern, Sträuchern, Bäumen und offenen Flächen ist ein ideales Reviergelände für verschiedene Vögel. Mauern werden von den Vögeln gern als Begrenzungslinien zwischen benachbarten Revieren benutzt. Wenn man im Spätwinter und Frühjahr täglich die Amseln auf den Mauern singen hört, so wird durch diesen Gesang allen Rivalen klargemacht, welches Gebiet der Sänger als sein Revier betrachtet.

Vögel, die Früchte und Samen fressen, sind maßgeblich an der Ansiedlung von Pflanzen auf der Mauer und auch im restlichen Garten beteiligt. Da der Vogelkot oft oben auf Mauern abgesetzt wird, kann es gut sein, daß Sie eines Tages Brombeersprößlinge und Holunder auf Ihrer Mauer wachsen sehen. Auch viele andere Pflanzen werden auf diese Art durch Vögel verbreitet. Für den Zaunkönig und andere insektenfressende Vögel bietet die Mauer mit ihrem reichen Insektenleben viel Nahrung. Wenn sie durch eine dichte Vegetation geschützt ist, wird sie manchmal sogar als Nistplatz benutzt. In Löchern und Stellen, an denen Steine herausgefallen sind, nisten gerne Zaunkönig, Gartenrotschwanz, Grauschnäpper und selten auch mal das Rotkehlchen. Diese Vögel bauen ihre Nester nicht nur in der Gartenmauer, sondern auch an geeigneten Haus- und Schuppenwänden. Der Grauschnäpper, der ebenso wie das Rotschwänzchen bei uns ein Sommergast ist, fängt seine Beute meistens im Flug. Halten Sie an seinen Lieblingsplätzen nach ihm Ausschau: auf einem Busch, einem Zaunpfosten, dem Telefonkabel oder der Wäscheleine. Er fliegt ganz plötzlich auf, schnappt sich ein Insekt und kehrt dann an seinen Sitzplatz zurück, um es in Ruhe zu verspeisen. Auf die gleiche Weise fängt auch der männliche Gartenrotschwanz seine Beute. Man erkennt ihn gut an den langen, schönen roten Schwanzfedern, mit denen er ständig auf und ab wippt. Das Weibchen hat ähnliche Schwanzfedern, ist aber ansonsten viel brauner als das Männchen. Es sucht sich seine Nahrung vorwiegend am Boden. Diese Sommergäste lieben vor allem ältere Gartenanlagen und Obstgärten.

Wenn in Ihrem Garten einige Bäume stehen oder ein Wald in der Nähe ist, haben Sie vielleicht das Glück, daß ein Kleiber in Ihrer Mauer nistet. Normalerweise nistet er zwar in Höhlungen von Baumstämmen, aber wenn die Mauer hoch genug ist, baut er sein Nest auch manchmal dort. Der Kleiber kann mit Hilfe seiner scharfen Krallen flink an den Stämmen hinauf und – sogar kopfüber – hinunter klettern. Wenn der Eingang der Nisthöhle zu groß ist, mauern die Altvögel die Öffnung mit Lehm so weit zu, daß sie noch eben hindurch passen. Sie tun dies zum Schutz vor Feinden. Auch Haussperlinge und Stare nisten in Mauern, aber der bekannteste Brutvogel an Mauern ist sicherlich die Mehlschwalbe. Sie klebt ihre Lehmnester unter die Dachüberstände und Giebel geeigneter Häuser. Die Mehlschwalbe scheint viele zum Nestbau geeignete Häuser, einschließlich meines eigenen, zu verschmähen. Dies liegt daran, daß sie ein Koloniebrüter ist, der sich möglichst dort ansiedelt, wo schon andere Artgenossen sind. Oft ist ihnen auch die Fassade zu glatt oder keine ausreichende Höhe vorhanden. Sie brütet nämlich mindestens drei Meter über dem Boden. Ein weiterer Grund liegt vielleicht im Mangel an geeignetem Lehm und Schlamm für den Nestbau. Wer keinen Teich mit angrenzendem Sumpfgebiet hat, sollte vielleicht etwas Schlamm in einem alten, flachen Behälter aufstellen, damit die Vögel ihn zum Nestbau holen können. Die Vegetation sollte um die Behälter herum niedrig sein, damit die Schwalben vor anschleichenden Raubtieren sicher sind. Sie können natürlich auch einige künstliche Schwalbennester unter der Dachrinne befestigen (siehe Seite 182). Wenn die Mehlschwalben sich erst einmal an einen Nistplatz gewöhnt haben, brüten sie jedes Jahr wieder dort – sofern die Nester in der Zwischenzeit nicht von Haussperlingen in Besitz genommen wurden. Bei der Ankunft reparieren die Mehlschwalben zunächst alle Schäden, die den

**Natürliche und künstliche Nester** Mindestens zwei künstliche Nester (oben) können der Anfang einer ganzen Mehlschwalbenkolonie sein.

**Ein Nest in der Mauer** Höhlenbrüter wie die Kohlmeise (links) bauen ihre Nester gern in Mauerhöhlungen.

**Mauersegler, Rauchschwalben und Mehlschwalben**

Diese drei fliegenden Insektenfresser sind Zugvögel, die in Afrika überwintern. Mehl- und Rauchschwalbe kommen etwa gleichzeitig Ende März an, aber der Mauersegler erscheint nicht vor Ende April, Anfang Mai. Der Mauersegler bleibt auch nur kurz; er fliegt schon im August wieder weg, während sich die Schwalben oft erst Mitte Oktober von uns verabschieden.

**Mauersegler** Von der Brutzeit abgesehen, verbringt er sein gesamtes Leben in der Luft. Er ist fast einfarbig dunkelbraun; stößt schrille Schreie aus; fliegt oft in Gruppen. Nistet in Höhlungen unter Giebeln.

**Mehlschwalbe** An ihrem weißen Rumpf und Bürzel und den relativ kurzen Flügeln gut zu erkennen. Jagt oft im Tiefflug über Rasenflächen und Teichen. Nistet in Kolonien.

**Rauchschwalbe** Die ausgewachsenen Vögel haben lange Schwanzspieße und eine braune Kehle. Nistet gern in überdachten Toreingängen, Durchfahrten und in Stallungen.

Winter über am Nest entstanden sind. Die Nester sind eigentlich relativ stabil und halten oft einige Jahre; sie sind nicht so zerbrechlich, wie sie aussehen.

Man kann nicht bestreiten, daß die Schwalben eine ziemliche Verschmutzung der Hauswand bewirken. Aber das wird bei weitem wieder durch das Vergnügen aufgewogen, das man beim Beobachten dieser eleganten Flieger empfindet, wenn sie sich zum Nest emporschwingen und einen Schnabel voll Fliegen in die aufgerissenen hungrigen Schnäbel ihrer Jungen stopfen. Wenn der Schwalbenkot zu sehr stört, kann man ein etwa vierzig Zentimeter breites Holzbrett als Sims unter dem Nest befestigen. Da die Schwalben schräg von unten anfliegen, muß das Brett etwa siebzig Zentimeter unterhalb des Nestes angebracht werden.

Die Rauchschwalbe ist eng verwandt mit der Mehlschwalbe und wird oft mit ihr verwechselt. Aber eigentlich kann man sie gut unterscheiden, da die erwachsene Rauchschwalbe eine kastanienbraune Kehle und einen viel längeren Schwanz als die Mehlschwalbe hat. Die Rauchschwalbe brütet meistens in Gebäuden: in Kuhställen, Schuppen, verlassenen Häusern, überdachten Durchfahrten und Eingängen. Auch unter Brücken und in Bahnhöfen findet die Schwalbe viele Nistmöglichkeiten. Ihre aus Lehm und Gras gebauten, oben rundum offenen Nester stützen sie dabei auf Sparren oder Balken ab.

## SCHUPPENWÄNDE AUS HOLZ

An einer hölzernen Schuppenwand können sich nur selten Pflanzen oder größere Tiere ansiedeln, dafür findet man aber einige Spinnen. Die Finsterspinne *Amaurobius similis* baut ihr Netz häufig zwischen den überlappenden Brettern. Die Zebraspinne jagt am hellichten Tag an der Wand nach Beutetieren. Halten Sie auch nach Netzen unter den Giebeln oder an den Fensterrahmen Ausschau – sie gehören oft *Zygiella x-notata.* Die Netze dieser Spinne und einiger verwandter Spinnen haben eine charakteristische Form: An zwei Sektoren im oberen Bereich fehlt die klebrige Spirale. Wenn Sie den Radius durch diese beiden Sektoren hindurch verfolgen, stoßen Sie auf das Versteck der Spinne, das sich gewöhnlich in einer Ecke oder zwischen überlappenden Brettern befindet. Wenn Sie die Spinne zum Herauskommen bewegen können (ein guter Trick ist es, das Netz mit einer vibrierenden Stimmgabel zu berühren), so werden Sie das typische, blattförmige graue Muster auf rosafarbenem oder rötlichem Hintergrund auf dem Hinterleib sehen. Das Weibchen dieser Spinnenart ist die einzige unserer Spinnen, die auch im Winter Netze baut. Sie ernährt sich in dieser Zeit von den zahlreichen Wintermükken (siehe Seite 125) sowie von Schmeißfliegen, die zu einem Sonnenbad herauskommen. Netze mit mehr Spiralfäden oberhalb der Nabe als unterhalb stammen von einer sehr flachen, schwarzen Spinne namens *Araneus umbraticus,* die ihr Versteck tagsüber nur selten verläßt. Ihre Hauptnahrung besteht aus nachtaktiven Faltern, man kann daher oft beobachten, wie sie in der Dämmerung ihr Netz repariert, oft vor Fenstern oder in Türöffnungen.

## LEBEN AUF DEM GARTENWEG

Viele Leute, denen die vermeintliche Schönheit ihres Gartens mehr am Herzen liegt als die Lebewesen, die darin leben, versuchen die Gartenwege völlig pflanzenfrei zu halten. Aber trotz der Werbeversprechungen vieler Firmen, die bei Anwendung ihrer Mittel eine dauerhafte Beseitigung des von ihnen so benannten »Unkrauts« auf Wegen versprechen, wird jeder Gartenweg, egal woraus er besteht, früher oder später wieder von Pflanzen besiedelt. Wenn man der Natur ihren Lauf läßt, kann

**Spinnen in Schuppen, an Mauern und Zäunen**

Wenn Sie wegen schlechten Wetters keine Tiere im Freien beobachten können, sollten Sie einmal die Spinnen beobachten, die an geschützteren Plätzen leben. An Mauern, in Schuppen und Gewächshäusern gibt es viele verschiedene Spinnen. Am einfachsten erkennt man die verschiedenen Arten an der Form ihrer Netze – einige der häufigsten sind hier abgebildet.

**Radnetze** Runde, klebrige Netze in Gebäuden – besonders an Fensterrahmen – sind oft das Werk von *Zygiella x-notata.*

**Deckennetze** Diese gehören oft der Hausspinne, die ihre großen, dichten Netze gern in Häusern und Schuppen aufspannt. Im Herbst, wenn die Männchen auf der Suche nach Weibchen sind, findet man sie oft in der Badewanne oder auf dem Fußboden.

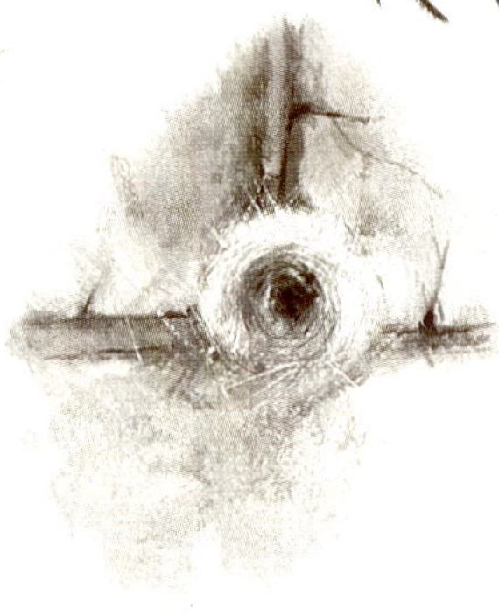

**Waagrechte Netze** Ein Fadengewirr führt zu dem Versteck der Finsterspinne *(Amaurobius similis),* die in einer Röhre auf der Lauer liegt. Man findet sie an Mauern und Zäunen.

**Schleuderfrüchte** In dem Moment, in dem Sie versuchen, eine Sauerkleepflanze auszureißen (oben), explodieren ihre Schleuderfrüchte und verstreuen die Samen in alle Himmelsrichtungen.

**Lebermoose** In der Natur findet man Lebermoose an feuchten Felswänden und steinigen Bachufern. Neben einem schattigen Pfad (rechts) finden sie ebenfalls genug Feuchtigkeit und Schutz vor kräftigeren Konkurrenten.

sich daraus auch eine schöne grüne Vegetationsdecke entwickeln. Sicherlich ist ein wenig Kontrolle des Pflanzenwachstums hier angebracht, da der Weg ja auch einem bestimmten Zweck dienen soll, aber das kann ja wohl nicht heißen, daß man jedes Grün auf dem Weg gleich vernichten muß. Warum soll der Gartenweg nicht ein voll integrierter Bestandteil des naturnahen Gartens werden?

Selbst betonierte Wege bleiben nicht lange kahl, wenn man sie sich selbst überläßt. Grünalgen besiedeln selbst die winzigsten Risse, und ihnen folgt bald das Moos *Bryum argenteum,* das mit den dicht am Sproß anliegenden Blättchen wie ein winziger Tannenzapfen mit Silberspitze aussieht. Da es der Luftverschmutzung widersteht und selbst auf ein wenig Staub prächtig gedeiht, kann man es auch in der Großstadt auf fast allen Straßen in kleinen Asphaltritzen finden.

In manchen alten Gärten findet man noch heute Aschewege; ich selbst streue oft Asche in die Lücken zwischen den Steinen auf meinen Gartenwegen. Es dauert eine Zeitlang, bis die Asche so stark verwittert ist, daß Pflanzen darauf wachsen können. Asche ist damit ein ganz gutes Mittel gegen Pflanzenbewuchs, aber später gedeihen auch auf solchen Wegen viele Pflanzen. Eine der ersten ist typischerweise das Moos *Funaria hygrometrica,* das als Pionierpflanze auf Böden auftritt, die zuvor einem Brand ausgesetzt waren. Es ist blaßgrün, bildet keine dichten Polster und hat asymmetrische, birnenförmige, orangebraune Sporenkapseln. Da auch die Kapselstiele orange sind, erweckt die Pflanze zu bestimmten Jahreszeiten den Eindruck eines Feuerteppichs.

Feuchte Gartenwege sind oft von dem Lebermoos *Lunularia cruciata* überzogen, einer flachen, ziemlich ledrigen Pflanze, die etwas an Seetang erinnert. Es bildet nur selten Sporenkapseln aus und pflanzt sich vorwiegend über kleine Knospen, sogenannte Brutbecher, fort. Diese halbmondförmigen Brutbecher finden Sie auf der Blattoberseite. Sie lösen sich von der Mutterpflanze und werden durch den Regen oder durch Ihre Schuhe verbreitet. Ein ähnlich aussehendes Moos, das unter den gleichen Bedingungen wächst, ist das Brunnenlebermoos *Marchantia polymorpha.* Man kann es aber an den kronenförmigen Brutbechern gut identifizieren. Die Sporenkapseln werden unter seltsamen, regenschirmartigen Struktu-

ren getragen. Diese beiden Lebermoose wachsen nicht nur auf feuchten Wegen, sondern auch in Gewächshäusern und Blumentöpfen. Da man sie früher als Heilmittel gegen Leberleiden empfahl, erhielten sie ihren Namen.
Alle bekannten Gartenkräuter werden versuchen, Ihren Gartenweg zu besiedeln, aber durchsetzen können sich nur diejenigen, denen es nichts ausmacht, daß man ständig auf ihnen herumtrampelt. Dazu gehören vor allem Löwenzahn, Wegerich, Mastkraut und verschiedene Gräser. Der Hornfrüchtige Sauerklee kann dabei zum Problem werden. Er sieht zwar in kleinen Gruppen zwischen den Steinen hübsch aus, produziert aber sehr viele Samen. Die Samenkapsel explodiert, wenn man sie berührt, und schleudert die Samen bis zu einem Meter weit aus. Auch die Blattrosetten des Bitterkrauts sieht man oft aus kleinen Ritzen hervorsprießen. Es findet sich auch häufig auf Kiespfaden, meistens vergesellschaftet mit dem Hirtentäschel. Da beide Pflanzen prächtig in Blumentöpfen gedeihen, werden sie oft mit gekauften Pflanzen in den Garten eingeschleppt.

## AMEISEN AUF DEN WEGEN

Ziegel- und Betonwege absorbieren viel Sonnenwärme, und wenn sie nicht zu dick sind, geben sie diese Wärme auch an den Boden weiter, der dadurch ein idealer Lebensraum für viele Kleintiere wird. Die bekanntesten Tiere, die von dieser Wärme profitieren, sind die Ameisen. Die Schwarze Wegameise zum Beispiel baut ihr Nest selbst in Städten unter dem Asphalt oder an Hausfundamenten, solange sie nur Zugang zum Garten hat. Wie die meisten Ameisen ist sie sehr aktiv und bei warmem Wetter Tag und Nacht in Bewegung. Der Ameisenstaat hat gewöhnlich eine einzige Königin, die jährlich viele tausend Individuen hervorbringt. Durchschnittlich besteht ein Ameisenstaat der Schwarzen Wegameise aus etwa fünftausend Tieren. Übers Jahr gesehen, leben in dem Staat natürlich sehr viel mehr Tiere, da ja ständig Ameisen sterben und neue schlüpfen. Die vielen Arbeiterinnen sind mit der Nahrungsbeschaffung für die Larven voll ausgelastet. Sie sammeln Tausende kleiner Insekten, darunter auch viele Gartenschädlinge, aber auch Süßigkeiten stehen hoch im Kurs. Sie können gut beobachten, wie die Ameisen den Honigtau der Blattläuse auf Rosen und anderen Pflanzen sammeln (siehe Seite 48). Sie streicheln dabei sogar die Blattläuse mit ihren Antennen, um sie zur Abgabe von Honigtau anzuregen. Mit dem zuckerreichen Honigtau decken die Ameisen einen Großteil ihres Energiebedarfs, allerdings enthält er wenig Proteine und ist daher keine vollwertige Nahrung. Manche Blattlausarten werden sogar ins Ameisennest gebracht und auf Wurzeln gesetzt, an denen die Blattläuse Pflanzensaft saugen können. Die Blattläuse leben weiter und sind sogar vor ihren natürlichen Feinden geschützt. Diese Blattlauskolonien im Innern von Ameisennestern spielen zweifellos eine wichtige Rolle bei der Ernährung der Ameisen im Winter.
Obwohl die Ameisen sehr zahlreich sind, fallen sie im allgemeinen kaum auf, weil sie sich bei der Futtersuche über den ganzen Garten verteilen. Manchmal sieht man kleine Kolonnen auf Wegen, an Zäunen oder an Baumstämmen. Bei sorgfältiger Beobachtung stellt sich heraus, daß der Verkehr auf solchen Ameisenstraßen in beide Richtungen läuft. Es handelt sich nämlich um markierte Duftstraßen zwischen dem Nest und einem guten Futterplatz. Auf solchen Ameisenstraßen können Sie beobachten, wie zwei Ameisen mit den Antennen »sprechen« – vielleicht über die Futterqualität. Wenn Sie die Ameisenstraße in Richtung des Futtertransports verfolgen, dann entdecken Sie irgendwo das Nest. Es ist oft von einigen gut sichtbaren Trampelpfaden umgeben, die in die Umgebung führen. Legen Sie einmal einen Orangenschnitz oder anderes reifes Obst in die Nähe des Eingangs, damit Sie die Ameisen beim Fressen beobachten können. Sie können sich ruhig nahe heranwagen: Im Gegensatz zur Roten Ameise hat die Schwarze Wegameise keinen Stachel. Wenn Sie die Steine, unter denen die Ameisen verschwinden, ein wenig anheben, können Sie einen Blick ins Nest werfen. Oft liegen die Nestkammern direkt unter dem Stein, um möglichst viel Wärme abzubekommen. Hier sind die Larven und Puppen untergebracht, damit sie sich rascher entwickeln können. Sie werden

sehen, wie die Arbeiterinnen sofort beginnen, die Larven und Puppen tiefer ins Nest zu transportieren, sobald Sie den Stein aufgedeckt haben. Vielleicht können Sie auch einige kleine weiße Asseln beobachten, die oft als Parasiten in Ameisennestern leben. Bitte zerstören Sie das Ameisennest nicht mit Insektiziden oder auf altmodische und nicht sehr wirksame Art mit kochendem Wasser, denn die Ameisen gehören zu den nützlichsten Mitgliedern der Lebensgemeinschaft im Garten.

An einem warmen Juli- oder Augusttag brechen die Schwarzen Wegameisen zu ihrem jährlichen Hochzeitsflug auf. Zweifellos stimuliert durch das warme Wetter, öffnen die Arbeiterinnen das Nest an einigen Stellen und lassen die fast erwachsenen Männchen und Weibchen heraus. Das sind die bekannten fliegenden Ameisen, die manchmal zu Tausenden wie Rauchsäulen durch die Luft schwirren. Zuerst fliegen die Männchen aus, dann folgen ihnen die Weibchen. Diejenigen, die der Aufmerksamkeit der Vögel entgehen, paaren sich dann in der Luft – allerdings begatten sich nicht alle Ameisenarten in der Luft – und landen dann meist ein beträchtliches Stück vom ursprünglichen Nest entfernt auf dem Boden. Die Männchen gehen bald zugrunde. Die Weibchen aber sind jetzt junge Königinnen und haben einen ausreichenden Spermavorrat für mehrere Jahre. Sie suchen sich eine geeignete Erdspalte, in der sie überwintern, während sich ihre Eier entwickeln. Im Frühjahr gründen sie dann einen neuen Staat und es entwickeln sich erneut Arbeiterinnen, Larven und Drohnen. Der Kreislauf beginnt von vorn.

**Ende eines Jungfernfluges** Wenn die junge Ameisenkönigin (oben) wieder von ihrem Hochzeitsflug landet, ist sie bereits begattet und braucht ihre Flügel nicht mehr. Sie fallen entweder von selbst ab oder werden abgebissen. Dann überwintert die Königin, bevor sie im nächsten Jahr einen neuen Staat gründet. Der Lebenszyklus der Ameisen ähnelt dem der sozialen Bienen und Wespen. Diese drei Tierarten sind eng miteinander verwandt. Außerdem haben geflügelte Ameisen eine verblüffende Ähnlichkeit mit einigen solitären Wespen.

**Ein geöffnetes Nest** Dieses Nest von Roten Waldameisen (rechts) wurde kurz vor dem Ausfliegen der geflügelten Stadien geöffnet. Als Reaktion auf das plötzliche Tageslicht schleppen die Arbeiterinnen in fieberhafter Eile die Larven unter die Erde. Wenn man die Tiere so aus der Nähe betrachtet, findet man viele interessante Kleinigkeiten, die immer wieder zum Staunen Anlaß geben.

KAPITEL 8

# LEBENDIGER BODEN

Der Boden ist das Rohmaterial des Gartens, und der Erfolg des Gärtners hängt davon ab, daß er den Boden in gutem Zustand erhält. Viele Hobbygärtner nehmen den Boden als etwas Gegebenes hin und denken nie über seine Zusammensetzung nach, obwohl doch alles, was im Garten gedeiht, mit dem Boden in Verbindung steht, auf ihm wächst und von ihm lebt. Der Boden setzt sich aus mineralischen und organischen Bestandteilen zusammen. Während die mineralische Zusammensetzung durch das ursprüngliche Ausgangsgestein bestimmt wird, stammen die organischen Bestandteile aus abgestorbenen pflanzlichen und tierischen Stoffen und deren Zersetzungsprodukten. Die verschiedenen Bodenbestandteile liegen in einer bestimmten räumlichen Anordnung vor und bilden ein festes Bodengefüge, das allerdings von zahlreichen Poren durchsetzt ist. Das Porenvolumen kann bis zu 60 Prozent des gesamten Bodenvolumens betragen.

Das jeweilige Porenvolumen und die Größe und Gestalt der einzelnen Poren hängen von der Größe und Form der Bodenteilchen ab. Die Poren sind mit Wasser oder Luft gefüllt; außerdem lebt in ihnen ein Teil der Bodenorganismen. Viele dieser Bakterien und Pilze, die abgestorbenes pflanzliches und tierisches Material zersetzen, kann man nur mit Hilfe eines Mikroskopes sehen. Daneben gibt es aber noch viele andere Bodenorganismen, die man mit bloßem Auge sehen kann, vorausgesetzt, man schaut einmal wirklich hin. Betrachten Sie einmal beim nächsten Umgraben eine Schaufel Erde genauer. Zuerst werden Sie nur die Regenwürmer sehen, die sich rasch vor dem Tageslicht zurückziehen – aber gehen Sie mal dicht ran und sehen Sie ganz genau hin: Selbst ohne Lupe werden Sie viele kleine Tiere sehen, die auf der Suche nach einem neuen Versteck eilig herumkrabbeln. Dazu gehören unter anderem Nacktschnecken, Tausendfüßer, Insektenlarven, Drahtwürmer und Asseln. Vor allem im Winter werden Ihnen beim Umgraben die glänzenden, braunen Puppen verschiedener Nachtfalter auffallen. Aber auch Tagfalterpuppen können Sie finden. Meistens handelt es sich um Puppen von Kohlweißling und Hausmutter. Legen Sie einige der Puppen in eine Plastikschachtel mit feuchter Blumenerde und stellen Sie die Schachtel dann in den Schuppen. Wenn Sie Glück haben, können Sie im Frühjahr die schlüpfenden Falter beobachten. Sie werden sicher auch Ameisen und Hundertfüßer im Boden finden; letztere sind besonders »nützlich«, weil sie viele Wurzel»schädlinge« vertilgen.

Die Pflanzenwurzeln sind ein weiterer wichtiger Bestandteil dieser unterirdischen Welt; in einem normalen Garten beträgt ihre Gesamtlänge viele Kilometer. Man hat mal ausgerechnet, daß zum Beispiel die Wurzeln einer einzigen Sonnenblume eine Gesamtfläche von 1,5 Quadratmetern bedecken können und dann etwa 350 Meter lang sind! Das Wurzelsystem aller Gartenpflanzen bricht den Boden auf, belüftet und dräniert ihn, und die abgestorbenen Wurzeln erhöhen den Anteil an organischen Bestandteilen im Boden.

Da der Großteil des Bodens aus dem darunterliegenden Gestein entstanden ist, ist die mineralische Bodenzusammensetzung von Ort zu Ort verschieden. An dem einen Ende der Skala stehen leichte, sandige Böden, am anderen Ende schwere Tonböden. Sandige Böden enthalten über 80 Prozent Sandkörner mit relativ großem Durchmesser zwischen 0,05 Millimeter und 2,0 Millimeter. Solche Böden sind leicht zu bearbeiten, sie sind luft- und wasserdurchlässig, erwärmen sich rasch, kühlen aber auch schnell wieder aus. Der Anteil an Nährstoffen ist relativ gering. Tonböden enthalten mindestens 40 Prozent Tonpartikel, die mit weniger als 0,002 Millimeter Durchmesser viel kleiner als Sandpartikel sind. Tonböden enthalten viel mehr Nährstoffe als sandige Böden, sind aber ziemlich undurchlässig für Luft und Wasser und brauchen lange, um sich im Frühjahr zu erwärmen. Da sich die winzigen Tonpartikel stark verdichten, ist Tonboden im nassen Zustand sehr klebrig. Wenn der Boden einmal austrocknet, wird er steinhart. Er läßt sich daher nur schwer bearbeiten und lockern. Der ideale Gartenboden nimmt eine Mittelstellung zwischen beiden Bodenarten ein. Er ist ein Gemisch verschiedener Korngrößen und wird als reicher Lehmboden bezeichnet. Er ist eine Mischung aus Sand und Ton, mit hohem Lehmgehalt und reich an Humus.

Bodenpflege und Düngemaßnahmen müssen auf den jeweils vorhandenen Bodentyp abgestimmt sein. Jeder Boden wird durch die Vermehrung des Humusanteils und durch Zufuhr von Stein- oder Tonmehl verbessert. Er wird bindiger, und das Speichervermögen für Wasser und Nährstoffe wird erheblich vergrößert. Tonböden können zum Beispiel mit Hilfe von Sand und Kompost gelockert werden. Dadurch erhält der Boden eine krümelige Struktur, was eine bessere Dränage und Belüftung bewirkt.

Böden unterscheiden sich auch in ihren chemischen Eigenschaften. Der wohl wichtigste chemische Faktor ist der pH-Wert, der den Säuregehalt des Bodens angibt. Bei einem pH-Wert von 7 reagiert der Boden neutral, über 7 alkalisch, und unter 7 beginnt die saure Bodenreaktion. Die meisten Kulturpflanzen bevorzugen einen schwach sauren Boden mit pH-Werten zwischen 6 und 7. Böden mit niedrigerem pH-Wert können durch Kalkgaben verbessert werden. Kalk bindet Säure und verändert so die Bodenreaktion zum alkalischen hin.

Lehmböden und viele Tonböden werden meist als neutral eingestuft, aber in der Praxis sind die meisten unserer Böden leicht sauer. Schwach basische Böden trifft man vor allem in Gebieten mit Kreide- oder Kalkböden, aber sie sind eigentlich unproblematisch, sofern man nicht ausgerechnet Heidekraut und Rhododendron anpflanzen will – diese Pflanzen wachsen nämlich an Standorten mit saurer Bodenreaktion.

Zwar gibt es einfache chemische Tests zur Feststellung des Boden-pH-Werts, aber wenn man die Natur ein wenig beobachtet, kann man sogar auf solche Tests verzichten: Einige Wildpflanzen zeigen nämlich durch ihr Wachstum deutlich an, was für einen Boden Sie in Ihrem Garten haben. Viel Hühnerbiß und Wiesensauerampfer lassen zum Beispiel auf einen sauren Boden schließen. Mittlerer Wegerich und Habichtskraut wachsen dagegen vor allem auf basischen Böden. Seien Sie auch nicht zu ungehalten, wenn Ihr Garten voll ist von Krausem Ampfer, Klettenlabkraut und Gänsedisteln. Diese Pflanzen benötigen guten, nährstoffreichen Boden und sind daher ein Hinweis, daß auch eine große Anzahl von Zier- und Gemüsepflanzen ohne Schwierigkeiten in Ihrem Garten wachsen kann.

## DAS PRINZIP »WIEDERVERWERTUNG«

Der wichtigste Prozeß zur Produktion von Pflanzenmasse ist die Photosynthese, in deren Verlauf unter Nutzung von Sonnenenergie aus Wasser und Kohlendioxid Traubenzucker entsteht. Die Pflanzen leben aber nicht nur von Traubenzucker, sondern nehmen auch noch verschiedene Mineralstoffe aus dem Boden auf. Mengenmäßig benötigen sie dabei an erster Stelle Stickstoff, Phosphor und Kalium. Geringere Mengen an Kalzium, Schwefel und Magnesium sind ebenfalls erforderlich. Am Ende der Skala stehen die lebensnotwendigen Spurenelemente, zum Beispiel Bor, Mangan, Kupfer, Molybdän, Chlor, Eisen und Kobalt, von denen nur winzige Mengen erforderlich sind, um die Pflanzen gesund zu erhalten.

### Hopfenwurzelbohrer

Wenn Sie feststellen, daß in einem Teil Ihres Gartens die Pflanzen nicht so gut wachsen, wie sie eigentlich sollten, so könnte dafür der Hopfenwurzelbohrer, auch Hopfenspinner oder Geistermotte genannt, verantwortlich sein. Seine unterirdisch lebenden Raupen fressen die Wurzeln von Gräsern und vielen anderen Gartenpflanzen. In den zwei oder drei Jahren ihres unterirdischen Daseins kann eine einzelne Raupe eine ganze Reihe von Wurzeln anfressen; ernsthafte Schäden verursachen die Tiere aber nur in Hopfenanbaugebieten.

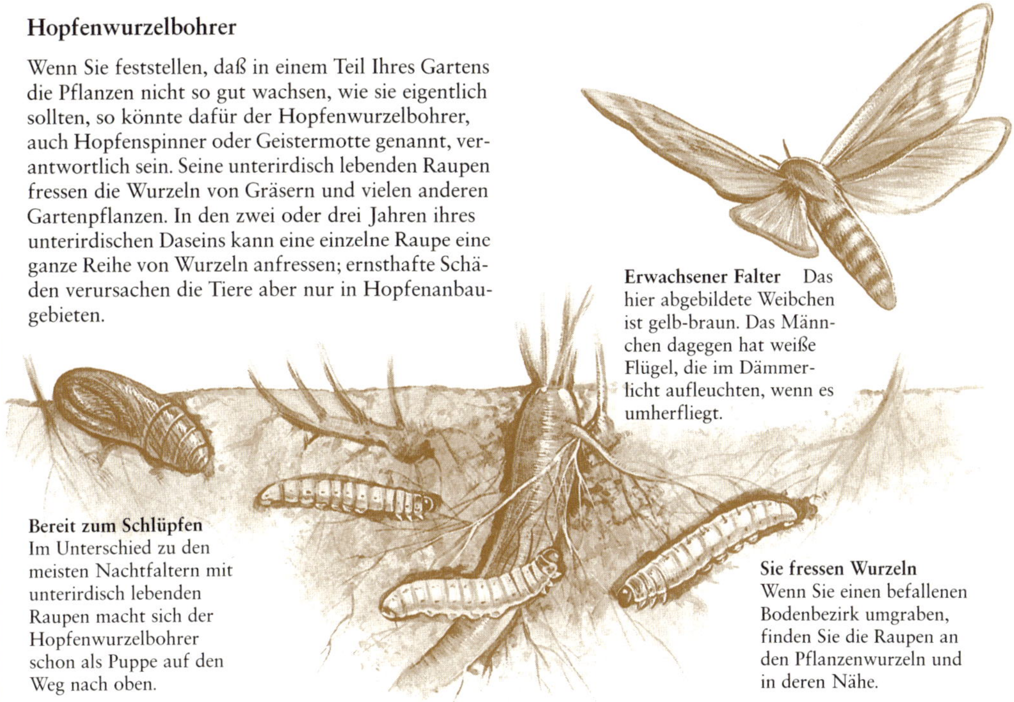

**Erwachsener Falter** Das hier abgebildete Weibchen ist gelb-braun. Das Männchen dagegen hat weiße Flügel, die im Dämmerlicht aufleuchten, wenn es umherfliegt.

**Bereit zum Schlüpfen** Im Unterschied zu den meisten Nachtfaltern mit unterirdisch lebenden Raupen macht sich der Hopfenwurzelbohrer schon als Puppe auf den Weg nach oben.

**Sie fressen Wurzeln** Wenn Sie einen befallenen Bodenbezirk umgraben, finden Sie die Raupen an den Pflanzenwurzeln und in deren Nähe.

Normalerweise enthält jeder Boden, und vor allem ein gut gepflegter Gartenboden, genügend Spurenelemente. Aber wenn Ihre Pflanzen ständig gelbliche Blätter bekommen und unter Wachstumsstörungen leiden, lohnt es sich, den Boden mal untersuchen zu lassen.

In der Natur findet normalerweise eine ständige Wiederverwertung der meisten Pflanzennährstoffe an ein und demselben Ort statt: Die abgefallenen Blätter und abgestorbenen Pflanzenteile verrotten, und dabei werden die Mineralstoffe wieder frei. Sie stehen dann den Pflanzen, die in der nächsten Vegetationsperiode an diesem Standort wachsen, wieder zur Verfügung. Im Garten dagegen, vor allem auf den Gemüsebeeten, werden die Pflanzen abgeerntet. Die Nährstoffe und Mineralstoffe kommen in unseren Magen und werden dem Boden, auf dem die Pflanze wuchs, entzogen. Deshalb muß man im Garten die Mineralstoffe regelmäßig ersetzen. Man benutzt daher oft Kunstdünger, um das Pflanzenwachstum zu verbessern. Dabei darf man nicht glauben, daß nach der Devise »viel hilft viel« viel Dünger das Wachstum der Pflanzen entsprechend stärker fördert. Es kann auch genau das Gegenteil eintreffen, da man durch zuviel Mineralstoffe das ausbalancierte Verhältnis der Bodenmineralien durcheinanderbringen kann. Zuviel Kalzium verzögert zum Beispiel die Eisenaufnahme aus dem Boden, und da Eisen zur Chlorophyllbildung erforderlich ist, werden die Pflanzen dann gelb. Wildpflanzen, die auf Kreide oder Kalkstein wachsen, haben Mechanismen entwickelt, mit deren Hilfe sie dieses Problem der verringerten Eisenaufnahme umgehen können, aber Ihre Gartenpflanzen sind dazu nicht in der Lage.

Obwohl man bei richtiger Anwendung von Kunstdünger jahrelang gute Ernten erzielen kann, bleibt dennoch ein ganz wesentliches Problem bestehen: Der Kunstdünger bringt kein organisches Material in den Boden ein, so daß der lebenswichtige Humusgehalt des Bodens mit der Zeit immer geringer wird. Auch die Bodenlebewesen werden immer weniger, da sie ja von dem verrottenden organischen Material leben. Die Bodenstruktur verändert sich, so daß leichtere Böden vom Wind abgetragen und schwere Böden immer dichter und klebriger werden. Durch großzügige Gaben von Gartenkompost oder verrottetem Stallmist kann man diese Probleme vermeiden und dann auch auf den Kunstdünger verzichten. Die organischen Materialien enthalten so viele Nährstoffe in der richtigen Zusammensetzung, daß Ihre Pflanzen auch ohne Künstdünger prächtig gedeihen werden.

In vielen Gartenbüchern wird zu Recht empfohlen, daß man nur gut verrotteten Kompost oder Stallmist in den Boden einarbeiten soll. Frischer Kompost oder Mist ist für viele Pflanzen zu sauer. Außerdem darf das frische Material nie mit den Pflanzenwurzeln in Berührung kommen: Bei seiner raschen Zersetzung wird viel Sauerstoff verbraucht. Durch den Sauerstoffmangel kommt es an der Wurzel zu Fäulnisprozessen, die die Wurzeln schädigen. Als naturverbundener Gärtner können Sie es sich daher unter keinen Umständen leisten, keinen Komposthaufen zu haben. Er sollte auf die Größe Ihres Gartens zugeschnitten und Ihr Beitrag zur Wiederverwertung sein, indem Garten- und Küchenabfälle, ja sogar Papier, wieder in wertvolle Nährstoffe verwandelt werden. Zwei Komposthaufen sind übrigens noch praktischer: Sie bauen den einen auf, während Sie den anderen schon verwenden, und im nächsten Jahr werden die Rollen getauscht.

An der Zersetzung und Umwandlung von totem pflanzlichem und tierischem Material sind viele Pflanzen und Tiere beteiligt. Einige der Tiere, die den Zersetzungsprozeß einleiten, sind recht groß: Schnecken, Käfer, Asseln, Hundertfüßer und der so wichtige Regenwurm. Sie kauen und zerkleinern die organischen Stoffe, so daß anschließend die eigentlichen Zersetzer (Destruenten) – Bakterien und Pilze – mit ihrer Arbeit beginnen können. Experimente, in denen Blätter in Nylonnetzen mit unterschiedlicher Maschengröße vergraben wurden, haben gezeigt, daß die Zersetzung wesentlich langsamer vonstatten geht, wenn die größeren Bodenbewohner ausgeschlossen werden. Damit man die Bodenbakterien und Pilze betrachten kann, braucht man ein Mikroskop, und um richtig verstehen zu können, was sie eigentlich tun, sind gute Kenntnisse der Biochemie erforderlich. Das Ergebnis der Zersetzung ist jedenfalls, daß die in der organischen Substanz enthaltenen Proteine und Kohlenhydrate in Nitrate, Ammoniumverbindungen, Kohlendioxid usw. umgewandelt werden. Bei dieser Umwandlung gewinnen die Zersetzer Nahrung und Energie, von der ein guter Teil als Wärme freigesetzt wird. Messen Sie einmal die Temperatur an verschiedenen Stellen in einem Komposthaufen. Der Dampf, der an kühlen Tagen von einem Misthaufen aufsteigt, deutet auch auf die Wärmeentwicklung hin. Das Kohlendioxid gelangt schließlich wieder in die Luft und kann dann von den Pflanzen erneut zur Photosynthese verwendet werden, während die Nitrate von den Pflanzenwurzeln aufgenommen werden. So schließt sich der Zyklus der beiden Elemente wieder.

Stickstoff ist ein wichtiger Bestandteil aller Proteine und damit aller lebenden Materie. Er macht 78 Prozent unserer Atmosphäre aus. Die Pflanzen können den Stickstoff jedoch nicht direkt aus der Luft aufnehmen. Sie müssen ihn in Form von Nitrat über ihre Wurzeln aufnehmen. Die Versorgung der Pflanzen mit Nitrat hängt daher von den Bodenbakterien ab, die im Zuge ihrer Zersetzungsprozesse Nitrate freisetzen oder aber durch andere Umsetzungsprozesse zur Stickstoffversorgung der Pflanzen beitragen. Es zeigt sich auch hier, daß selbst unter dem Boden eine Lebensgemeinschaft von aufeinander angewiesenen Lebewesen existiert, die es zu erhalten und zu pflegen gilt. Von besonderem Interesse sind dabei solche Bakterien, die den Stickstoff in seiner gasförmigen Phase aufnehmen und zu Nitrat umwandeln können. Viele dieser stickstoffbindenden Bakterien leben frei im Boden, aber dem Gärtner sind im allgemeinen nur die Wurzelknöllchenbakterien vertraut. Wenn Sie das nächste Mal die Bohnen- oder Erbsenpflanzen abgeerntet haben, dann ziehen Sie einmal eine Pflanze heraus und betrachten Sie die Wurzeln genauer: Sehen Sie die kleinen Knöllchen daran? Diese Wurzelknöllchen beherbergen Unmengen von stickstoffbindenden Bakterien. Alle Pflanzen, die zu den Leguminosen gehören, beherbergen diese Bakterien in den Wurzelknöllchen; das erklärt auch ihren Wert innerhalb der Fruchtfolge beim Wechselanbau. Wer die alten Pflanzen nach der Ernte in den Boden einarbeitet oder als Mulch nutzt, sorgt damit für eine gute Stickstoffdüngung und kann auf jeden Kunstdünger verzichten.

Aus dem gleichen Grund sind wilde Leguminosen wie Klee und Wicken ein wichtiger Bestandteil von Wiesen und Weiden.

## DER »WERTVOLLE« REGENWURM

Wie viele Regenwürmer kommen zum Vorschein, wenn Sie einen Tag lang umgraben? Ich bezweifle, daß Sie jemals daran gedacht haben, sie zu zählen – wahrscheinlich bemerken Sie sie gar nicht. Aber sofern Ihr Gartenboden nicht sehr sandig und sauer ist, enthält er mit Sicherheit sehr viele Regenwürmer. Die Wurmpopulation in einem Garten hängt von verschiedenen Faktoren ab, unter anderem davon, wie stark der Boden bearbeitet wird, aber eine Schätzung von etwa 250 000 Würmern pro Hektar dürfte für Gärten wohl stimmen.

Charles Darwin hielt den Regenwurm für das wichtigste Tier der Welt, und Gilbert White hatte schon vor ihm den Schluß gezogen, daß »die Erde ohne Würmer bald kalt, hart und arm an Fermentation wäre; und infolgedessen steril«. Gilbert White nahm damit auf die Röhren Bezug und auf die dadurch verbesserte Bodenbelüftung, die es vielen anderen Lebewesen ermöglicht, den Boden zu besiedeln.

Betrachten Sie bei Gelegenheit einmal einen Regenwurm genauer. Sie werden sehen, daß er einen segmentierten Körper hat, und wenn Sie mit dem Finger über das Tier streichen, können Sie die winzigen Borsten spüren – vier Paar an jedem Segment an den Seiten. Für ein Tier ohne ein Skelett ist der Regenwurm erstaunlich kräftig: Halten Sie ihn einmal in der locker geschlossenen Faust und beobachten Sie, wie er sein schmales Vorderende zwischen Ihre Finger bohrt. Mit derselben Kraft bohrt er sich durch den Boden, wobei er mit Hilfe der Borsten das Hinterende verankert, während er das Vorderende vorwärts schiebt, und dann das Vorderende verankert, um das Hinterende nachzuziehen. (In Wirklichkeit verläuft die Bewegung wesentlich komplexer und unter Beteiligung mehrerer Körperteile gleichzeitig, aber uns soll hier nur die Verankerung mittels der Borsten interessieren.) Wenn Sie den Regenwurm auf ein Blatt Papier legen, können Sie das schabende Geräusch hören, wenn er versucht, mit seinen Borsten Halt zu finden: Auf dem Papier kann er sich noch ein wenig bewegen, aber auf einer Glasplatte ist er völlig hilflos. Wenn Sie aber einmal versucht haben, einen Regenwurm aus seinem Loch zu ziehen, werden Sie wissen, wie fest er sich mit seinen Borsten im Boden verankern kann –

**Die kleinen Gartenhelfer**

Der Gartenboden enthält Tausende von Würmern, die ständig für Belüftung, Dränage und Erhaltung der Fruchtbarkeit des Bodens sorgen. Zur genauen Bestimmung vor allem der jungen Würmer bräuchte man einen Spezialisten, aber ausgewachsene Würmer kann auch ein Laie oft anhand ihrer Farbe und Größe identifizieren.

**Allolobophora longa** Mittelbraun; Kopfsegmente können dunkler sein. Wie alle anderen Allolobophora-Arten schiebt er Wurmkothäufchen aus der Röhre. Bis zu 12 cm lang.

**Mistwurm** *(Eisenia foetida)* Ist an den auffälligen gelben Ringen gut zu identifizieren. Bewohnt verrottende Vegetation. Bis zu 12 cm lang.

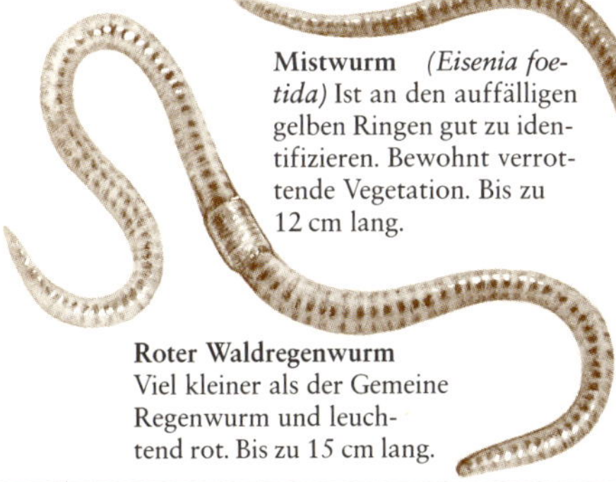

**Roter Waldregenwurm** Viel kleiner als der Gemeine Regenwurm und leuchtend rot. Bis zu 15 cm lang.

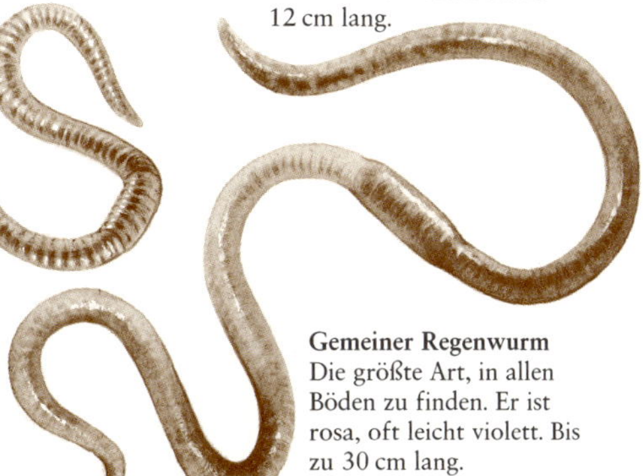

**Gemeiner Regenwurm** Die größte Art, in allen Böden zu finden. Er ist rosa, oft leicht violett. Bis zu 30 cm lang.

und wenn Sie keine Lust zu diesem Experiment haben, brauchen Sie nur zu beobachten, wie die Vögel sich auf dem Rasen anstrengen müssen, um einen Wurm herauszuziehen!

Im Boden bahnt sich der Regenwurm einen Weg durch die Erde und läßt dabei eine enge Röhre zurück. Die einzelnen Gänge brechen zwar bald wieder ein, aber die Gesamtmenge der Regenwurmröhren im Boden ist wichtig für die Belüftung und Dränage des Bodens. Diese Gänge reichen immerhin bis zu einer Tiefe von zwei Metern oder mehr in den Boden hinab. Das sollten Sie bedenken, bevor Sie über die von den Würmern ausgeschiedenen Erdhäufchen auf dem Rasen schimpfen oder gar an eine Rasenbehandlung mit Wurmvernichter denken. Aber der Regenwurm bohrt sich nicht nur durch die Erde, er frißt sich auch regelrecht hindurch, denn er schluckt beim Graben ständig Erde und verdaut die organischen Stoffe, die darin enthalten sind. Die unverdaulichen Bestandteile bilden dann die Kothäufchen, die meist auf oder direkt unter der Oberfläche abgegeben werden. Der Regenwurmkot enthält Nährstoffe in hohen Konzentrationen, zum Beispiel zweimal soviel Phosphor, dreimal soviel Kalium, siebenmal soviel Stickstoff, zweimal soviel Kalzium und sechsmal soviel Magnesium wie die umgebende Erde. Der Regenwurm ist also ein richtiger »Düngerfabrikant«, der zusätzlich noch durch seine Tätigkeit einen Teil der in tiefere Bodenschichten ausgewaschenen Nährstoffe wieder nach oben bringt.

Im Sommer findet man beim Umgraben ab und zu fest zusammengerollte, anscheinend leblose Würmer. Sie sind aber nicht tot, sondern halten in einer speziellen Kammer, oft 30 cm unter der Erdoberfläche, ihren Sommerschlaf. Vor allem in langen, heißen Sommern halten viele Arten solch einen Sommerschlaf, aber obligatorisch ist er nur für zwei Arten – *Allolobophora longa* und *Allolobophora nocturna.* Da nur diese beiden Wurmarten ihren Kot an der Oberfläche absetzen, findet man im Sommer keine Kothäufchen auf dem Rasen. Die anderen Würmer setzen ihren Kot in den oberen Bereichen ihrer Röhren ab.

Würmer führen kein völlig unterirdisches Dasein: Wenn Sie in einer warmen Sommernacht, möglichst nach einem Regenschauer, in Ihren Garten gehen, können Sie die Würmer bei ihren oberirdischen Aktivitäten beobachten. Die Würmer bleiben mit dem Hinterende im Tunnel verankert, damit sie sich bei Gefahr sofort zurückziehen können, und suchen dann die Umgebung nach toten Blättern und anderem organischem Material ab, das sie in ihre Röhre ziehen. Einiges davon fressen sie, aber vieles bleibt im oberen Bereich der Röhre liegen, verrottet und dient so anderen Lebewesen als Nahrung. Wenn Sie die Würmer nachts beobachten wollen, müssen Sie sehr leise auftreten, denn sie reagieren sehr empfindlich auf Bodenerschütterungen und ziehen sich sofort in ihre Löcher zurück. Für diese blitzschnelle Reaktion sind spezielle Nerven verantwortlich, die zu einer extrem schnellen Reizleitung fähig sind. Man sollte auch besser die Taschenlampe mit rotem Plastik abdecken, denn auf helles Licht reagieren die Würmer genauso wie auf schwere Fußstapfen mit schnellem Rückzug.

Am häufigsten werden Sie wahrscheinlich den Gemeinen Regenwurm an der Erdoberfläche sehen, der sich im Unterschied zu anderen Würmern auch meistens über der Erde paart. Die Regenwürmer sind Hermaphroditen, das heißt vollkommene Zwitter. Jedes ausgewachsene Tier besitzt sowohl männliche als auch weibliche Geschlechtsorgane. Da sie sich trotzdem paaren, ist jeder benachbarte Wurm als Partner geeignet. Erwachsene Würmer erkennt man an dem Sattel oder Klitellum – einer oft anders gefärbten Anschwellung irgendwo in der vorderen Körperhälfte. In feuchten Nächten kommen die Würmer an die Oberfläche, bleiben jedoch mit dem Hinterende in ihrer Röhre verankert, und halten nach einem Partner Ausschau. Bei der Paarung bleiben die beiden Würmer mit den Hinterenden in ihren Löchern, legen sich nebeneinander und bedecken sich mit Schleim. Wenn sie nicht gestört werden, können sie stundenlang in dieser Stellung verharren und dabei Sperma austauschen. Wenn sie sich wieder getrennt haben, beginnt jeder Regenwurm seine Eier abzulegen. Am Sattel sondert der Regenwurm eine ablösbare Membran ab, die den Körper wie ein Gürtel umschließt. In diesen Gürtel werden ein oder mehrere Eier gelegt. Wenn

**Ein abtrünniger Insektenfresser** Obwohl der Maulwurf zu einer Gruppe der Säugetiere zählt, die man als Insektenfresser bezeichnet, frißt er wahrscheinlich weit mehr Regenwürmer als Insekten. Er kann pro Tag eine Wurmmenge verzehren, die etwa der Hälfte seines Eigengewichtes entspricht. Überschüssige Würmer verstaut er in einer unterirdischen Vorratskammer.

sich der Regenwurm aus dem Gürtel herauswindet, werden dann die Samen des anderen Wurmes hinzugefügt und die Eier befruchtet. Sobald der Wurm aus dem Gürtel geschlüpft ist, verschmelzen die beiden Enden der abgesonderten Membran, so daß ein zitronenförmiger Kokon entsteht, in dem sich die Eier bis zu fünf Monate lang entwickeln.

Die Regenwürmer haben sowohl über als auch unter der Erde zahlreiche Feinde. Einer der wichtigsten ist der Maulwurf. Dieser recht häufige, aber nur selten sichtbare kleine Säuger hat einen unersättlichen Appetit auf Regenwürmer. Der Maulwurf ist bei Tag und Nacht aktiv und kann in vierundzwanzig Stunden mehr als 50 Gramm Würmer vertilgen. Wenn er mehr Würmer findet, verstaut er sie in einer Vorratskammer in der Nähe seines Nestes, wobei er ihr Vorderende abbeißt, damit sie nicht fliehen können. Von Zeit zu Zeit kommt der Maulwurf dann zurück, um ein paar Würmer zu fressen. Aber wenn er aus irgendeinem Grund nicht zurückkehrt, regenerieren die Würmer das verletzte Körperteil allmählich und fliehen.

Die Regenwürmer werden auch von Kielnacktschnecken der Gattung *Testacella* angegriffen (siehe Seite 172). Diese Nacktschnecken haben ein sich stark verjüngendes Vorderende, mit dem sie den Würmern in ihre Röhren folgen können. Sie fangen sie mit ihrer langen Zunge oder Radula, die wie bei allen Schnecken mit Hornzähnchen besetzt ist. Bei diesen Kielnacktschnecken sind die Hornzähnchen besonders lang – sie bohren sich regelrecht in den Wurm hinein, der dann wie Spaghetti in den Mund gezogen wird.

## RINGELWÜRMER UND RUNDWÜRMER

Wir benutzen die Bezeichnung Wurm im allgemeinen für viele dünne, beinlose Lebewesen, die aber oft nur ganz entfernt miteinander verwandt sind. Zu den Ringelwürmern gehört außer dem Regenwurm beispielsweise auch die Weiße Enchyträe, die massenhaft im Komposthaufen vorkommt. Obwohl sie nur etwa 10 mm lang wird, kann man sie leicht finden, da man meistens ganze Knäuel dieser blassen Würmer im Kompost antrifft. Mit Hilfe einer Lupe können Sie ihren segmentierten Körperbau erkennen, der ihre Zugehörigkeit zu den Ringelwürmern erklärt.

Noch verbreiteter sind die zu den Rundwürmern gehörenden Nematoden oder Fadenwürmer – allerdings kann man die meisten von ihnen nur mit Hilfe eines Mikroskopes sehen. Es wurde geschätzt, daß sich bis zu 20 Millionen dieser winzigen Würmer auf einem Quadratmeter Bodenfläche befinden, und in einem einzigen verrottenden Apfel fand man 90 000 Nematoden. Viele Fadenwürmer leben als Parasiten im Körper von Tieren. Meistens bemerkt der Gärtner davon nichts, aber es gibt eine interessante Ausnahme – *Mermis.* Diesen Nematoden sieht man oft wie ein Fädchen weißer oder brauner Baumwolle auf der Oberfläche des Bodens oder auf niedrigen Pflanzen liegen. Er kann bis zu 50 cm lang werden, und es mag überraschend klingen, daß solch ein langer Wurm im Innern einer Raupe oder eines jungen Insekts heranwächst. Wenn der Nematode voll ausgewachsen ist, verläßt er das Wirtstier und verbringt einige Zeit in der Erde. Vor allem nach heftigen Regenschauern krabbelt er manchmal eine Zeitlang auf den nassen Pflanzen herum. Zur Eiablage kehrt der Fadenwurm in den Boden zurück. Die Larven suchen später wieder geeignete Wirtstiere auf.

## UNGEBETENE GÄSTE UNTER DER ERDE

Von den größeren, mit bloßem Auge sichtbaren Tieren, die unter der Erde leben, sind manche, wie etwa die Fliegenlarven, nur für kurze Zeit dort zu Gast, denn später leben die Tiere in der Luft. Andere dagegen, wie Hundertfüßer und verschiedene Käfer, verbringen dort ihr ganzes Leben. Manche dieser in der Erde lebenden Tiere sind dem Gärtner nicht so willkommen, da sie von unterirdischen Pflanzenteilen leben.

Im Gemüsegarten können vor allem die Fliegenlarven zum Problem werden. Rostbraune Verfärbungen an den Möhrenblättern weisen auf die Anwesenheit der Möhrenfliege hin. Die cremefarbenen Larven dieser Art leben im Boden und fressen zuerst nur die feinen Seitenwurzeln der Möhren, doch dann beginnen sie, sich in die Pfahlwurzeln hineinzufressen.

**Laufkäfer** Die Laufkäfer unterscheiden sich durch ihre langen Beine und ihre eckige Form von anderen Käfern. Vor allem nachts kann man sie gut beobachten, wenn sie auf der Suche nach Nahrung herumkrabbeln.

Bei der Ernte sieht man diese Larven oft in den Möhren stecken. Die Larven verpuppen sich im Boden, und im Mai und Juni sowie im August und September schlüpfen die ausgewachsenen Möhrenfliegen. Sie werden vom Geruch der Möhren angelockt und legen ihre Eier rund um die Pflanzen ab. Man kann die Möhrenfliege fernhalten, indem man Zwiebeln zwischen die Möhren pflanzt, denn der Zwiebelgeruch schreckt die Möhrenfliege ab. Ähnliche Probleme verursacht die kleine, dunkle Kohlfliege. Diese Fliegenart wird vor allem bei feuchtem Wetter leicht von Pilzen befallen, die durch die Atemöffnungen in das Insekt eindringen, sich rasch vermehren und nach kurzer Zeit zum Tod der Fliege führen. Manchmal kann man Hunderte oder Tausende toter Kohlfliegen sehen, die von feinem Pilzmyzel umsponnen sind.

Drahtwürmer sind keine Würmer, sondern die Larven der Schnellkäfer. Sie werden selbst von den naturfreundlichsten Gärtnern gefürchtet. Ihre Farbskala reicht von cremigem Weiß bis zu Goldbraun, sie sind zylindrisch oder leicht abgeflacht und werden bis zu 25 mm lang. An unterirdischen Pflanzenteilen, einschließlich Kartoffelknollen, können sie beträchtlichen Schaden anrichten, da sie sie anfressen und dadurch oft den Weg für andere Pflanzenfresser wie Nacktschnecken und Tausendfüßer bahnen. Sie haben eine Vorliebe für frisch gesäte Stangenbohnen – sie bohren sich hübsche kleine Eßzimmer in die Samen. Erwachsene Schnellkäfer sind weberschiffchenförmig gebaut. Diese Form ermöglicht ihnen ein ganz bestimmtes Verhalten, das ihnen auch ihren Namen gab. Wenn man sie auf den Rücken dreht, schnellen sie sich mit einem Ruck in die Luft und kommen so wieder auf die Beine. Die Käfer findet man nur im Sommer. Die Larven brauchen bis zu fünf Jahre, um sich zu entwikkeln, und können daher zu jeder Jahreszeit im Boden gefunden werden.

Auch die zähen, fleischigen Larven vieler Schnakenarten sind im Gartenboden nicht gerade willkommen. Wie die Drahtwürmer bevorzugen sie Grasland und sind häufig unter Rasenflächen zu finden. Durch ihre schädigende Tätigkeit an den Graswurzeln verursachen sie oft gelbe Flecken. Gern leben sie auch unter dem »Unkraut« zwischen Blumen und Gemüse. Sie beißen junge Pflanzenstengel oft in Bodennähe völlig durch. Wesentlich weniger Schaden richten die Tausendfüßer an. Sie sind recht dünn und werden oft mit Hundertfüßern verwechselt, obwohl sie eigentlich leicht zu identifizieren sind, da sie pro Segment zwei Beinpaare haben. Da die Tausendfüßer viel abgestorbenes Pflanzenmaterial fressen, können sie recht nützlich sein. Bei großer Trockenheit wenden sie ihre Aufmerksamkeit aber Wurzeln und anderen lebenden Pflanzenteilen zu – wahrscheinlich hauptsächlich wegen der darin enthaltenen Feuchtigkeit.

Die unterirdischen Fleischfresser – die Verbündeten des Gärtners im Kampf gegen die sogenannten »Schädlinge«, sind fast alle sehr schnell – eine Bestätigung der »Faustregel«, die Schnelligkeit mit »Nützlichkeit« gleichsetzt (siehe Seite 17). Hier stehen die Hundertfüßer an erster Stelle. Sie sind vorwiegend bodenlebende Jäger, die viele andere Tiere erbeuten und fressen. Ihre Nahrung besteht vor allem aus Nacktschnecken und Insektenlarven, wobei sie zugegebenermaßen auch ab und zu einmal eine nützliche Spinne fressen.

Laufkäfer tragen ebenfalls dazu bei, »Schädlinge« unter Kontrolle zu halten. Sie sind schnelle Jäger mit recht langen, dünnen Beinen. Häufig sind sie flugunfähig und haben einen Schutzschild aus den zusammengewachsenen Vorderflügeln, was ihnen das Vorankommen unter der Erde erleichtert. Da die meisten Laufkäfer nachts nach Wegschnecken und anderen Beutetieren auf der Jagd sind, kann man sie dann am besten beobachten. Tagsüber schlafen sie unter altem Holz, unter Steinen oder einfach im Boden – manchmal stört man sie beim Umgraben oder beim Aufräumen auf und sieht sie schnell ein neues Versteck suchen. Am liebsten jagen sie unter dichter Vegetation, die viele Beutetiere beherbergt und zusätzlich Schutz bietet.

Viele andere Tiere wie Wegschnecken, manche Hundertfüßerarten und Asseln verbergen sich tagsüber in der Erde unter Steinen oder altem Holz und gehen erst bei Nacht auf Nahrungssuche. Da sie oberhalb des Bodens fressen, gehören sie nicht zur eigentlichen Bodenfauna und sollen daher hier auch nicht besprochen werden.

### Tiere im Boden

Wenn Sie Ihre Gartenerde einmal gründlich betrachten, werden Sie viele Tiere finden, die einem auf den ersten Blick gar nicht auffallen. Viele leben immer im oder auf dem Boden, wie die Käfer, Hundertfüßer, Tausendfüßer und Ameisen, während andere, wie Fliegenlarven und Puppen von Nachtfaltern, nur einen Teil ihres Lebens in der Erde verbringen. Später leben die Tiere dann über der Erde.

**Hundertfüßer** Ein gefräßiger Räuber, der kleinere Tiere im Boden einschließlich kleinerer Hundertfüßer frißt.

**Drahtwurm** Eine leuchtendorange Käferlarve, die bis zu fünf Jahre im Boden verbringt und sich dort von Pflanzenwurzeln ernährt.

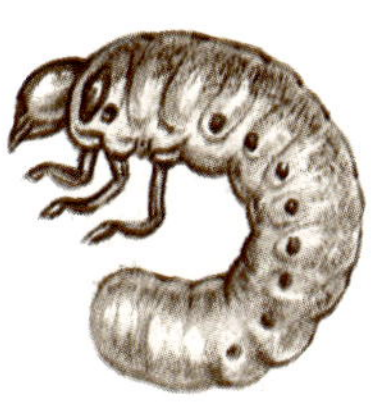

**Maikäferlarve oder Engerling** Eine C-förmige Larve, die Graswurzeln frißt. Bis zu 5 cm lang (ausgewachsene Maikäfer siehe Seite 171).

**Tausendfüßer** Lebt vorwiegend an der Oberfläche, gräbt sich jedoch bei trockenem Wetter in die Erde ein.

**Schnakenlarve** Die Schnakenlarven ernähren sich den Winter über von Wurzeln.

KAPITEL 9

# DER GARTEN BEI NACHT

In der Dämmerung, wenn die Farbenpracht des Gartens zu sanften Grautönen verblaßt, sollten Sie die Gartenwerkzeuge aus der Hand legen und statt dessen zur Taschenlampe greifen. Die Vögel und Schmetterlinge, die sich tagsüber im Garten getummelt haben, haben ihre Schlafplätze aufgesucht und der »Nachtschicht« Platz gemacht: Man kann eine ganz neue Tierwelt entdecken! Nachtfalter lösen die Tagschmetterlinge ab, statt der Vögel flattern Fledermäuse durch die Luft, und viele andere Tiere, die das Tageslicht scheuen, sind in den Nachtstunden auf Nahrungssuche.

Selbst Blumen schließen nachts ihre Blüten. Das kleine Gänseblümchen beispielsweise reagiert sowohl auf eine Verringerung der Lichtstärke als auch auf sinkende Temperaturen: Es schließt seine Blüten in der Dämmerung und öffnet sie erst am Morgen wieder. Unsere Gartenkrokusse reagieren ähnlich. Beobachten Sie einmal, wie sich die Krokusblüten morgens in der Sonne weit öffnen. Wenn Sie sie dann mittels eines Brettes beschatten, beginnen sie sich innerhalb von Minuten zu schließen. Bei anderen Pflanzen, zum Beispiel beim Löwenzahn, spielt die Luftfeuchtigkeit eine große Rolle. Wenn abends die Luftfeuchtigkeit infolge der Abkühlung der Luft zunimmt, schließen sie ihre Blüten; Regen kann bei diesen Pflanzen dieselbe Reaktion hervorrufen. Dadurch wird verhindert, daß Pollen und Nektar weggespült werden. Aber das Öffnen und Schließen der Blüten wird nicht nur durch äußere Faktoren beeinflußt. Viele Pflanzen haben auch eine innere Uhr, die für einen bestimmten Rhythmus beim Öffnen und Schließen der Blüten sorgt, der selbst dann noch beibehalten wird, wenn man die Pflanzen bei Dauerlicht oder immer im Dunkeln hält.

Unsere Blumen sind größtenteils Kinder der Sonne; einige unter ihnen haben sich aber auf das Nachtleben spezialisiert: Sie öffnen ihre Blüten in der Abenddämmerung und lassen ihren Blumenduft in die feuchte Nachtluft strömen. Obwohl sie nicht unbedingt stärker als die tagblühenden Arten duften, entsteht bei ihnen doch der gegenteilige Eindruck. In feuchter Luft verbreitet sich nämlich der Duft besser und wirkt intensiver. Sollten Sie Geißblatt in Ihrem Garten haben, können Sie dieses Phänomen leicht selbst nachweisen. Wenn Sie in einer feuchten Nacht in den Garten gehen, werden Sie von dem Duft überwältigt – die Luft ist richtiggehend voll davon. Gehen Sie dagegen in einer trockenen Nacht in den Garten, müssen Sie viel dichter an die Pflanze herantreten, um den Duft in gleicher Intensität wahrzunehmen. Das hängt mit der Lösung des Duftstoffes im Wasserdampf zusammen; wir können den Duft besser wahrnehmen, wenn er an Wasser gebunden ist. Allerdings heißt das nicht unbedingt, daß auch die nachts fliegenden Insekten den Duft in feuchter Luft besser wahrnehmen.

Unternehmen Sie einmal eine nächtliche Exkursion in Ihrem Garten und halten Sie dabei mit der Taschenlampe nach Nachtfaltern Ausschau. Die Falter schweben oft vor den Blüten oder lassen sich auf ihnen nieder und tauchen ihre Rüssel in den Nektar. Viele Pflanzen mit

**Blüten der Nacht**

In jedem naturnahen Garten sollten zumindest einige der hier aufgelisteten Pflanzen wachsen, um Nachtfalter und andere nachtaktive Insekten anzulocken. Die Blüten dieser Pflanzen sind weiß, cremefarben, gelb oder blaßrosa. Dadurch sind sie in der Dämmerung gut zu sehen und locken auch auf diese Weise, mehr aber durch ihren starken Duft, Insekten an.

**Gemeine Nachtkerze**
Die leuchtend gelben Blüten öffnen sich in der Dämmerung und verströmen einen starken Duft. Die Blüten öffnen sich innerhalb von nur ein bis zwei Minuten. Blütezeit: Juli–August.

**Geißblatt**
Die röhrenförmigen Blüten dieser einheimischen Kletterpflanze sind reich an Nektar, den vor allem viele Nachtfalter mit ihren langen Rüsseln während der langen Blütezeit gut erreichen können. Duftet vor allem nachts. Blütezeit: Juni–August.

**Balsamine**
Der Nektar in den kleinen Blüten ist auch für Nachtfalter mit kurzem Rüssel erreichbar.

**Phlox**
Eine stark duftende Zierpflanze, die sowohl am Tag als auch in der Nacht Schmetterlinge anlockt. Blütezeit: Juli–August.

**Pfeifenstrauch** (Philadelphus)
Die röhrenförmigen Blüten sind reich an Nektar.

**Leimkraut (Silene)**
Eine Wildpflanze, die gerne Dämme, Wege und Straßenränder besiedelt. Nur nachts verströmen die leuchtend weißen Blüten einen milden Duft. Blütezeit: Juni–September.

**Liguster**
Die weißen Blütenstände bieten reiche Nektarnahrung. Blütezeit: Mai–Juni.

**Goldrute**
Dieser gelbblühende Korbblütler trägt zahlreiche kleine Körbchen in einer Traube oder Rispe. Blütezeit: Juli–September.

nachts geöffneten Blüten haben besonders tiefe Blütenkelche und werden dann nur von solchen Nachtfaltern besucht, die extrem lange Rüssel haben. An den Blüten des Geißblatts zum Beispiel findet man nachts oft den wunderschönen Mittleren Weinschwärmer. Wie ein Schatten schwebt er vor der Blüte. Erst in der Ruhestellung erkennt man seine wunderhübsche, rosa-grüne Färbung. Vielleicht können Sie den etwas größeren Ligusterschwärmer beobachten. Er ist überwiegend braun und grau gefärbt, aber seine zarte rosa Bänderung am Körper und auf den Hinterflügeln bildet einen interessanten Blickfang. Betrachten Sie auch einmal die Geißblattblüten selbst etwas genauer. Bei den frisch geöffneten Blüten ragen die Staubblätter richtig aus dem Kelch hervor. Wenn der Nachtfalter anfliegt, haben sie die richtige Position, um den Pollen auf dem Tier abzuladen. Da die Narbe nicht so zur Anfluglinie geneigt ist, wird sie auch nicht bestäubt. Bei etwas älteren Blüten, die ihren Pollen schon abgegeben haben, richten sich die Narben so auf, daß die anfliegenden Falter sie mit Pollen bestäuben. Durch diese unterschiedliche Stellung von Staubblättern und Narbe bei jungen und alten Blüten wird die Selbstbestäubung verhindert und der Blütenbesuch der Nachtfalter optimal für die Bestäubung genutzt.

## NACHTFALTER IM GARTEN

Die abgebildeten Nachtfalter sind nur eine kleine Auswahl aus der Vielfalt von Arten, die Ihren Garten von Zeit zu Zeit besuchen. Manche von ihnen kommen an das erleuchtete Fenster und bleiben auf dem Fensterbrett, bis das Licht ausgemacht wird. Infolge des Lichts nehmen sie an, es sei Tag und schlafen ein. Zur Beantwortung der Frage, warum diese nachtaktiven Insekten überhaupt vom Licht angezogen werden, gibt es mehrere Theorien. Die plausibelste Theorie beruht auf der Annahme, daß die Nachtfalter sich mit Hilfe des Lichtes in ihrer Umgebung zurechtfinden, also nicht generell vom Licht angezogen werden. Normalerweise ist der Mond nachts die einzige größere Lichtquelle. Man nimmt an, daß die Nachtfalter ihre Fluglinien festlegen, indem sie das vom Mond kommende Licht in einem ganz bestimmten Winkel zu ihren Augen halten. Da der Mond so weit weg ist, funktioniert diese Methode gut. Wenn die Nachtfalter aber nach der gleichen Methode auf eine näher gelegene Lichtquelle zufliegen – beispielsweise auf eine Straßenlaterne –, müssen sie ständig den Kurs ändern, um den ganz bestimmten Winkel zwischen Lichtquelle und Augen beizubehalten. Demzufolge fliegen sie in Spiralen auf das Licht zu. Auch bei Lichtfallen für Nachtfalter wird das gleiche Prinzip angewendet. Dort kommt noch dazu, daß die Lampen besonders viel ultraviolettes Licht ausstrahlen, das von Faltern stärker wahrgenommen wird als andere Lichtwellenlängen. Zu einer starken Lampe fliegen oft Hunderte, ja Tausende von Nachtfaltern in einer Nacht, aber an einem erleuchteten Fenster findet man nie solche großen Mengen. Das hängt mit der, im Unterschied zu Lampen, flächenhaften Ausdehnung der Lichtquelle zusammen. Um das Fenster können die Falter nicht herumkreisen; wenn sie einmal am Fenster und damit an der Lichtquelle vorbeigeflogen sind, werden sie vom Licht nicht wieder eingefangen: Sie fliegen einfach weiter.

Da die Nachtfalter eine Vorliebe für Süßigkeiten haben, kann man sie auch mit einer Mischung aus Melasse und Bier anlocken, die auf Zaunpfosten und Baumstümpfe geschmiert wird (die meisten Falter-Experten haben da ihre eigenen Spezialrezepte!). Durch diese Methode werden die Falter angelockt und können an diesen Plätzen während der Nacht in aller Ruhe beim Trinken beobachtet werden. Angesichts der starken Bestandsrückgänge bei den Tag- und Nachtschmetterlingen verbietet es sich von selbst, die Tiere in irgendeiner Weise fangen zu wollen. Es gibt genügend Möglichkeiten, durch geduldige Beobachtung im Garten oder auch an Hecken oder am Waldrand viele Eindrücke von diesen schönen Tieren zu sammeln.

Im Unterschied zu den vielen Tagfaltern kann man die Nachtfalter fast das ganze Jahr über beobachten. In einer feuchtkalten Winter-

**Schwärmer im Garten**

Alle Schwärmer sind kräftig gebaute Insekten, deren Flug nichts mit dem unbeholfenen Flattern manch anderer Nachtfalter gemeinsam hat. Einige haben sehr lange Rüssel, mit denen sie tief in röhrenförmige Blüten reichen können, während sie im Schwebeflug davor in der Luft stehen. Viele einheimische Schwärmerarten sind sehr selten, aber die drei hier abgebildeten Arten sieht man relativ oft in Gärten.

**Lindenschwärmer** Grün schattierte Farbe. Die Eier legt er einzeln oder zu je zwei Stück auf Lindenblättern ab.

**Mittlerer Weinschwärmer** Eine der schönsten Arten – die samtigen Flügel und der Körper sind rosa und grün gezeichnet.

**Ligusterschwärmer** Braun mit rötlichen Schattierungen. Eine der größten Schwärmerarten.

nacht, wenn man selbst lieber am warmen Ofen sitzt, sind im Garten einige Nachtfalter unterwegs. Dazu gehören der Große Frostspanner, der Kleine Frostspanner, der Wiesenspinner und das Große Jungfernkind. Die Männchen des Kleinen Frostspanners sitzen oft den ganzen Abend auf dem Fensterbrett, wenn man das Licht anläßt. Seine Weibchen sind ungeflügelt wie die des Großen Frostspanners und sitzen auf Baumstämmen und Pfosten. Dort werden sie dann von den Männchen begattet. Danach klettern sie an den Bäumen empor und legen ihre Eier an den Zweigen ab. Die Raupen beider Falterarten können Obstbäume und andere Laubbäume und -sträucher im Garten ernsthaft schädigen. Ihre Raupen fressen nämlich im Frühjahr oft die Blätter und die Blüten ab. Man kann sich durch eine einfache Methode davor schützen. Wenn Sie Leimbänder um die Baumstämme legen, bleiben die Weibchen daran kleben, wenn sie von ihrem Verpuppungsort im Boden kommen und an den Stämmen hochklettern.

Da die genannten Nachtfalter im Winter aktiv sind, werden sie nicht durch Fledermäuse dezimiert, die ja in der kalten Jahreszeit ihren Winterschlaf halten. Dafür werden viele Frostspanner von insektenfressenden Vögeln vertilgt, die im Winter eifrig die Bäume absuchen. Viel interessanter ist aber, wie diese Falter mit ihren Energieproblemen fertig werden. Ein Nachtfalter kann ja normalerweise nur fliegen, wenn seine Flugmuskulatur eine bestimmte Temperatur hat, und dafür braucht er Energie. In einer Zeit mit niedrigen Temperaturen braucht er dazu mehr Energie als im Sommer. Die Energiequelle für den Falter ist der Nektar, der aber im Winter nicht zur Verfügung steht. Die Flugunfähigkeit einiger Nachtfalterweibchen ist als Anpassung zu verstehen: Die Energie, die sonst zum Fliegen benötigt würde, kann auf diese Weise zur Produktion von Eiern verwendet werden.

## IGEL IM GARTEN

Jeder Gärtner wird ein ganz bestimmtes nachtaktives Tier mit Freuden willkommen heißen – den Igel. Gilt dieser possierliche Gesell doch gleichzeitig als einer der wichtigsten Verbündeten des Gärtners im Kampf gegen die vielen Schnecken und auch Insekten, die dem Gärtner die Ernte streitig machen.

Etwa von Anfang November an geht der Igel in Winterschlaf, aus dem er Mitte April wieder erwacht. Manchmal sieht man ihn bei mildem Wetter auch mitten im Winter, aber dann handelt es sich im allgemeinen um ein krankes oder untererernährtes Tier. Das besonders dick mit Laub ausgepolsterte Winternest findet sich oft im Komposthaufen, unter der Hecke, in einem Schuppen, unter einem Holzstapel oder in einem alten Reisighaufen. Wenn Sie im Winter einen Holzhaufen oder Kompost umsetzen, können Sie dem Igel leicht ungewollt schaden. Verschieben Sie daher solche Pflegearbeiten lieber in den Oktober oder April. Sollten sich die Arbeiten im Winter aber nicht vermeiden lassen, müssen Sie vorsichtig zu Werk gehen. Spätestens wenn Sie auf einen schlafenden Igel stoßen, brechen Sie die Arbeit ab und decken ihn vorsichtig wieder zu, damit er ohne Unterbrechung weiterschläft. Jedes Aufschrecken aus dem Winterschlaf kostet den Igel sehr viel Energie, die ihm dann während des restlichen Winters fehlt, was oft zum Tode führt. Wenn Sie einen alten Reisighaufen verbrennen wollen, so schichten Sie ihn vorher unbedingt einmal um. Dies gilt sommers und winters, da immer die Gefahr besteht, daß sonst schlafende Igel oder andere sehr junge Tiere im Reisig mitverbrannt werden.

Igel sind eigentlich Nachttiere. Wenn man sie trotzdem einmal bei Tageslicht sieht, so sind sie entweder krank oder wurden irgendwie in ihrem Nest gestört, so daß sie sich ein neues Versteck suchen müssen. Dennoch gehören Igel zu den wenigen nachtaktiven Säugetieren, die man leicht finden und beobachten kann. Ihre langen, schwarzen Kotwürstchen voller glänzender Käferflügel können Ihnen Hinweise geben, wo ein Igel in Ihrem Garten herumwandert. Die deutlichsten Anzeichen für die Anwesenheit eines Igels liefern jedoch die von ihm verursachten Geräusche. Sein ständiges Grunzen, Schmatzen und Schnüffeln und das Rascheln der Blätter, wenn er unter ihnen nach Nahrung sucht, ist gerade nachts nicht zu überhören, wenn es ansonsten überall ruhig ist. Überall im Garten stöbert er herum, immer

## Tiere der Nacht

Wenn Sie die nachtaktiven Tiere in Ihrem Garten kennenlernen wollen, sollten Sie am besten irgendwo eine unaufgeräumte Ecke lassen, in der diese Tiere genügend Unterschlupf finden. Dann können Sie beobachten, was sich dort nach Einbruch der Dämmerung tut. Sie brauchen nichts außer einer matten Taschenlampe, am besten mit einem Rotfilter versehen, und etwas Geduld. Alle hier gezeigten Tiere sind nachts unterwegs. Einige davon, wie die Asseln, sind sehr verbreitet, während andere, wie der wunderschöne Hirschkäfer, zu den Raritäten zählen.

**Eichenschrecke** Die Eichenschrecken sind zwischen dem Spätnachmittag und dem frühen Morgen am aktivsten.

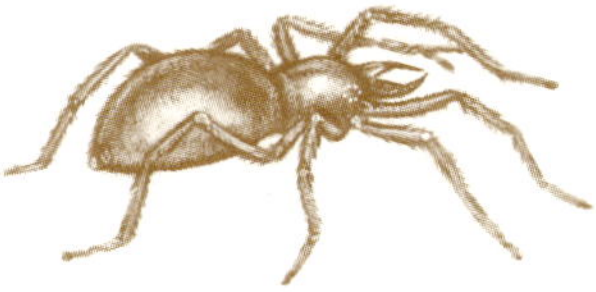

**Spinne** *Dysdera crocata* ist eine plumpe, glänzende Spinne mit riesigen Kiefern, die Asseln frißt.

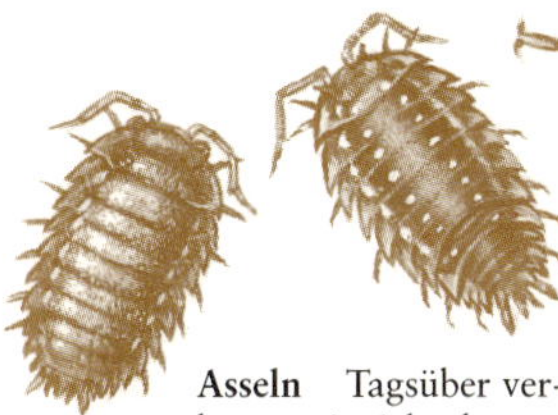

**Asseln** Tagsüber verbergen sie sich, aber nachts sind sie sehr aktiv und legen bei der Nahrungssuche viele Meter zurück.

**Hirschkäfer** Dieses seltene, nachtaktive Insekt leckt als ausgewachsener Käfer austretende Baumsäfte. Die Larven leben in totem Eichenholz.

**Igel** Er gehört zu den geräuschvollsten nachtaktiven Tieren, denn er hat wenig Angst davor, entdeckt zu werden.

**Holunderspanner** Ein blaßgelber Nachtfalter, den man in Sommernächten sieht. Er legt seine Eier auf Heckenpflanzen wie den Holunder ab.

**Hausmaus** Sie lebt rings um Häuser und Schuppen, ist aber im Gegensatz zur Rötelmaus nur selten im Garten anzutreffen.

auf der Suche nach Nahrung, die er mit seinen empfindlichen Sinnen aufspürt.

Wenn Sie einen Igel in Ihrem Garten gefunden haben, können Sie ihn problemlos mit der Taschenlampe beobachten, er läßt sich nicht stören, wenn man genügend Abstand hält. Nur bei sehr hellem Licht rollt sich der Igel zu einer Kugel zusammen. Solange Sie keine plötzlichen Geräusche oder hastige Bewegungen machen, können Sie ihn aus nur wenigen Metern Entfernung betrachten: Das Tier scheint bei seiner geräuschvollen Suche nach Nahrung nichts aus der Ruhe zu bringen. Übrigens hat der Igel einen sehr empfindlichen Geruchsinn, mit dem er einen Großteil seiner Nahrung findet. Die erstaunliche Toleranz des Igels gegenüber neugierigen Beobachtern und sein unbekümmertes lautes Benehmen hängen sicherlich mit dem Schutz zusammen, den ihm die Stacheln bieten. Seine Fähigkeit, sich blitzschnell bei Gefahr zu einer stachligen Kugel zusammenzurollen, macht ihn fast unangreifbar. In diesem eingerollten Zustand ist der Igel vor den meisten seiner Feinde sicher; allerdings wissen Dachs und Fuchs, wie man das Tier dazu bringt, sich wieder aufzurollen. Und gegen den unnatürlichsten aller Feinde, den Menschen in seinem Auto, bringt gerade das instinktive Zusammenrollen keinen Schutz, sondern den Tod.

Obwohl der Igel auf Hecken und Sträucher angewiesen ist, kommt er bei der Nahrungssuche gern ins Freie. Vor allem kurz nach Sonnenuntergang ist er sehr aktiv. Er sucht dann eifrig nach Würmern, Schnecken, Mäusenestern mit jungen Mäusen und anderen saftigen Leckerbissen – auch Vogeleier und Jungvögel sind vor ihm nicht sicher. Die meisten Igel fressen Obst, allerdings sogar mit individuellen Vorlieben: Der eine Igel mag Äpfel, verschmäht jedoch Birnen, während ein anderer sich genau umgekehrt verhält. Auch der Komposthaufen hat ihm viel Interessantes zu bieten, so daß man ihn oft dort antrifft. Im allgemeinen findet der Igel genügend Nahrung, so daß Sie ihn nicht mit extra ausgelegtem Futter anlocken sollten. Zudem ist die Gefahr, daß sich der Igel an der Milch oder den Essensresten den Magen verdirbt und Sie außerdem noch Ratten anlocken, größer als der Nutzen für das Tier.

Igel durchstreifen ihr Revier routinemäßig und zu relativ festen Zeiten. An ihren Lieblingsplätzen lassen sie sich leicht fotografieren, schleichen sich aber oft genau dann davon, wenn man mal gerade nicht hinschaut. Sie können erstaunlich schnell – und auch leise – laufen, und dann sind sie schon im Handumdrehen im Blumenbeet oder unter einer Hecke verschwunden. Igel benötigen große Reviere: Im Laufe einer Nacht legen sie oft mehr als einen Kilometer zurück. Diese hohe Mobilität führt auch zu dem vielfachen Straßentod der Tiere. Daher muß man die Reviergröße beachten, wenn man etwas zum Schutz dieser Tiere unternehmen will. Obwohl sie erstaunlich gut klettern können, sollten Sie ihnen mehrere Durchschlupfmöglichkeiten in Steinmauern oder Drahtzäunen lassen, wenn Ihr Grundstück ringsherum abgezäunt ist. Sonst kann er ja auch nicht in Ihren Garten hinein.

Igel sind Einzelgänger, die allerdings keine Territorien besetzen. Ein Garten kann durchaus von mehreren Tieren besucht werden, die sich aber aus dem Weg gehen. Die »Brautwer-

**Bereit zur Verteidigung** Jeder kennt die Verteidigungsstrategie des Igels: Er rollt sich einfach zu einer Kugel zusammen (oben). Allerdings vertraut der Igel so sehr auf seinen Stachelschutz, daß er sich schon ernstlich bedroht fühlen muß, bevor er sich ganz einrollt. Häufig steht er einfach nur still und spreizt seine Stacheln.

**Mutter mit Jungen** Igelbabys (rechts) kommen glatthäutig zur Welt. Die weißen Erstlingsstacheln sind bei der Geburt in der aufgequollenen Rückenhaut eingebettet. Nach vierundzwanzig Stunden sind die Stacheln schon zu einem Drittel sichtbar.

bung« der Igel ist langwierig aber nicht langweilig. Es lohnt sich daher, für die Beobachtung des Paarungsverhaltens einmal wach zu bleiben oder aber nachts schnell aufzustehen. Das Männchen rennt und springt um das Weibchen herum, wobei es geschickt den gelegentlichen Attacken des Weibchens ausweicht, es führt sich auf wie ein aufgeregter Hundewelpe. Diese Werbung um die Gunst des Weibchens kann in einer warmen Sommernacht zwei bis drei Stunden dauern. Das begleitende Grunzen und Quieken ist bis in Nachbars Garten zu hören. Oft werden durch den Lärm weitere Igel auf den Plan gerufen. Dann läßt sich manchmal das Weibchen im Laufe der Nacht von mehreren Männchen umwerben, bevor es sich dann für eines entscheidet.

Nach einer Tragzeit von etwa 33 Tagen werden die Jungtiere geboren. Die meisten kommen im Juni oder Juli zur Welt, aber die Weibchen können von April bis September jederzeit trächtig werden; manche bringen auch zwei Würfe in einem Jahr zur Welt. Ein Wurf umfaßt im allgemeinen etwa zwei bis sechs Junge, von denen aber meistens nur zwei oder drei

überleben. Sechs Wochen nach der Geburt trennen sie sich von der Mutter. Wenn Sie in Ihrem Garten regelmäßig einen Igel beobachten können, hat er vielleicht ein Nest in der Nähe. Es besteht meistens einfach aus einem Haufen alter Blätter unter Hecken, in hohlen Baumstümpfen, im Komposthaufen oder in einer anderen ruhigen Gartenecke. Sie sollten den Igel im Nest jedoch unter gar keinen Umständen stören: Falls es sich um ein Muttertier mit Jungen handelt, kann das Weibchen in seiner Panik die Jungen beißen, oder es verschleppt sie an einen anderen, wahrscheinlich weniger günstigen Ort. Sie können Ihren Garten für Igel attraktiv machen, indem Sie naturgemäß und ohne Gift wirtschaften, Hekken und Sträucher pflanzen, wilde Kräuter stehen lassen, Unterschlupfmöglichkeiten wie zum Beispiel Reisighaufen schaffen und das Herbstlaub unter den Büschen liegenlassen.

## ANDERE NACHTAKTIVE WIRBELTIERE

Die Waldmaus, die Rötelmaus (siehe Seite 64) und die Spitzmaus (siehe Seite 100) sind nachts auf eifriger Nahrungssuche. Manchmal finden sich auch Hausmäuse und Ratten im Garten ein, allerdings kommen diese Nager im allgemeinen nur dann, wenn Schuppen und genügend Nahrung vorhanden sind – beispielsweise Körnerfutter für Geflügel. Alle diese Tiere locken Katzen in Ihren Garten – verwilderte Tiere oder auch Hauskatzen aus der Nachbarschaft. Von Zeit zu Zeit werden Sie dann das Vergnügen eines lautstarken Katzenkonzerts haben, bei dem die Kater um eine rollige Katze werben. Die verwilderten Katzen sind hauptsächlich nachtaktiv, während Hauskatzen auch tagsüber im Garten herumstrolchen und infolge der ständigen Beunruhigung zu einem echten Problem für die Vögel im Garten werden können. Während der Brutzeit der Vögel sollten Sie Ihre Katze daher im Haus, in der Wohnung oder auf dem Dachboden halten.

Wenn Ihr Garten in ländlicher Umgebung liegt, können Sie in der Dämmerung auch mal einen Marder oder ein Wiesel beobachten. Hecken, dichtes Gebüsch und Waldränder, Holzstapel oder Steinhaufen bieten diesen Tieren einen sicheren Unterschlupf. Beim Wiesel handelt es sich um einen ganz geschickten Mäusejäger, der im Unterschied zum Marder nur selten in die Gärten kommt. Beide Wieselarten, das Hermelin und das Mauswiesel, sind ausgesprochene Feldtiere. Das kleine Mauswiesel können Sie auch manchmal tagsüber auf der Wiese sehen, wenn es in possierlicher, aufrechter Haltung in der Umgebung Ausschau hält. Die Marder – Steinmarder und Iltis – sehen Sie nur in der Dämmerung, wenn die schlanken, etwa katzengroßen Tiere in eleganten Bogensprüngen durch den Garten oder auch einmal über die Straße springen.

Von besonderem Reiz und unverkennbarer Schönheit ist der Gesang der unscheinbaren Nachtigall, die in verwilderten Hecken und gelegentlich auch einmal in großen Gärten vorkommt. Sofort nach der Rückkehr aus dem Winterquartier, im Mai, beginnt das Männchen zu singen. Es ist übrigens nicht der einzige Vogel, der auch nachts sein Lied erklingen läßt; bei Rohrsängern und Schwirlen kann man ebenfalls ab und zu einen nächtlichen Gesang hören. Wenn bei der Nachtigall die Jungen aus den Eiern geschlüpft sind, erlischt beim Männchen die Sangeslust, und es beteiligt sich nun an der Aufzucht.

Ein anderer nicht ganz so seltener Gartengast mit großer Ortstreue ist die Erdkröte. Sie hält sich tagsüber unter Steinen versteckt und geht nachts auf Jagd. Da sie Asseln, Tausendfüßer, Insekten, Spinnen, Schnecken und Würmer vertilgt, macht sie sich außerordentlich nützlich. Wenn Sie Glück haben und keine allzugroßen Umgestaltungen Ihres Gartens vornehmen, kann eine solche Erdkröte über mehrere Jahre Ihr ständiger Gartengast bleiben, den Sie dann auch regelmäßig nachts auf seinen zum Teil ausgedehnten Jagdausflügen beobachten können.

## NÄCHTLICHE FLUGKÜNSTLER

Bei Sonnenuntergang, wenn die Schwalben ihre Jagd nach Insekten beenden und wieder in ihre Nester zurückkehren, erscheinen am Himmel die Fledermäuse. Sie jagen vor allem Käfer und Nachtfalter. Dabei orientieren sie sich mittels Echolot, was ihnen den Flug und

**Langohrfledermaus** Diese Fledermaus gehört zu den langohrigen Arten. In Schlafstellung können die Ohren umgeklappt werden und tragen so zur Erhaltung der Körperwärme bei.

die Jagd nach Beutetieren auch in vollständiger Dunkelheit ermöglicht. Zur Orientierung im Raum stoßen sie in bestimmten Abständen sehr hohe Töne aus, die von unseren Ohren gar nicht mehr wahrgenommen werden können. Mit ihren großen Ohren empfangen sie dann die Echos, die von den Objekten in der näheren Umgebung zurückgeworfen werden. Durch die blitzschnelle Interpretation dieser Echos können die Fledermäuse sich orientieren, Hindernissen ausweichen und Beutetiere aufspüren. Dieses Hörsystem funktioniert so gut, daß einige Fledermäuse sogar Drähte umfliegen, die nur einen Bruchteil von einem Millimeter dünn sind. Bei der Jagd rufen sie in viel schnellerer Folge, um jede Bewegung des Beutetieres verfolgen zu können. Beobachten Sie einmal die Fledermäuse in der Dämmerung über dem Garten oder auf der Straße: Es ist faszinierend, wie sie ständig blitzschnell die Richtung ändern. Man weiß noch nicht genau, wie die Fledermäuse fliegende Insekten von den herabfallenden Blättern eines Baumes unterscheiden; aber sie machen selbst im Stockdunkeln nur selten Fehler. Der Augensinn vieler Fledermäuse ist nicht sehr gut entwickelt, so daß die Orientierung und Jagd fast vollständig über die Ohren erfolgt. Die Beute wird entweder mit den zahnbewehrten Kiefern geschnappt oder in den Flügel- und Schwanzflughäuten gefangen. Meistens ver-

zehren sie die Nahrung im Flug, nur bei großen Beutetieren suchen sie einen bestimmten Fraßplatz auf, wo sie hängend die Beute verzehren und die unverdaulichen Flügel und Beine auf den Boden fallen lassen.
Bei uns kommen etwa 20 Fledermausarten vor. Sie alle sind in den letzten Jahren seltener geworden, und nur einigen wenigen Arten kann man heute in geeigneter Landschaft an warmen Sommerabenden noch mit einiger Wahrscheinlichkeit begegnen. Mit wenigen Ausnahmen sind die verschiedenen Arten im Flug selbst für Experten schwer zu unterscheiden; es sei denn, man analysiert ihre Rufe mit einem Spezialgerät. Die bekannteste und gleichzeitig kleinste Art ist die Zwergfledermaus, die nur sechs oder sieben Gramm wiegt, dabei aber eine Flügelspannweite von 25 Zentimeter erreichen kann. Sie kommt kurz nach Sonnenuntergang heraus und ist gut zu beobachten, wenn sie in etwa drei bis fünf Metern Höhe über dem Garten herumflitzt. Den Tag verbringt sie am liebsten in engen Spalten an Bäumen oder Gebäuden. Wenn eine Kolonie von Zwergfledermäusen bei Ihnen lebt, können Sie ihre Soziallaute hören, wenn die Tiere abends erwachen. Diese Laute sind für uns hörbar und unterscheiden sich dadurch ganz wesentlich von den Tönen, die sie bei der Echolotung benutzen. In jedem Fall sollten Sie die Fledermauskolonie dem für Ihr Gebiet zuständigen Naturschutzbeauftragten melden.
In großen Gärten mit vielen Bäumen und Sträuchern trifft man manchmal die Langohrfledermaus an, die aufgrund ihrer großen Ohren gut zu identifizieren ist. Sie fliegt gewöhnlich erst, wenn es richtig dunkel geworden ist. Ihr Flug ist langsamer und flatternder als der der Zwergfledermaus, und sie kann sogar im Rüttelflug in der Luft stillstehen. Sie sammelt viele Insekten von Bäumen, Sträuchern und Mauern ab, kann aber auch gut Insekten im Flug fangen. Selbst Raupen sind vor ihr nicht sicher. Sie werden höchstwahrscheinlich durch Geruchswahrnehmung und infolge der Geräusche aufgespürt, die sie im Laubwerk und beim Fressen machen. Wie die Zwergfledermaus schläft auch die Langohrfledermaus gern in Ritzen und Höhlen. Oft findet man sie unter dem Dach. Auch einige andere Fledermausarten leben gern unter dem Dach, und da sie geschützt und stark gefährdet sind, sollte man sie unter keinen Umständen verjagen. Falls die Tiere Ihnen irgendwelche Probleme bereiten, wenden Sie sich am besten an erfahrene Naturschützer. Fast immer kann man Ihr Problem lösen, ohne die Tiere zu gefährden.
Alle unsere Fledermäuse sind Insektenfresser. Da sie im Winter nicht genug Nahrung finden können, beginnen sie im Spätherbst mit dem Winterschlaf, nachdem sie vorher oft sehr weite Flüge zu ihren Winterquartieren unternommen haben. Viele Tiere überwintern in Häusern und hohlen Bäumen, andere dagegen bevorzugen Höhlen und aufgegebene Bergwerkstollen oder Luftschutzbunker. Überwinterungsplätze müssen frostfrei, ohne Zugluft sein und über eine hohe Luftfeuchtigkeit ver-

**Startbereit** Die Zwergfledermaus ist unsere kleinste und häufigste Fledermaus. Im Flug sieht sie etwa so groß aus wie ein Sperling, aber das machen nur die Flügel aus. Wenn sie eingefaltet sind, erkennt man die wahre Größe dieser Tiere – sie sind fast so klein, daß sie in eine Streichholzschachtel passen.

fügen. Im Winter dürfen die Fledermäuse nicht gestört werden, da das Aufwachen sehr viel Energie verbraucht und die Tiere dann den Winter nicht überleben; auch können die Tiere an Streß sterben. Wenn Sie den Fledermäusen helfen wollen, können Sie ihnen geeignete Sommerquartiere anbieten, indem Sie Fledermauskästen aufhängen oder alte Bäume stehen lassen (siehe Seite 184).

## EULEN UND KÄUZE IM GARTEN

So wie die Fledermäuse nachts den Platz der insektenfressenden Vögel einnehmen, vertreten die Eulen und Käuze die Habichte, Falken und andere Greifvögel. In Deutschland kann man eigentlich nur die Schleiereule, den Waldkauz und den Steinkauz im Garten antreffen. Manchmal sieht man den gespenstischen, hellen Schatten einer Schleiereule in der Nähe einer Straßenlaterne oder vor dem mondbeschienenen Himmel lautlos dahinschweben, aber meistens hört man sie nur in der Ferne rufen. Lauschen Sie einmal ihrem Zischen und schnarchenden Gekreisch. Oder achten Sie auf das laute »Kju-wik« des Waldkauzes, der im Frühling als Paarungsruf einen wohltönenden Gesang darbietet: Ein dreimaliges »hu-hu-hu« wird mit einem tremulierenden »u-u-u-u« verknüpft. Den Steinkauz erkennen Sie an seinem weichen »ghuk-ghuk-ghuk«. Allerdings hört man keinen dieser Laute, wenn die Eulen jagen, denn das geschieht schweigend. Ihr fantastisches Sehvermögen, vor allem aber ihr phänomenales Gehör ermöglichen es den Eulen und Käuzen, auch in dunkler Nacht die geringste Bewegung und das leiseste Geräusch am Boden wahrzunehmen. Wenn die Vögel ein kleines Säugetier oder Insekt am Boden entdeckt haben, gleiten sie mit ausgestreckten Fängen darauf zu. Da die Außenfahnen der Schwungfedern kleine Zähnelungen (Fransen) tragen, bildet sich über der Schwinge ein weiches Polster. Dadurch ist ein geräuschloser Flug möglich. Infolge dieser Flugweise werden die Beutetiere nicht gewarnt, und das Gehör der Eulen wird durch eigene Fluggeräusche nicht irritiert.

**Nächtliche Rufe** Der Waldkauz gehört zu jenen Tieren, die fast unbemerkt in Siedlungen und Städten leben. Obwohl er nur selten in Gärten innerhalb von Städten nistet, sucht er sie doch häufig auf, um Mäuse und Insekten zu jagen. Selten hat man das Glück, ihn bei der Jagd zu beobachten.

Wenn sich in Ihrer näheren Umgebung große Scheunen oder hohe Bäume befinden, sollten Sie darunter einmal nach Eulengewöllen suchen – das sind wurstförmige Zusammenballungen aus unverdaubaren Haaren und Knochen, die von den Vögeln ausgewürgt werden. Da eine Eule pro Tag etwa zwei- bis dreimal Gewölle auswürgt, finden Sie an solchen ständig benutzten Ruheplätzen eine ganz stattliche Anzahl. Wenn Sie die Gewölle vorsichtig auseinanderzupfen, erhalten Sie Aufschluß über die Zusammensetzung der Nahrung. Aus den vielen kleinen Knochen oder Insektenresten lassen sich nämlich Rückschlüsse auf die erbeuteten Tierarten ziehen. Dazu braucht man dann viel Geduld.

Schleiereule und Steinkauz sind schon sehr selten geworden. Nur noch an wenigen Orten sind sie als Gäste im Garten zu erwarten. Der Waldkauz wird sich schon eher einstellen, wenn er bei Ihnen Beutetiere und einen Ruheplatz in einem alten Baum oder auf dem Dachboden findet, wo Sie ihm ja auch einen Nistkasten anbieten können. Allerdings sollte man den Waldkauz nicht fördern, wo es noch Schleiereule und Steinkauz gibt. Die Schleiereule wird von ihm verdrängt, und den wesentlich kleineren Steinkauz erbeutet er sogar.

## KÄFER DER NACHT

In der Nacht kommen viele räuberische und pflanzenfressende Käfer aus ihren Verstecken. Die meisten von uns kennen den Maikäfer, einen großen, rostbraunen Käfer, der in der Dämmerung fliegt und dann oft gegen Windschutzscheiben oder erleuchtete Fenster prallt. Die erwachsenen Männchen haben große, fächerförmige Antennen, mit denen sie die von dem Weibchen abgegebenen Duftstoffe riechen können. Maikäfer fressen die jungen Triebe von Bäumen und Sträuchern und haben dadurch früher bei starkem Befall Schäden im Wald, im Obstbau und im Garten angerichtet. Heute sind sie in den meisten Gegenden viel zu selten, um Schaden zu verursachen. Ihre fetten, weißen, C-förmigen Larven (Engerlinge) leben im Boden und können die Wurzeln verschiedener Feldfrüchte schädigen.

Dem Maikäfer sehr ähnlich ist der heute noch etwas häufigere Junikäfer, der von den Vernichtungskampagnen gegen den Maikäfer verschont geblieben ist.

Der Hirschkäfer, unser größter Käfer, war früher ebenfalls nachts in Gärten anzutreffen, aber er ist heute so selten, daß man ihn selbst außerhalb der Gärten nur in Ausnahmefällen sieht. Zu viele seiner Brutgebiete wurden zerstört. Seine fetten weißen Larven, die denen des Maikäfers ähneln, leben drei oder vier Jahre lang im verrottenden Holz alter Eichenstümpfe. Aber infolge der modernen Wirtschaftsformen im Forst finden sich nur noch wenige dieser Stümpfe. Auch Eichenpfosten wurden vom Hirschkäfer als Brutstätte benutzt. Aber wer verwendet heute noch Eichenpfosten; zusätzlich sind heute die Pfosten meistens mit Holzschutzmitteln behandelt und dadurch als Brutplatz unbrauchbar gemacht. Manchmal findet man den Hirschkäfer heute noch in Vorstadtgärten, wenn dort viele alte Bäume stehen, in denen die Larven heranwachsen können. Die Larven könnten auch in einem extra angelegten Holzgarten leben (siehe Seite 100). Die erwachsenen Hirschkäfer leben von dem Pflanzensaft, der aus verletzten Bäumen – in erster Linie Eichen – quillt. Der Anblick zweier erwachsener Hirschkäfer, die mit ihren »Geweihen« miteinander ringen – eigentlich sind das übergroße Kiefer –, ist unvergeßlich und gehört wohl zu den imposantesten Schauspielen, die uns die heimische Natur bietet.

**Der Maikäfer** Diese schwergewichtigen Käfer fliegen manchmal geräuschvoll an Frühlingsabenden durch offene Fenster ins Zimmer und lösen oft Panik aus. Sie sind aber ganz harmlos, wenn man mal von ihrem ungeheuren Appetit auf junge Blätter absieht.

Andere Käfer, die man nachts im Garten finden kann, gehören zu den Mistkäfern und Aaskäfern. Wenn Sie einen toten Vogel oder ein totes kleines Säugetier im Garten finden, ist es eine lohnende Sache, den Kadaver mit etwas Maschendraht abzudecken (damit er nicht von einer Katze weggeschleppt wird). Am nächsten Morgen schon können Sie an dem Kadaver nach Aaskäfern Ausschau halten. Während der Brutzeit arbeiten die Käfer paarweise daran, den toten Körper unter die Erde zu bringen, damit das Weibchen dann seine Eier darin oder daneben ablegen kann. Außerhalb der Brutzeit fressen die Aaskäfer den Kadaver an Ort und Stelle oberhalb der Erde. Man kann die Käfer auch mit einem Stück Fleisch anlocken. Bei warmem Wetter entdeckt man sie auch an den Fleisch- oder Fischresten im Mülleimer.

Wenn Sie nachts nach Käfern suchen, müssen Sie vor allem den Boden absuchen, denn viele nächtlich aktive Arten können nicht fliegen. Das gilt vor allem für die große Gruppe der fleischfressenden Laufkäfer, die auf dem Boden nach Beutetieren jagen. Auf ihrem Speisezettel stehen Wegschnecken und viele andere wirbellose Tiere. Die meisten Laufkäfer sind ziemlich dunkel gefärbt, aber manche von ihnen haben einen leuchtenden metallischen Glanz. Tagsüber finden Sie sie in ihren Verstekken unter Steinen oder Holzstapeln. Je mehr solcher Versteckmöglichkeiten Ihr Garten bietet, desto reichhaltiger wird auch das Insektenleben und damit die Anzahl an Laufkäfern sein. Schon ein kleiner Holzgarten (siehe Seite 100) kann da viel bewirken.

## NACKTSCHNECKEN UND GEHÄUSESCHNECKEN

So unglaublich es klingen mag – aber man kann sogar eine Art von widerwilliger Bewunderung für Nacktschnecken entwickeln. Trotz der ständigen Gefahr, auszutrocknen, von Vögeln, Igeln, Spitzmäusen oder Füchsen gefressen zu werden oder an Schneckengift zugrunde zu gehen, schaffen sie es doch, zu überleben und auf ihren nächtlichen Exkursionen regelmäßig junge Pflanzen im Ziergarten und Gemüsebeet zu finden. Jungpflanzen von Lupinen und Rittersporn, Zwiebelgewächse im Steingarten sowie Salat- und Kohlpflänzchen fallen ihnen zum Opfer. Dabei scheinen die Schnecken aus dem Nichts zu kommen, abends sind sie plötzlich da.

Auch hier verzichten wir darauf, unsere Kulturen mit chemischen Schneckengiften schützen zu wollen, und greifen lieber zu altbewährten Methoden: Legen Sie einfach einige alte Bretter oder Säcke zwischen die Gemüsereihen. Die Schnecken verbergen sich tagsüber darunter, man kann sie also einfach morgens einsammeln und vernichten. In einem Garten, der Vögeln und Igeln gute Lebensbedingungen bietet, werden die Schnecken übrigens nur selten zu einer echten Plage! Einen großen Einfluß auf die Größe der Schneckenpopulation hat die Bepflanzung in der Umgebung Ihrer Gemüsebeete. Wenn dort viele niedrige Bodendecker den Schnecken tagsüber guten Schutz bieten, werden Sie immer etwas mehr Schnekken haben als dort, wo die Gemüsebeete von Rasenflächen oder relativ offen bepflanzten Beeten umgeben sind.

Nacktschnecken werden gewöhnlich – und zu Recht – als Schnecken ohne Gehäuse beschrieben. Es gibt aber einige Nacktschnecken, die noch einen kleinen Rest von Gehäuse besitzen. Drei dieser Schnecken aus der Gattung *Testacella* kommen in Nordeuropa vor. Sie sind leicht an dem winzigen Gehäuserest auf ihrem Rücken zu erkennen. Sie leben vorwiegend unterirdisch in gut gedüngtem Boden und sind im Gegensatz zu den anderen Nacktschnecken Fleischfresser, die sich von Regenwürmern und ähnlichem ernähren. Man findet sie übrigens auch oft im Komposthaufen.

Der »Hauptschädling« unter den Nacktschnecken ist die Genetzte Ackerschnecke. Sie ist ausgestreckt etwa fünf Zentimeter lang, blaß cremefarben, braun oder grau, meist mit dunkleren Flecken. Der hintere Teil des Körpers ist deutlich gekielt, und sie sondert einen ziemlich milchigen Schleim ab. Die Genetzte Ackerschnecke frißt am liebsten die zarten Blätter einer ganzen Anzahl von Zier- und Kulturpflanzen. Man findet sie oft auf Salat und Kohl. Die zweite Art, die über der Erde ernsthafte Schäden anrichtet, ist die Gartenwegschnecke. Sie ist bis zu vier Zentimeter lang, braun bis blauschwarz, mit oranger oder gelber Sohle, und sondert orange-gelben Schleim ab. Der Kiel fehlt ihr. Mit Vorliebe frißt sie an jungen Setzlingen, an Erdbeeren und im Kräutergarten.

Kartoffeln und Wurzelgemüse werden vorwiegend von der Boden-Kielnacktschnecke befallen, die größtenteils unterirdisch in Kulturland lebt. Sie wird etwa sechs Zentimeter lang, ist bräunlich-grau und hat einen gelben oder orangen Kiel, der vom Mantel bis zur Schwanzspitze über den ganzen Rücken läuft. Die Boden-Kielnacktschnecke weist einen dunklen Streifen auf der blassen Sohle auf und produziert farblosen Schleim.

Ebenso wie die Wegschnecken werden auch die Gehäuseschnecken meistens als unerwünschte Gäste im Garten verdammt. Zwar ist ihre Eigenschaft, sich am Gemüse gütlich zu tun, nicht gerade eine Empfehlung für sie, aber wenn man sie als Bestandteil eines naturnahen Gartens betrachtet, erfüllen sie eine wichtige Funktion. So dienen sie zum Beispiel vielen anderen Tieren als Nahrung, weshalb Sie den Igeln, Drosseln, Glühwürmchen, Schneckenlaufkäfern und vielen anderen zuliebe nicht alle Schnecken aus Ihrem Garten entfernen sollten.

Wenn Sie nach einem Regenschauer nachts mit einer Taschenlampe durch Ihren Gemüse- oder Blumengarten gehen, finden Sie die Schnecken bei der Arbeit, sofern es nicht sehr kalt ist. Sie werden verschiedene Gehäuseschnecken finden. Regional häufig ist die Weinbergschnecke. Man sieht ihre gefleckten, braunen oder weißen Gehäuse nicht nur auf Wegen und Pfaden, sondern auch zwischen den Pflanzen. Wenn Sie unter den Kopf der Schnecke schauen könnten, würden Sie sehen, wie sie mit ihrer sandpapierähnlichen Zunge die saftigen Blätter abraspelt. Setzen Sie einmal die Schnecke in ein Marmeladenglas mit einigen Salatblättern, dann können Sie beobachten, wie in dem Blatt allmählich ein Loch entsteht. Wenn Sie das Tier auf eine Glasscheibe setzen und von unten betrachten, sehen Sie die Zunge oder Radula genauer und können auch ein Vergrößerungsglas zu Hilfe nehmen. Ebenso wie Wegschnecken können die Gehäuseschnecken junge Pflanzen dicht über dem Boden ganz abfressen. Bei größeren Pflanzen fressen sie vor allem an den älteren, äußeren Blättern, die wir sowieso nicht gern verwenden. Wenn Sie einige alte Blätter rund um die Salat- und Kohlbeete auslegen, können Sie die Schnecken sogar etwas von den Gemüsepflanzen weglocken.

Tagsüber verbergen sich die Weinbergschnecken oft in Gruppen unter Holzstößen, Steinen oder in dichter Vegetation. Wenn ich tagsüber in meinem Garten Weinbergschnecken finden will, brauche ich nur hinter einem dichten Büschel Iris an der Mauer nachzusehen, dort finde ich immer welche. Die Begattung der Weinbergschnecken erfolgt ebenfalls in diesen Verstecken, allerdings meistens erst in der Abenddämmerung. Wie die Wegschnecken sind auch sie Hermaphroditen, das heißt jedes Individuum besitzt weibliche und männliche Geschlechtsorgane. Dennoch findet eine gegenseitige Begattung statt, was oft mit einem langen Liebesspiel verbunden ist. Dabei krabbeln sie übereinander, umschlingen sich und reiben ihre Sohlen aneinander, um die Geschlechtsorgane zu stimulieren, die gleich hinter dem Kopf sitzen! Es ist ein faszinierendes, aber auch langwieriges Ereignis, und die Beobachtung erfordert bei den langsamen Bewegungen der Schnecken sehr viel Geduld.

**Gehäuseschnecken im Garten**

Wie viele Schnecken in Ihrem Garten leben, hängt vor allem von zwei Faktoren ab – der Verfügbarkeit feuchter Schlupfwinkel und dem Kalziumgehalt des Bodens. Gegen das Kalzium im Boden kann man nicht viel tun, aber wenn Sie Ihre jungen Pflanzen vor Schneckenfraß schützen möchten, ohne Schneckengift zu benutzen, sollten Sie sie nicht in der Nähe feuchter Schlupfwinkel pflanzen, in denen die Schnecken sich gern aufhalten.

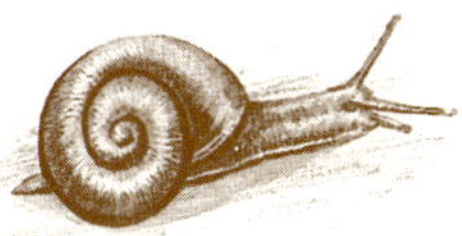

**Knoblauch-Glanzschnecke** Frißt Pflanzen und totes tierisches Material; riecht nach Knoblauch, wenn man sie in die Hand nimmt.

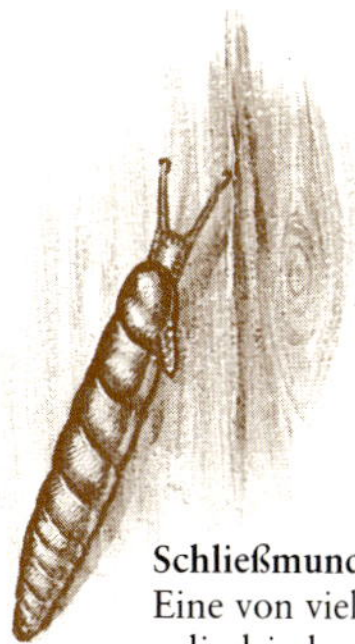

**Schließmundschnecke** Eine von vielen Arten mit zylindrischem Gehäuse. Oft zwischen Moos zu finden.

**Weinbergschnecke** Häufigste Art im Garten; verbirgt sich gern tagsüber immer an derselben Stelle.

**Garten-Bänderschnecke** Ähnelt der Hain-Bänderschnecke und wird von Singdrosseln gefressen.

**Hain-Bänderschnecke** Kann in der Färbung stark variieren. Lebt auf feuchter Vegetation, sogar in ziemlicher Höhe.

KAPITEL 10

# PRAKTISCHE TIPS ZUM NATURGARTEN

Der Schlüssel zu einem naturnahen Garten liegt in seiner Vielfalt. Wenn die Tiere in Ihrem Garten ein reichhaltiges Nahrungsangebot, viele Unterschlupfmöglichkeiten und die richtigen Plätze für die Aufzucht ihrer Jungen finden, ist es oft nur eine Frage der Zeit, bis sie sich bei Ihnen einfinden. Aber erwarten Sie nichts Unmögliches! Die Reihenhaussiedlung mit den kleinen Garteninseln inmitten asphaltierter und betonierter Umwelt ist sicher nicht der geeignete Lebensraum für Igel oder Erdkröte. Es hat daher an diesen Plätzen keinen Zweck, besondere Anstrengungen dafür zu unternehmen, daß diese Tiere sich in Ihrem Garten heimisch fühlen. Aber dennoch lassen sich auch in solchen Gärten Tiere anlokken und beobachten. Vögel kommen an die Fütterungsstelle oder brüten auch schon mal in den aufgehängten Nistkästen. Insekten besuchen die Blütenpflanzen und lassen sich selbst in kleinsten Gärten durch geeignete Baumstämme, halbzerfallene Mauern, Steinplatten oder im Boden eingegrabene Blumentöpfe zur Eiablage oder zum Nestbau anregen. Am Boden tummeln sich Tausendfüßer oder Hundertfüßer, und Asseln fressen im Verborgenen. Sie müssen also nicht unbedingt einen großen Garten in ländlicher Umgebung haben, um die Idee vom naturnahen Garten, vom Zufluchtsort für Pflanzen und Tiere, zu verwirklichen. Der wichtigste und erste Schritt, um etwas für unsere Tierwelt zu tun, besteht im Anpflanzen von solchen heimischen Bäumen, Sträuchern und Wildkräutern, die den Tieren Nahrung und Unterschlupf bieten. Sie können von Jahr zu Jahr einige Sträucher, Blumenrabatten oder auch Bäume neu pflanzen und auf diese Weise Ihren Garten langsam umgestalten. Daneben lassen sich mit neuangelegten Lebensräumen wie Teich, Holzstoß, Blumenwiese oder einer gut bepflanzten Mauer die Tiere in Ihren Garten locken. Vielleicht entdekken Sie auch, daß sich in Ihrem Garten viel mehr Tiere aufhalten, als Sie bisher gedacht haben. Für diese Tiere, deren Leben sich zum Teil ganz im Verborgenen abspielt, können Sie einiges tun. Dabei müssen die künstlich geschaffenen Lebensräume nicht aufdringlich oder unnatürlich wirken. Die Uferzone eines Teiches wächst bei richtiger Bepflanzung so zu, daß die technische Anlage nicht mehr zu sehen ist und der Teich einem natürlichen Feuchtgebiet ähnlich wird.

Aber nicht nur durch den Gartenteich, die Hecke aus heimischen Sträuchern und Bäumen, die Naturwiese oder das Anlegen von Blumenrabatten kann unseren Tieren geholfen werden, oft sind es schon ganz kleine, nicht sehr aufwendige Maßnahmen, die jeder ergreifen kann. Der in die Erde eingegrabene umgestülpte Blumentopf bietet Hummeln einen perfekten Platz zum Nestbau. Ein mit Löchern versehenes Stück Eichenholz, eine entsprechend vorbereitete Mauer oder ein Bündel von Röhren oder Halmen bietet vielen Insekten Unterschlupfmöglichkeiten. Der Holzstoß, Reisighaufen oder Laubberg in einem größeren Garten ist ein ideales Winterquartier für Igel, und aufgehängte Nistkästen bieten Unterschlupf für Vögel und Fledermäuse.

## ENTWURF EINES TEICHES

Es heißt zwar »klein, aber fein«, wenn es jedoch um den Gartenteich geht, so sollte er doch so groß wie möglich angelegt werden. Das soll allerdings nicht heißen, daß kleine Teiche keinen Wert haben, da jeder noch so kleine Teich besser ist als gar kein Teich. Zum Beispiel lebte bei mir einmal eine ganze Molchkolonie in einem kleinen Teich von 60 × 30 Zentimeter. An größeren Gartenteichen können sich natürlich mehr Tierarten ansiedeln als an kleinen. Die Tiefe Ihres Gartenteiches ist sehr wichtig und sollte zumindest an einer Stelle 80 cm betragen, besser sogar noch mehr. An diesen tiefen Stellen können sich die Lebewesen zurückziehen, wenn im Winter die Eisschicht immer dicker wird. Bei flachen Teichen besteht die Gefahr, daß sie im Winter bis zur Sohle gefrieren oder auch in heißen Sommern austrocknen.

Einen Gartenteich kann man mit ganz verschiedenem Material realisieren. Sie können zum Beispiel eine vorgeformte Fiberglasschale kaufen, das entsprechende Loch graben und den »Fertigteich« einsetzen. Allerdings sind diese Teiche relativ klein und auch nur in bestimmten Formen erhältlich. Eine andere Möglichkeit besteht darin, den Teich auszuheben und mit Beton, Ton oder Folie abzudichten. Dabei hat sich in den letzten Jahren die Folie immer mehr durchgesetzt, da sie die vielfältigsten Gestaltungsformen zuläßt und auch einfach zu verarbeiten ist. Es lohnt sich übrigens nicht, den Teich mit einer beliebigen Folie auszukleiden, es muß schon die spezielle Teichfolie sein, die widerstandsfähiger und haltbarer als andere Folien ist.

Wählen Sie einen offenen Platz im Garten. Wenn Sie am liebsten mittags die Tiere an Ihrem Teich beobachten wollen, sollten Sie einen Platz aussuchen, auf den dann die volle Sonne fällt. An einem schattigen Platz finden Sie deutlich weniger Tiere. Halten Sie außerdem ausreichend Abstand zu Bäumen und Sträuchern, sonst fällt im Herbst viel Laub in Ihren Teich.

**Steine am Wasser** Ein trockenes Gebiet für Pflanzen wie Blaukissen, Thymian und Steinbrech, das zugleich den Fröschen und Kröten geeignete Schlupfwinkel zum Überwintern bietet.

**Wassergärten**

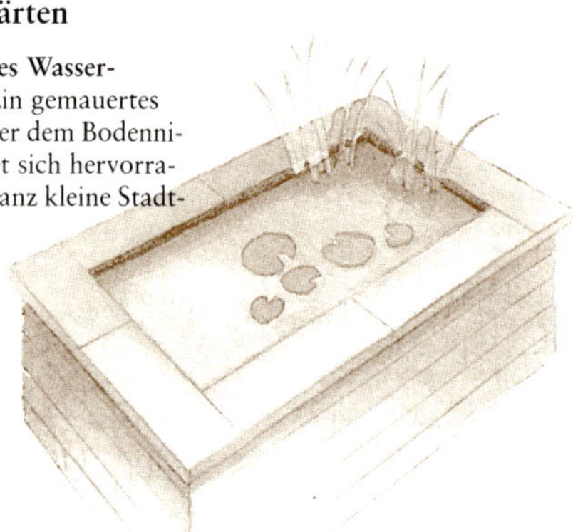

**Gemauertes Wasserbecken** Ein gemauertes Becken über dem Bodenniveau eignet sich hervorragend für ganz kleine Stadtgärten.

**Gartenteich mit runder Form** Bei einem solchen Teich wird eine relativ lange Uferzone erreicht.

## Ein lebendiger Teich

Dieser Teich hat eine etwa zwei Jahre alte Bepflanzung. Beim Bepflanzen der Uferzone oder auch der Teichzone muß man berücksichtigen, daß manche Wasserpflanzen schneller als andere wachsen. Hier muß man immer wieder regulierend eingreifen. Bei diesem Teich stehen die größten Pflanzen an der Nordseite des Teiches, damit sie keine Schatten auf die Wasserfläche werfen. Im Vordergrund befindet sich ein Beobachtungsplatz mit Steinfliesen.

**Verschiedene Sträucher** Pflanzen Sie in die Nähe Ihres Teiches auch einige kleine Sträucher und Bäume, aber weit genug entfernt, damit das Laub nicht in den Teich fällt.

**Sumpfgebiet** Ein sanft abfallendes Ufer sorgt für verschiedene Lebensräume, an denen Kleinvögel baden können oder Schwalben den für den Nestbau benötigten Schlamm entnehmen.

**Steinplatten** Ein bequemer Beobachtungsplatz, von dem aus man im Herbst auch den Teich säubern kann.

## EINEN TEICH BAUEN

Das Anlegen eines Teiches unter Verwendung von Teichfolie erfordert einige vorbereitende Arbeiten, wenn das Werk gelingen soll. Überlegen Sie sich zunächst genau, wie Ihr Teich später aussehen und an welchen Stellen er welche Tiefe haben soll. Nachdem die groben Umrisse abgesteckt sind, beginnt das Ausgraben. Sie machen dabei das Loch etwas größer und tiefer als eigentlich nötig. Damit wird berücksichtigt, daß mit einer Schicht von etwa fünf Zentimeter Sand oder Feinkies die Folie von unten vor spitzen Steinen geschützt werden soll. Achten Sie darauf, daß die Ufer auf allen Seiten weitgehend gleich hoch sind, es sei denn, Sie wollen auf einer Seite einen kleinen Sumpfgarten anlegen. Wichtig ist, daß Sie ausreichende Flachuferbereiche vorsehen. Wenn es sich bei der ausgehobenen Erde nicht gerade um schweren Lehm handelt, können Sie mit ihr einen Steingarten an der Nordseite des Teiches anlegen – aber halten Sie genug Abstand, damit die Erde nicht in den Teich gespült wird.

Wenn das Loch die richtigen Maße hat, wird die lockere Erde angetreten und angeklopft. Die Folie kommt erst hinein, nachdem die spitzen Steine abgesammelt und der Boden gegebenenfalls durch eine etwa fünf Zentimeter starke Sandschicht abgedeckt wurden. Dadurch erhält die Folie eine schützende Unterlage. Legen Sie dann die Teichfolie so über das

**Querschnitt durch einen Teich**

Am Querschnitt des Teiches sind die drei Hauptzonen gut zu unterscheiden: die Uferplattform, der tiefe Bereich und der Flachwasserbereich. Die Uferplattform sollte eine gewisse Breite haben, damit genug Platz für große Containerpflanzen bleibt. Der tiefe Bereich muß ausreichend groß und tief sein, damit Tiere frostsicher überwintern können.

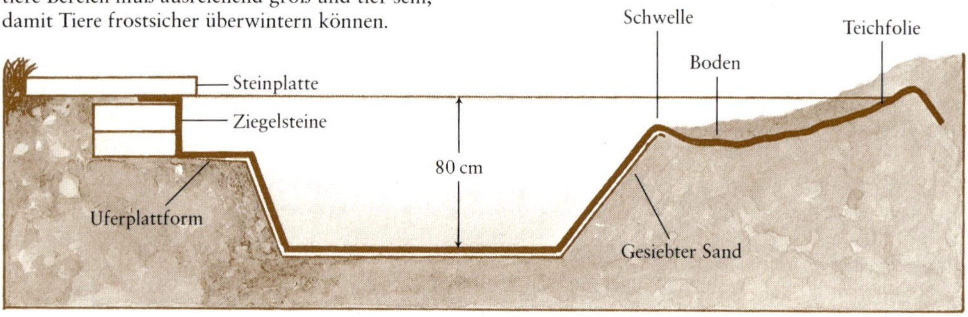

**Uferanlage und Bepflanzung**

**Ein natürliches Steinufer** Verwitterte Felsbrocken und alte Steinplatten eignen sich gut für die Uferbefestigung. Damit können Sie auch Unebenheiten im Gelände ausgleichen und das eine Ufer höher über den Wasserspiegel ziehen.

**Wasserpflanzen in Behältern** Wasserpflanzen gedeihen hervorragend in Plastikkörben. Sie verhindern, daß die Pflanzen sich zu sehr ausbreiten, und lassen sich leicht herausheben, wenn man den Teich reinigen will.

**Ein Sumpfgarten**

Wenn man einen Teich mit ausgedehntem Sumpfgebiet baut, gelangen leicht zu viele Nährstoffe vom Sumpf ins Teichwasser. Daher legt man große Sumpfgärten lieber getrennt vom Teich an. Machen Sie einfach ein Stück Ihres Gartens mit Hilfe einer starken Plastikfolie »wasserdicht«. Je tiefer Sie die Folie eingraben, desto seltener müssen Sie Ihr Sumpfgebiet bewässern.

**Sumpfpflanzen** Die beste Zeit zum Anlegen des Sumpfgartens ist der Herbst. Dann lassen sich die verschiedenen Pflanzen gut einpflanzen oder auch einsäen.

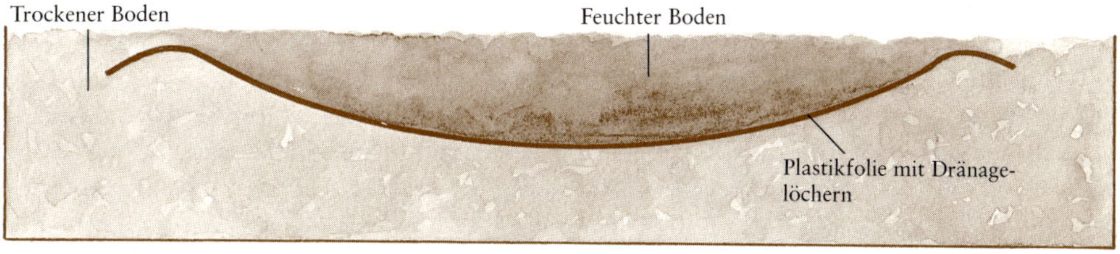


Loch, daß sie auf jeder Seite ausreichend herausragt, und beschweren Sie die Ränder mit einigen Steinen. Wenn Sie jetzt Wasser einfüllen, paßt sich die Folie genau der Teichform an. Einige Tage später können Sie dann die Folienreste an den Rändern abschneiden und mit dem Anlegen des Ufers beginnen. Dieser Zone sollten Sie große Aufmerksamkeit widmen. Zum Beispiel ist es wichtig, daß Ihr Teich an manchen Stellen flach abfällt, damit Tieren der Übergang vom Wasser zum Land erleichtert wird. In Teichen oder Becken mit ausnahmslos steilen Ufern sind schon viele Tiere ertrunken.

Wenn Ihr Teich von Rasen umgeben ist, können Sie die Rasensoden bis ganz ans Ufer reichen lassen. Heben Sie einfach die Rasensoden auf einem 15 cm breiten Streifen rings um das Ufer ab, bevor Sie die Teichfolie ausbreiten, und legen Sie diese Rasensoden nach dem Füllen des Teiches einfach wieder auf die Folienränder. Wenn Sie sich oft an Ihrem Teich aufhalten wollen, sollten Sie am besten einige Steinplatten am Ufer verlegen. Solche Steinplatten erleichtern es auch, später eine Leiter oder ein kräftiges Brett über den Teich zu legen, wenn man ihn reinigen will.

Ein gut geplanter Teich mit einem ausgewogenen Verhältnis von Pflanzen und Tieren braucht nicht viel Pflege, aber man kann ihn auch nicht gänzlich sich selbst überlassen. Auf dem Grund sammeln sich nämlich mit der Zeit Erde und Schlamm an. Diese Schicht kann im Laufe der Jahre so stark werden, daß sich der Teich allmählich in einen Sumpf verwandeln würde. Deshalb muß man ab und zu den Schlamm herausholen und überschüssige Pflanzen entfernen. Am besten geschieht das im Herbst, da man dann auch gleich alles Laub herausholen kann, bevor es zu vermodern beginnt. Sie haben weniger Arbeit, wenn sich Ihr Teich an einer Stelle befindet, die nicht durch Laubbäume beschattet wird, oder wo nur wenig Laub hingeweht wird.

Natürlich stecken im Schlamm auch viele Tiere. Holen Sie deshalb nicht allen Schlamm auf einmal heraus, sondern reinigen Sie pro Jahr immer nur ein Drittel der Teichfläche. Wenn Sie den Schlamm und das Laub einige Tage lang neben dem Teich liegenlassen, ermöglichen Sie den Tieren, die sich im Schlamm aufhalten, die Rückkehr in den Teich.

Im Normalfall wird man den neu angelegten Teich mit Leitungswasser auffüllen müssen, das oft gechlort ist und zudem noch Geld kostet. Wenn Sie in diesem Fall das Wasser nach dem Einfüllen ein paar Tage stehenlassen, bevor Wasserpflanzen eingesetzt werden, ist jedoch der Einfluß des Chlors zu vernachlässigen. Am besten verwendet man aber Regenwasser. Leiten Sie am besten das Niederschlagswasser vom Dach direkt in den Teich. Wenn es jedoch eine Zeitlang nicht geregnet hat, sollten Sie es erst einmal fünf Minuten regnen lassen, bevor Sie das Wasser in den Teich leiten.

## VÖGEL FÜTTERN IM GARTEN

Wenn man es genau betrachtet, ist das Füttern von Gartenvögeln im Winter eigentlich kein Beitrag zum Naturschutz. Wir helfen dadurch nur jenen Vogelarten, die sowieso noch relativ häufig sind. Infolgedessen überleben diese Arten auch harte Winter so zahlreich, daß sie manchen im Frühjahr zurückkehrenden Zugvögeln Nistplätze und Nahrung streitigmachen, was zu einer weiteren Bedrohung dieser Arten führt. Auf der anderen Seite hat der Anblick der Vögel am Futterhaus für jeden Naturfreund seinen Reiz. Füttern Sie aber nicht wahllos, sondern regelmäßig und verantwortungsbewußt. An falschem Futter und schlecht gesäuberten Futtergeräten sterben alljährlich viele Vögel.

Vögel haben nichts dagegen, ihr Futter auch auf dem Boden zu suchen, und manche, wie die Heckenbraunelle und die Amsel, fressen dort sogar am liebsten. Aber es ist auch mit Nachteilen verbunden, wenn man das Futter auf die Erde streut: Katzen, Hunde und andere Tiere können das Futter fressen und sogar die Vögel erbeuten. Außerdem lassen sich die Vögel auf der Erde nicht so gut vom Fenster aus beobachten.

Diese Probleme kann man durch das Aufstellen eines Futtertisches oder Futterhauses lösen. Da sind die Vögel sicherer. Beim überdachten Futterhaus bleibt das Futter trocken und hält sich länger. Zwar kann man dann die Vögel nicht ganz so gut beobachten wie auf dem Futtertisch, aber wenn man geduldig genug beobachtet, sieht man auch dort genug.

Gekaufte Futterbretter haben meistens eine Umrandung, die Sie am besten an einer Seite entfernen sollten. Dann läßt sich der Tisch auch in den Kanten besser reinigen. Wenn man bedenkt, daß jährlich viele Vögel an Infektionskrankheiten sterben, die sie sich an Fütterungsstellen geholt haben, kann ein Appell zur

### Speisekarte für Vögel

Achten Sie einmal auf die verschiedenen Schnabelformen der Gartenvögel. Vögel mit zarten kleinen Schnäbeln sind überwiegend Insektenfresser. Diese sogenannten »Weichfresser« können im Unterschied zu den »Körnerfressern« die Schalen harter Kerne nicht knacken. Mit einem vielfältigen Nahrungsangebot locken Sie mehr Vogelarten an Ihre Futterstelle als mit einer »Einheitsspeise«.

**Obst, Rosinen, Wildbeeren**
Solches Futter wird gern von den Weichfressern genommen, dabei darf das Obst ruhig angefault sein.

**Nüsse** Erdnüsse sind in fast jedem Vogelfutter enthalten und wegen ihres hohen Fett- und Eiweißgehaltes sehr nahrhaft. Geben Sie den Vögeln aber nie gesalzene Erdnüsse oder anderes gesalzenes Futter, da Salz für manche kleine Vögel fatale Folgen haben kann. Kokosnuß ist ebenfalls sehr beliebt, muß aber frisch sein.

**Samen, Sonnenblumenkerne, Getreide**
Solches Futter lockt alle Finkenvögel herbei. Käufliches Vogelfutter enthält viele verschiedene Samen unterschiedlicher Größe, so daß es für alle Samenfresser unter den Vögeln geeignet ist. Haferflocken und gehackte Samen sind vor allem bei Amseln und Rotkehlchen beliebt, die mit harten Samen Schwierigkeiten haben.

**Insektenlarven**
Wenn Sie bestimmten Vögeln einen besonderen Leckerbissen anbieten wollen, können Sie Mehlwürmer füttern, die Larven des Mehlkäfers. Vor allem Rotkehlchen lieben sie sehr, und wenn Sie etwas Geduld haben, fressen sie Ihnen die Mehlwürmer sogar aus der Hand. Man kann die Mehlwürmer entweder im Zoogeschäft kaufen oder aber in einem irdenen Gefäß, das mit Kleie, Mehl und altem Brot gefüllt ist, selbst züchten.

**Fleisch**
Fleisch wird von Insektenfressern wie Meisen und Kleibern sowie von Elstern, Krähen und anderen Allesfressern angenommen. Am besten verfüttert man es in Form von rohem Hackfleisch oder hängt Knochen mit rohen Fleischresten an einen Baum.

**Selbsthergestelltes Vogelfutter**
Sie können eine gute Futtermischung leicht selbst herstellen, indem Sie sich Rindertalg aus der Schlachterei besorgen. Nachdem der Talg zum Schmelzen gebracht wurde, rührt man die gleiche Menge Kleie ein und gibt Sonnenblumenkerne und Hanf dazu. Dieses Gemisch wird in bereitgestellte Gefäße, Blumentöpfe, Kokosschalen oder Dosen gegossen. Nach dem Erkalten hängt man die Gefäße im Garten oder auf dem Balkon an verschiedenen Stellen auf.

regelmäßigen Reinigung des Futtertisches oder Futterhauses nicht nachdrücklich genug formuliert werden. Reinigen Sie daher, vor allem bei Temperaturen über Null, täglich das Futterbrett mit klarem Wasser und Bürste.
Ein geeigneter Ort für Ihr Futterhaus oder den Futtertisch ist nicht zu nah am Fenster und in der Nähe von etwas Gebüsch. Sie sollten darauf achten, daß sich eine Katze nicht unbemerkt anschleichen kann, die Vögel vom Futterplatz aus also eine gute Rundumsicht haben.
Während Sie im Futterhaus oder auf dem Futtertisch viele verschiedene Vogelarten beobachten können, locken Sie mit einigen anderen Fütterungsmethoden ganz bestimmte Vogelarten in Ihr Beobachtungsfeld. An käuflich erhältlichen Meisenknödeln können Sie zum Beispiel die Kletterkünste der Meisen beobachten. Da das Futter weniger verkotet wird, ist die Infektionsgefahr für die Vögel gering. Auch bei den sogenannten Futtersilos kommt der Kot nicht mit dem Futter in Berührung, das Futter bleibt trocken, und für eine gewisse Zeit ist auch immer für Nachschub gesorgt. Ebenso können Sie kleine Netze voller Erdnüsse aufhängen und beobachten, wie die Vögel mit großem Geschick an dem im Wind hin und her schwankenden Futterbehälter hängen und picken. Ein großer Vorteil bei diesen Futterplätzen ist, daß Sie die Vögel vor Ihren Augen fressen sehen. Auf dem Futtertisch nehmen die Vögel viel eher etwas in den Schnabel und fliegen damit weg.
Selbst hergestellte Futtermischungen, in Rindertalg eingerührt, können Sie in Blumentöpfe, Dosen oder Kokosschalen einfüllen und nach dem Erkalten des Gemenges als Futterglocke aufhängen. Sie können sich aber auch etwas mehr Mühe machen und eine »natürliche« Futterstelle bauen. Zu diesem Zweck bohrt man 3 cm tiefe Löcher mit unterschiedlichem Durchmesser in ein Stück Holz und füllt sie mit der Futtermischung.

**Futterplätze für Vögel**

Für alle Vögel ist die Sicherheit vor Beutegreifern ein wichtiger Faktor, deshalb sollte die Futterstelle so aufgestellt sein, daß die Vögel anschleichende Katzen gleich entdecken. Zwar können Sie die Vögel besser beobachten, wenn die Futterstelle kein Dach hat, dafür wird das Futter aber naß und hält sich nicht lange. Als Futter sind Sämereien, Sonnenblumenkerne, Haferflocken, Obst und Beeren geeignet.

**Baumstamm als Futterplatz** Spechte kommen eigentlich nur selten an Vogelhäuschen. Wenn man in ein Holzstück Löcher bohrt und sie mit Futter füllt, hat man vielleicht mehr Glück.

## NISTKÄSTEN FÜR VÖGEL

Viele Vögel nisten gern in unseren Häusern und Gärten. Sie können das noch fördern, indem Sie verschiedene Nistkästen bereitstellen. Einfache Formen kann man leicht selbst bauen, aber auch fertig kaufen (siehe Seite 188).

Der populärste Nistkasten ist der Meisenkasten, der bis auf ein kleines Einflugloch ringsherum geschlossen ist. Auch Sperlinge brüten gern in diesen Nistkästen. Wer sich lieber einen natürlich wirkenden Meisenkasten in den Garten hängen möchte, kann ihn aus einem geraden Stück Baumstamm bauen: Man sägt den Stamm einfach in der Mitte durch, höhlt ihn aus, bohrt ein Einflugloch hinein und setzt ihn dann wieder zusammen – schon ist der Nistkasten fertig! Dabei muß man aber darauf achten, daß die beiden Teile wieder ganz fest zusammengepreßt werden, damit es nicht hineinregnet. Am besten dichtet man den Schnitt etwas ab. Im Herbst wird der Nistkasten dann geöffnet und gereinigt.

Rotkehlchen und Grauschnäpper bevorzugen Halbhöhlen. Die Grundfläche eines halboffenen Nistkastens soll 14 × 14 cm betragen. Auch Zaunkönige, Hausrotschwänzchen und Bachstelzen nisten in solchen Kästen, und wenn die Grundfläche auf 20 × 20 cm vergrößert wird, brüten selbst Amseln darin.

Trotz des Vogelkotes, der sich unter ihren Nestern ansammelt, sind die Mehlschwalben allseits beliebte Vögel. Viele Natur- und Gartenfreunde würden sich daher freuen, wenn sie sie im Garten als Sommergäste willkommen heißen könnten. Es ist allerdings nicht leicht, diese Vögel an neue Nistplätze zu gewöhnen, da sie normalerweise jedes Jahr an ihre tradi-

### Zwei Arten von Nistkästen

**Meisenkasten** Zwei Meter oder höher über dem Boden anbringen und dafür sorgen, daß er für Katzen unerreichbar ist. Ein aus einem Baumstamm gefertigter Meisenkasten wirkt natürlicher als die üblichen Holzkästen – den Vögeln ist allerdings die sichere Lage wichtiger als das Aussehen.

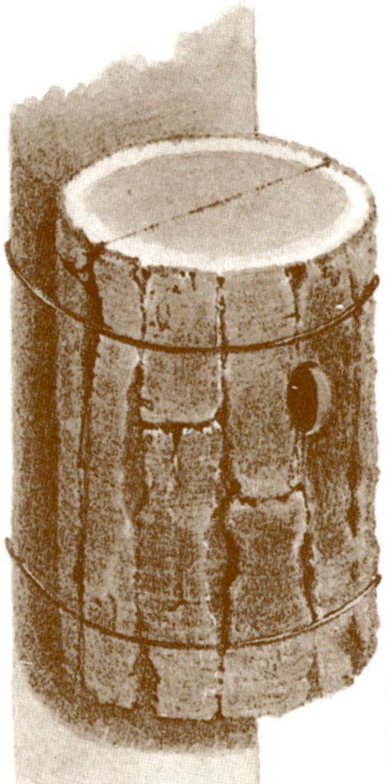

**Durchmesser des Einflugloches** Durch die Größe des Einflugloches können Sie bei der Auswahl der zukünftigen Bewohner mitbestimmen. In der folgenden Liste sind die Minimal-Durchmesser der Einfluglöcher für einige Vogelarten angegeben.

**28 mm** Blaumeisen und andere Kleinmeisen, manchmal Feldsperlinge

**30 mm** Haussperlinge

**32 mm** Kohlmeise, Trauer- und Halsbandschnäpper, Wendehals

**45 mm hoch, 30 mm breit (oval)** Kleiber, Gartenrotschwanz

**45–50 mm** Stare

**Offene Nistkästen** Weil sie vorn offen sind, müssen diese Nistkästen so angebracht werden, daß die Vögel gut vor Katzen geschützt sind. Am besten eignen sich stark überwachsene Wände, jedoch nicht in der Nähe von Dächern oder Fenstersimsen. Diese Nistkästen werden gern benutzt, wenn man in Schuppen oder Garagen, in denen eine Tür oder ein Fenster immer offensteht, Nistgelegenheiten anbieten möchte.

**Spezielle Nistplätze**

**Mehlschwalbennest** Man kann das Nest aus Papiermaché herstellen. Das fertige Nest muß dann lackiert und an einem Brett unter dem Dachüberstand befestigt werden. Mehlschwalbennester sollten mindestens drei Meter über dem Boden an nicht mit Kletterpflanzen begrünten Wänden befestigt werden. Für die Vögel muß zusätzlich eine freie Anflugmöglichkeit gegeben sein. Setzen Sie auf jeden Fall mehrere solcher Nester nebeneinander.

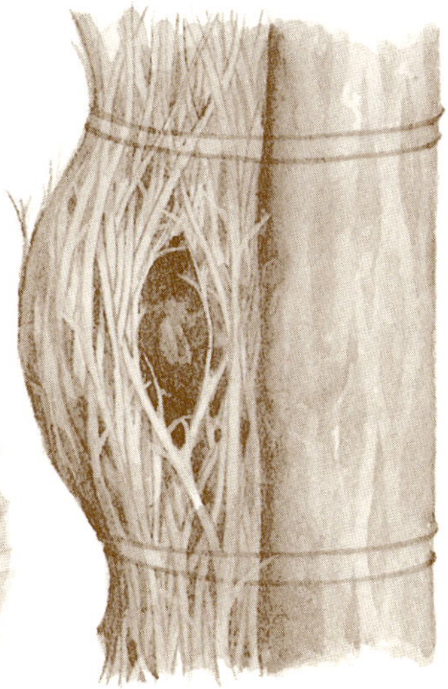

**Nisttaschen** Einen idealen Nistplatz für Freibrüter bieten Nisttaschen aus vielen etwa 70 cm langen Ginster- oder Kiefernzweigen, die an einen Pfosten oder Baumstamm gebunden werden. Die Zweige werden oben und unten mit Draht festgebunden.

tionellen Nester zurückkehren. Trotzdem lohnt es sich, an einer geeigneten Hauswand einige künstliche Nester anzubringen. Den größten Erfolg hat man, wenn mehrere solcher Nester angebracht werden, da es sich bei den Mehlschwalben um Koloniebrüter handelt.

Bringen Sie die Nistkästen schon einige Zeit vor Beginn der Brutsaison an, damit die Vögel sie schon frühzeitig entdecken und erkunden können. Meisenkästen werden im Winter auch als Schlafplätze von verschiedenen Tieren genutzt, so daß man diese Höhlen auch schon im Herbst aufhängen kann. Bei der Anordnung der Nistkästen im Garten sollten Sie nicht vergessen, daß die meisten Vögel während der Brutsaison Territorialverhalten zeigen – in einem kleinen Garten nistet daher meist nur ein Paar einer Vogelart. Vögel, die in Meisenkästen nisten, bauen ihre Nester sonst in hohlen Baumstämmen – ein Baumstamm ist deshalb der beste Platz zur Anbringung von Nisthöhlen. Sie können die Kästen auch an Mauern oder Zäunen anbringen, allerdings sollten Sie darauf achten, daß sie für Katzen unerreichbar sein müssen und nicht der vollen Sonne ausgesetzt sein dürfen. Am besten sind hier Ostwände geeignet; an Westwänden darf das Einflugloch nicht in Richtung der vorherrschenden feuchten Westwinde weisen. Halbhöhlen müssen geschützter angebracht werden als Meisenkästen. Man kann sie gut an bewachsenen Wänden oder Zäunen befestigen, muß aber berücksichtigen, daß sie für Katzen leichter zugänglich sind als Meisenkästen.

Oft gerät man in Versuchung, einen kurzen Blick in die Nistkästen zu werfen, um zu sehen, wie weit sich die Jungen entwickelt haben. Wenn Sie sicher sind, daß beide Elternvögel gerade nicht da sind, können Sie einen kurzen Blick riskieren, aber es ist besser, wenn Sie darauf verzichten. Denken Sie daran, daß viele unserer kleinen Gartenvögel zweimal im Jahr brüten, und lassen Sie deshalb die Nistkästen besser bis zum Herbst in Ruhe. Dann können Sie das alte Nistmaterial herausholen und auch Reparaturen an den Nistkästen vornehmen.

## SPEZIELLE HÖHLEN UND NESTER

Manchmal fehlt eine Tierart in einem Garten, weil ihr ein ganz bestimmter Lebensraum oder eine bestimmte Struktur nicht zur Verfügung steht. Es könnte beispielsweise sein, daß Ihr Garten für eine bestimmte Tierart nicht genügend Plätze mit dem richtigen Schutz und Feuchtigkeitsgehalt bietet, wo ein Nest gebaut, ein Schlafplatz gesucht oder Eier abgelegt werden können, obwohl dort eigentlich genügend Nahrung vorhanden wäre. Solche Lebensräume kann man auch im kleinen Garten recht einfach schaffen; dabei ist aber nicht immer sicher, daß sie auch von den entsprechenden Tierarten angenommen werden.

Fledermäuse sind selten geworden. Der Einsatz von Insektiziden hat ihre Nahrung, die Insekten, vermindert, und viele ihrer Wochenstuben und Überwinterungsquartiere unter Dächern, hinter Brettern und Fensterläden, in morschen Bäumen, in Höhlen, Kellergewölben und Bergwerkstollen sind zerstört. Der Quartiernot dieser Tiere kann man durch geeignete Fledermauskästen begegnen. Benutzen Sie ein mindestens 1,5 Zentimeter starkes Fichten-, Kiefer-, Eichen- oder Erlenholzbrett und rauhen Sie die Innenwände so auf, daß die Tiere klettern können. Unbenutzte Kästen dienen Nachtfaltern und anderen Schmetterlingen als Überwinterungsquartiere.

Unsere Hummeln nisten gewöhnlich auf oder im Boden, am liebsten in verlassenen Mäuselöchern in gut dränierten Böschungen. Der Mausgeruch scheint bei der Nestplatzsuche der Hummeln eine große Rolle zu spielen – man kann sie nämlich recht leicht in künstliche Hummelbehausungen locken, wenn man diese mit etwas Nistmaterial ausstattet, das nach Mäusen riecht. Solches Material bekommt man in Zoohandlungen oder von Bekannten, die weiße Mäuse halten. Ich hatte einigen Erfolg mit mittelgroßen Blumentöpfen, die ich knapp unter der Bodenoberfläche vergraben habe.

Viele solitäre Bienen nisten in verrottendem Holz. Einige Arten bauen ihre Nistlöcher

**Einen Fledermauskasten bauen**

Ein Fledermauskasten ähnelt im Prinzip einem Nistkasten für Vögel, hat aber statt eines Einflugloches einen Schlitz zwischen Boden und Rückwand. Es gibt verschiedene Modelle zu kaufen, aber Sie können einen Fledermauskasten auch ohne Schwierigkeiten selbst bauen. Benutzen Sie dafür immer rauhes, ungehobeltes Holz, und verwenden Sie unter gar keinen Umständen Holzschutzmittel. Dichten Sie alle Fugen mit Kitt ab, da Fledermäuse sehr zugempfindlich sind.

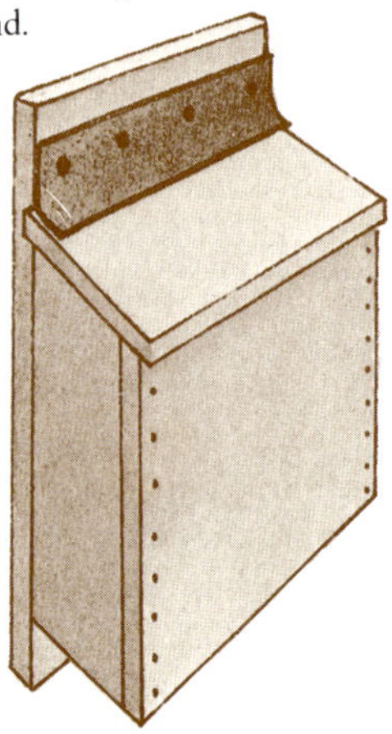

**Anbringen des Fledermauskastens** Der Kasten sollte mindestens 2 m über dem Boden befestigt werden. Im Sommer bevorzugen die Fledermäuse Schlafplätze mit Südlage.
Fledermäuse leben oft in Kolonien. Ein Kasten dieser Größe bietet mehreren Tieren Platz.

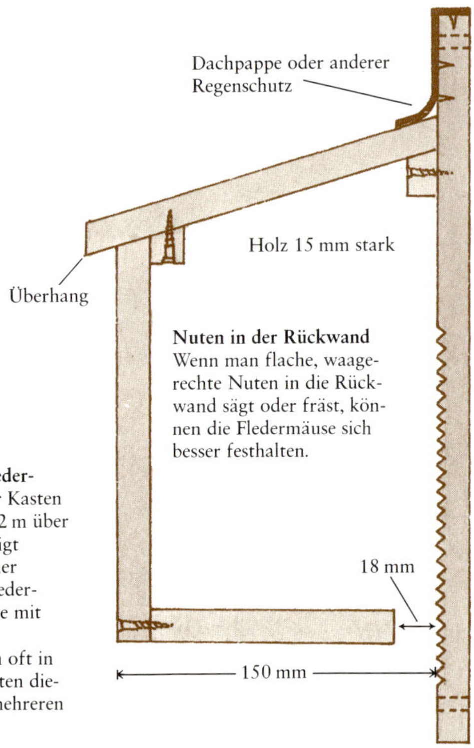

### Unterschlupf für Bienen und Wespen

Die hier gezeigten künstlichen Nester sollen Hummeln, solitäre Bienen und Wespen anlocken. Solange man nicht genau im Anflugweg zum Nest steht, ist die Beobachtung dieser Tiere selbst aus der Nähe nicht gefährlich. Eine Niströhre aus Glas ermöglicht es Ihnen, sogar den Nestbau zu beobachten.

**Hohle Stengel und Strohhalme** Sie locken solitäre Bienen und Wespen an. Verschließen Sie das hintere Ende, kleben Sie sie zu einem Bündel zusammen und befestigen Sie dieses unter einem Fensterbrett.

**Gläserne Niströhre** Verschließen Sie das hintere Ende und stecken Sie das Röhrchen in ein passendes Loch. Zum Betrachten kann man es herausholen.

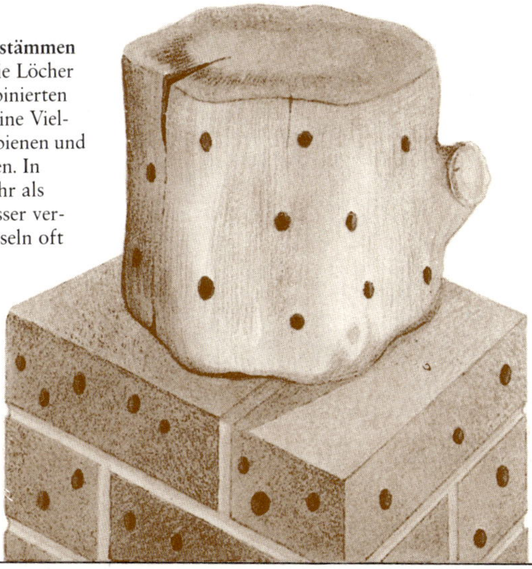

**Löcher in Baumstämmen und Ziegeln** Die Löcher in diesem »kombinierten Heim« werden eine Vielzahl von Mauerbienen und -wespen anlocken. In Löchern mit mehr als 8 mm Durchmesser verkriechen sich Asseln oft tagsüber.

**Hummelnest** Der eingegrabene Blumentopf enthält Material aus einem Mäusenest. Eine darübergelegte Steinplatte verhindert, daß Regen in das Loch läuft.

selbst, aber viele nehmen ausgesprochen gern schon vorhandene Löcher an. Wenn Sie diese nützlichen und interessanten Insekten anlokken wollen, brauchen Sie nur ein paar alte Holzbalken im Garten liegen zu lassen. Wenn Sie viele verschieden große Löcher mit bis zu 10 cm Tiefe und bis zu 8 mm Durchmesser in ein Stück Hartholz hineinbohren, werden Sie sicher einige Bienenarten anlocken und an dem Holz beobachten können.

Wenn Sie einen kleinen Sockel aus Ziegelsteinen und weichem Mörtel bauen, locken Sie zugleich auch jene Arten an, die gern in sandigem Boden nisten. Besonders rasch finden sie sich ein, wenn man einige Löcher in den Mörtel bohrt. Eine Mauer mit vielen Löchern ist nämlich für solitäre Bienen genauso attraktiv wie ein alter Balken oder Baumstumpf.

Wenn Sie Löcher in Holz, Ziegel oder Mörtel bohren, sollten Sie nach Möglichkeit in einige davon Glas- oder Plastikröhrchen oder auch durchsichtige Trinkstrohhalme stecken. Falls nämlich eine Biene in solch einem Röhrchen mit dem Nestbau beginnt, können Sie es eines Tages, wenn die Biene ausgeflogen ist, herausziehen und sich ansehen, was sie gebaut hat. Das hintere Ende der Röhrchen sollte immer mit Lehm oder ähnlichem Material verschlossen werden, damit die Biene ihr Nest nicht in den hintersten Bereich des Loches bauen kann.

## KLEINSTLEBENSRÄUME ANLEGEN

Den Tieren im Garten kann man zu jeder Jahreszeit helfen. Auch in kleinen Gärten kann man geeignete Überwinterungsplätze oder Kleinstlebensräume für den Sommer anlegen, die ganz bestimmten Tieren als Zufluchtsort dienen. So können Sie erreichen, daß viele Tiere das ganze Jahr über in Ihrem Garten bleiben.
In den meisten Gärten werden alte Zweige und Blätter im Herbst weggeräumt, verbrannt oder mit dem Sperrmüll abgefahren. Wenn Sie diese Garten»abfälle« aber zu einem Haufen schichten, so bieten Sie dadurch Igeln ein ideales Winterquartier. Auch Waldmäuse und Rötelmäuse werden sich dort neben vielen Insekten wohl fühlen. Ein Holzstoß oder Reisighaufen ist nicht nur ein geeignetes Winterquartier für manche Tiere, sondern wird auch fleißig von Vögeln besucht, die sich kleine Zweige zum Nestbau holen, nach Spinnen jagen, hier übernachten oder ihr Nest bauen. Einen solchen Reisighaufen sollten Sie am besten von anderem pflanzlichem Material wie Rasenschnitt oder Küchenabfällen freihalten, da die auftretenden Verrottungsprozesse sonst den Lebensraum für Säugetiere weniger geeignet machen. Wenn Sie sich ganz viel Mühe machen wollen, können Sie dem Igel ein künstliches Nest anbieten, in dem er seinen Winterschlaf und auch die Aufzucht seines Nachwuchses ohne Störungen vornehmen kann.
Überwinterungsplätze müssen nicht kompliziert sein. Ein kurzes Holzbrett, das man an einer geschützten Stelle mit einem geringen Abstand zur Hauswand anbringt, wird im Winter gern von Schmetterlingen benutzt. Fledermäuse nutzten diesen Raum zwischen Brett und Wand dagegen gern als Sommerquartier. Befestigen Sie das Brett mit etwa zwei bis fünf Zentimeter Abstand zur Wand.
Wenn Sie Kletterpflanzen an einem Spalier ziehen wollen, sollten Sie zwischen Wand und Spalier etwa zwei Zentimeter Platz lassen. Im

**Ein Igelnest anlegen**

Wenn Sie gerne möchten, daß ein Igel in Ihrem Garten überwintert, können Sie ihm eine Winterschlafkammer bauen. Igel überwintern zwar auch unter einem einfachen Haufen aus altem Holz und Blättern, aber eine isolierte, wasserdichte Kammer ist optimal und wird auch gern zur Aufzucht benutzt.

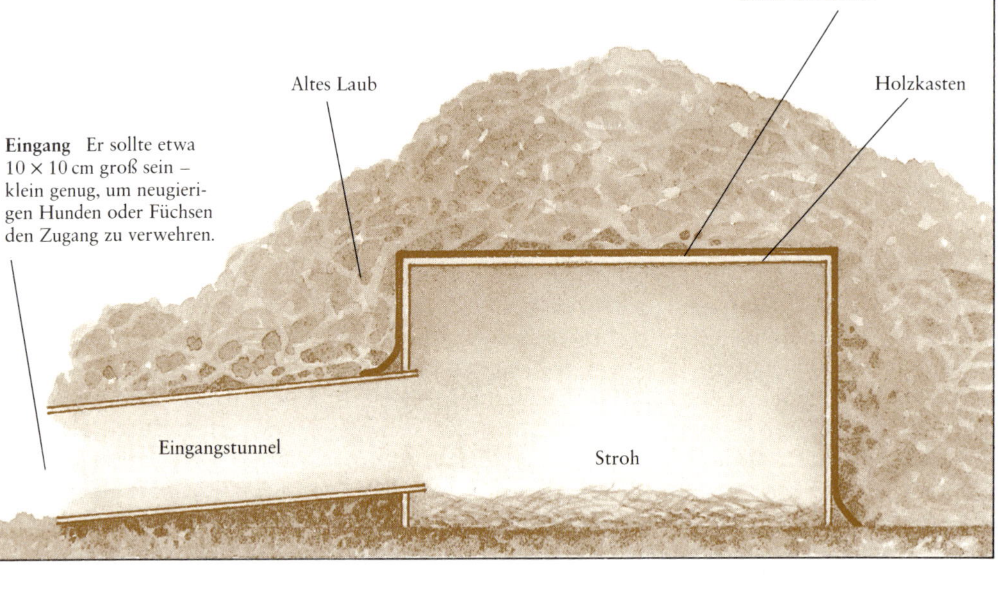

**Winter- und Sommerquartiere**

Manchmal kann man im Garten mit den einfachsten Materialien die interessantesten Lebensräume für wildlebende Tiere gestalten. Viele Tiere brauchen den Winter über oder während der Aufzucht der Jungen einen geschützten Zufluchtsort. Man kann ihnen leicht geeignete Lebensräume im Rasen und an Mauern schaffen.

**Winterquartiere für Amphibien** Eine dicke Steinplatte über einer flachen Kuhle im Boden ist ein ideales Winterquartier für Frösche und Kröten.

**Hinter einem Spalier** Kletterpflanzen an einem Spalier bieten vielen Tieren Schutz – zum Beispiel vielen Insekten, einigen Fledermäusen und manchen Vögeln.

**Sommerliche Sonnenheizung** Ameisen bauen ihre Nester gern unter einer wärmespeichernden Oberfläche. Eine Steinplatte ist für diesen Zweck gut geeignet und läßt sich leicht anheben, wenn man das Nest sehen will.

Winter handelt es sich dabei um einen guten Zufluchtsort für Insekten, besonders, wenn Sie immergrüne Kletterpflanzen am Haus haben. Kleine Vögel wie etwa die Zaunkönige bauen ihre Nester gern in solchen Kletterpflanzen.

Nehmen Sie Nistkästen im Winter nicht ab, denn manchmal suchen Vögel darin Schutz. Unbenutzte Nistkästen dienen auch häufig Schmetterlingen als Winterquartiere.

Im Sommer sammeln sich viele Tiere an warmen, feuchten Plätzen. Es ist nicht schwer, solch einen Kleinstlebensraum zu schaffen: Sie brauchen nur ein wasserdichtes, wärmespeicherndes Material so auf den Boden zu legen, daß die Tiere darunterkriechen können. Wellblech eignet sich zum Beispiel hervorragend für diesen Zweck. Da es nicht sehr schön aussieht, kann man es ja an einer wenig genutzten Stelle des Gartens verstecken. Wenn Sie ab und zu vorsichtig darunterschauen, werden Sie Hundertfüßer, Asseln und Wegschnecken finden, aber auch Mäuse und eventuell Blindschleichen.

Auf ähnliche Art und Weise kann Ihnen eine Steinplatte Einblick in das Leben kleiner Tiere geben. Zum Beispiel bauen Ameisen ihre Nester gern unter Steinplatten, und wenn Sie die Platte vorsichtig anheben, können Sie in aller Ruhe das darunterliegende Nest betrachten. Legen Sie die Platte danach vorsichtig wieder an ihren Platz.

Mit Hilfe einer Steinplatte kann man auch ein geeignetes Winterquartier für Frösche und Kröten schaffen. Dazu gräbt man zunächst eine etwa drei Zentimeter tiefe, flache Kuhle mit einem sanft abfallenden Eingang an einer feuchten, grasbewachsenen Stelle. Dann legt man eine relativ dicke Steinplatte so über die Kuhle, daß der Eingang sichtbar bleibt. Schauen Sie im Winter ruhig kurz nach, ob dieses Winterquartier auch benutzt wird.

# BEZUGSQUELLEN UND LITERATUR

Die unten genannten Bezugsquellen sollen Ihnen in solchen Fällen helfen, wenn Sie bei den Baumschulen und dem Fachhandel in Ihrer näheren Umgebung nicht fündig werden. Über die Bundesgeschäftsstellen der beiden großen Naturschutzverbände können Sie den Sitz der nächstgelegenen Ortsgruppe erfahren.

Bund für Umwelt- und Naturschutz Deutschland e.V. (BUND),
In der Raste 2, 5300 Bonn 1, Tel.: 02 28/23 00 01

Deutscher Bund für Vogelschutz e.V. (DBV)
Achalmstr. 33, 7014 Kornwestheim, Tel.: 0 71 54/30 33

Von dort erhalten Sie dann bei Bedarf Beratung in Naturschutzfragen. Die Listen erheben keinen Anspruch auf Vollständigkeit.

## Bezugsquellen für einheimische Bäume und Sträucher

Baumschule Brenninger, 8251 Steinkirchen

Florahof Baumschulen, 7315 Weilheim/Teck

Geigle Pflanzen – Samen – Bepflanzungen, 7270 Nagold/Schwarzwald, 8949 Kammlach b. Mindelheim/Schwaben

Hohenloher Baumschulen, 7110 Öhringen/Württ.

Kneussle Baumschulen KG, 7968 Saulgau-Krumbach/Württ., 5427 Penzerheide/Bad Ems

»Naturwuchs«, Baumschule für Wildsträucher, Naturgartenbau, 4800 Bielefeld 1

Renz Nachf. GmbH & Co. KG., 7270 Nagold-Emmingen, 8671 Oberkotzau-Gut Haideck, 6364 Florstadt 5 – Nieder Mockstadt, 8061 Unterweilbach/Dachau

Scheerer Baumschulen, 7967 Bad Waldsee/Württ.

Karl Schlegel KG Baumschulen, 7940 Riedlingen/Württ.

## Baumschulen, die altbewährte Obstsorten anbieten

Angendohr Baum- und Rosenschule, 4054 Nettetal 1

Brenninger Baumschule, 8251 Steinkirchen

Dehner GmbH & Co. KG Samenzucht, 8852 Rain am Lech

Ganter Baumschulen, 7831 Wyhl

Hesse Baumschule, 2952 Weener/Ems

Schneck Gartenbau, 7012 Fellbach

Ulmer Ch. Baumschulen, 7315 Weilheim/Teck

Versuchsanstalt Weihenstephan, 8050 Freising

## Bezugsquellen für Wildkräuter und Samen

Ernst Bischoff, Samenhandel, 3000 Hannover

Blauetikett Bornträger, 6521 Offstein

Feldsaaten Freudenberger, 4150 Krefeld 11

Andreas Hoch, 1000 Berlin 37

Bio + Gartenmarkt Keller, 7800 Freiburg

Dieter Köhler, 8201 Biberg, Post Tuntenhausen

Odenwälder Pflanzenkulturen, Kayser & Seibert, 6101 Rossdorf 1

Firma Oldehoff, 8395 Hauzenberg/Krinning b. Passau

Wilhelm Schöll, Samengroßhandlung, 7000 Stuttgart 72

Carl Sperling & Co, Pflanzenzüchter, 2120 Lüneburg

Julius Wagner, 6900 Heidelberg 1

## Bezugsquellen für Teichfolien und Wasserpflanzen

Ursula Oldehoff, 8196 Achmühle/Obb.

Plastoplan re natur, 2355 Ruhwinkel-Wankendorf

Ubbink GmbH, 4236 Hamminken-Dingden

Karl Wachter KG, 2081 Appenetz

## Nistgeräte und Fledermaushöhlen

Schwegler-Vogelschutzgeräte GmbH, 7060 Schorndorf

## Interessante Bücher zum Naturgarten

H. Briemle u. a.: Ökologischer Garten. Fischer Taschenbuch Verlag, Frankfurt a. M. 1981

W. Dittrich: Bäuerliche Gärten. Verlag Eugen Ulmer, Stuttgart 1984

J. Gabriel: Gesunde Pflanzen im Biogarten. Falken-Verlag, Niedernhausen 1984

J. Gabriel: So wird mein Garten zum Biogarten. Falken-Verlag, Niedernhausen 1984

N. Jorek: Das Bio-Gartenjahr. Falken-Verlag, Niedernhausen 1984

M.-L. Kreuter: Der Bio-Garten. BLV-Verlagsges., München 1981

M. Lohmann: Öko-Gärten als Lebensraum. BLV-Verlag, München 1983

J. Seymour: Selbstversorgung aus dem Garten. Otto Maier Verlag, Ravensburg 1979

G. Thielcke u. a.: Rettet die Frösche. Pro Natur Verlag, Stuttgart 1983

H. Wilke: Der Naturteich im Garten. Gräfe und Unzer, München

## Bestimmungsbücher

R. Fitter u. a.: Pareys Blumenbuch. Verlag Paul Parey, Hamburg 1975

C. E. Hubbard: Gräser. Ulmer-Verlag, Stuttgart 1973

S. Nilsson, O. Persson, B. Mossberg: Praktische Pilzkunde, Band 1 u. Band 2. Franckh'sche Verlagshandlung, Stuttgart 1978

Schmeil-Fitschen: Flora von Deutschland und seinen angrenzenden Gebieten. Verlag Quelle und Meyer, Heidelberg 1976

R. Witt: Wildsträucher in Natur und Garten. Frankh'sche Verlagshandlung, Stuttgart 1985

M. Chinery: Insekten Mitteleuropas. Verlag Paul Parey, Hamburg 1984

Heinzel, Fitter, Parslow: Pareys Vogelbuch. Verlag Paul Parey, Hamburg 1972

L. Higgins: Tagfalter Europas. Verlag Paul Parey, Hamburg 1978

E. Stresemann: Exkursionsfauna. Bd. I: Wirbellose, Bd II: Insekten, Bd. III: Wirbeltiere. Verlag Volk u. Wissen, Berlin 1976

# REGISTER

## L



## M



## N



## O



## P



## Q



## R



## S



## T

# U



# V



# W



# Z



# BILDQUELLENVERZEICHNIS

## Fotografen

Abkürzungen: u = unten, m = Mitte, l = links, r = rechts, o = oben (BC = Bruce Coleman)

Vorsatz Andrew Butler 7 Michael Chinery 8 Adrian Williams 9 Adrian Williams 10 Andrew Butler 12 Paul Denis 14 Harry Smith 15 Andrew Butler 18 Andrew Butler 22 Michael Chinery 23 Harry Smith 23 u K. Wothe/BC 25 Michael Chinery 26 Tania Midgley 27 u Pekka Helo/BC 34 o Frank Lane Agency 34 u Michael Chinery 35 l Robin Fletcher 35 r Heather Angel 38 Robin Fletcher 39 l Heather Angel 39 r Jane Burton/BC 40 Michael Chinery 42 Michael Chinery 46 Heather Angel 47 Michael Chinery 50 Hans Reinhard/BC 57 Mark Boulton/BC 58 l R. und C. Foord 58 r Heather Angel 59 l Robin Fletcher 59 r R. und C. Foord 63 Michael Chinery 66 R. und C. Foord 67 Eric Crichton/BC 70 Andrew Butler 75 Heather Angel 76–82 R. und C. Foord 83 Geoff Doré/BC 85 Robin Fletcher 89–93 R. und C. Foord 95 Roger Wilmshurst/BC 97 Roger Wilmshurst/BC 99 l K. Wothe/BC 99 r Roger Wilmshurst/BC 102 Heather Angel 106 o Heather Angel 107 Heather Angel 108 l Jane Burton/BC 108 r Michael Chinery 111 o Martin Dohrn/BC 111 ul R. und C. Foord 111 ur Michael Chinery 113 Kim Taylor/BC 115 ol R. und C. Foord 115 or Michael Chinery 115 u Robin Fletcher 117 Hans Reinhard/BC 118 Andrew Butler 122 l Hans Reinhard/BC 122 r Heather Angel 124 R. und C. Foord 127 Heather Angel 132 Vincent Page 134 John Wilson 139 Michael Chinery 144 l Roger Wilmhurst/BC 144 r Brian Hawkes 147 l und r Michael Chinery 149 R. und C. Foord 150 John Wilson 157 B E Watts/Oxford Scientific Films 158 Geoff Doré/BC 160 Stephen Dalton/Natural History Photographic Agency 166 Hans Reinhard/BC 167 Hans Reinhard/BC 168 o Jane Burton/BC 168u Stephen Dalton/Natural History Photographic Agency 169 Frank Lane Agency/R P Lawrence 171 Kim Taylor/BC 174 Brian Hawkes

## Illustratoren

(LA = Linden Artists)

3 Sandra Pond 12 Adrian Williams 13 Vana Haggerty 17 David Thompson/LA 27 Sandra Pond 29 David Thompson/LA 30 Sandra Pond 31 Sandra Pond 32 David Thompson/LA 37 David Thompson/LA 41 David Thompson/LA 43 Sandra Pond 44 David Thompson/LA 47 Sandra Pond 49 David Thompson/LA 52 Jane Pickering/LA 53 Jane Pickering/LA 55 Sandra Pond 56 Vana Haggerty 61 David Thompson/LA 62 Sandra Pond 64 Michael Woods 65 Michael Woods 69 Adrian Williams 73–84 David Thompson/LA 86 Adrian Williams 87 Adrian Williams 94 Vana Haggerty 96 Michael Woods 101 Vana Haggerty 105 Jane Pickering/LA 106 Adrian Williams 109 David Thompson/LA 110 Sandra Pond 112 David Thompson/LA 114 Sandra Pond 116 Vanessa Luff 120 Vanessa Luff 123 David Thompson/LA 125 Adrian Williams 126–129 Vanessa Luff 133 Adrian Williams 136 Vanessa Luff 138 Vanessa Luff 140 David Thompson/LA 141 Vana Haggerty 142 David Thompson/LA 143 David Thompson/LA 145 Michael Woods 146–173 David Thompson/LA 176–187 Adrian Williams